技术创新与发展丛书

TECHNOLOGY INNOVATION AND DEVELOPMENT SERIES

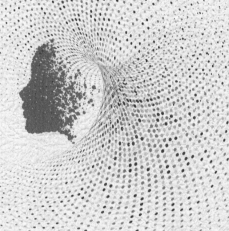

李丹丹　著

中国工业劳动生产率收敛性研究

Research on the Convergence of Industrial Labor Productivity in China

经济管理出版社
ECONOMY & MANAGEMENT PUBLISHING HOUSE

图书在版编目（CIP）数据

中国工业劳动生产率收敛性研究/李丹丹著 . —北京：经济管理出版社，2022.6
ISBN 978 - 7 - 5096 - 8437 - 5

Ⅰ . ①中… Ⅱ . ①李… Ⅲ . ①工业生产—劳动生产率—研究—中国 Ⅳ . ①F424

中国版本图书馆 CIP 数据核字（2022）第 089036 号

组稿编辑：王光艳
责任编辑：魏晨红
责任印制：黄章平
责任校对：蔡晓臻

出版发行：经济管理出版社
　　　　　（北京市海淀区北蜂窝 8 号中雅大厦 A 座 11 层　100038）
网　　址：www. E - mp. com. cn
电　　话：(010) 51915602
印　　刷：北京市海淀区唐家岭福利印刷厂
经　　销：新华书店
开　　本：720mm×1000mm/16
印　　张：14. 25
字　　数：241 千字
版　　次：2022 年 6 月第 1 版　　2022 年 6 月第 1 次印刷
书　　号：ISBN 978 - 7 - 5096 - 8437 - 5
定　　价：68. 00 元

前　言

改革开放以来，中国工业经济保持高速增长，成为中国经济的主要推动力。在中国工业整体经济快速发展的同时，不同区域间经济发展差距逐渐缩小。沿海省份人均 GDP 高于全国平均水平，从 1995 年的 68% 下降到 2020 年的 36%；内陆省份人均 GDP 低于全国平均水平，从 1995 年的 22% 下降到 2020 年的 11%。1999 年，沿海省份工业劳动生产率分别是东北省份的 1.27 倍、中部省份的 1.41 倍和西部省份的 1.41 倍，到 2019 年，沿海省份工业劳动生产率仅相当于东北省份的 1.15 倍、中部省份的 1.27 倍和西部省份的 1.14 倍。可见，随着时间的推移，中国工业跨区域劳动生产率差距在逐渐缩小，相对落后的内陆省份正在向发达的沿海省份追赶。中国工业跨区域劳动生产率差距缩小是否存在收敛倾向？收敛速度如何？影响因素有哪些？对这些问题的研究有利于理解中国经济增长方式的转变，有助于剖析中国经济收敛问题及其背后的原因，为跨国家（或区域）经济增长和收敛性问题的研究提供新的视角和见解，也为各级政府制定促进经济增长、调整产业结构和转变经济增长方式的相关政策提供理论依据。

基于以上研究背景，本书在梳理现有研究文献的基础上，通过对新古典增长模型的拓展，加入劳动力流动因素构建劳动生产率收敛的数理模型，分析劳动生产率的收敛机制和影响收敛的因素；采用变异系数、（最大值－最小值）/均值、初始劳动生产率水平与其增长率之间的关系及相对劳动生产率等多种收敛指标对中国工业整体、分区域和分行业劳动生产率差异和收敛特征进行描述性统计分析；并采用 1999～2019 年中国 30 个省份的 25 个二位码工业行业数据和 100 个四位码工业行业数据，运用双向固定效应模型从整体、分区域和分行业三个层面对中国工业劳动生产率的收敛性及其影响因素进行计量检验。研究发现，中国工业整体、分区域和分行业的劳动生产率均存在收敛特征；分区域和分行业劳动生产率收敛速度存在差异，政策因素和人力资本均加速了区域劳动生产率的收敛，而 R&D 加速了行业劳动生产率的收敛，劳动力的技能素质则抑制了行业劳动生产率的收敛。本书的创新点主要体现在以下四个方面：

（1）从劳动生产率的视角研究了中国工业收敛性问题。现有研究文献基本上是从人均 GDP 的角度考察区域经济增长的收敛问题，但人均 GDP 不能体现劳动投入的产出效果，也无法反映生产效率的提高；而劳动生产率不仅决定着劳动报酬，体现劳动投入的产出效果，衡量其他替代生产因素对生产效率的影响，也反映了技术进步带来的效率提高。因而本书从劳动生产率的视角来分析中国工业经济收敛性问题，不仅拓展了现有的研究文献，也有利于理解中国工业行业在区域和行业层面的发展差距及经济增长方式的转变。

（2）通过加入劳动力流动因素拓展了新古典收敛理论模型。绝大多数研究文献直接以新古典增长理论提出的资本边际效应递减机制为基础，对人均 GDP 进行收敛性检验，着重研究了变量的初始水平与其增长率之间的关系，仅给出了经济增长的总体性认识，无法揭示经济收敛的原因或机制，缺乏收敛分析的理论基础。本书在新古典增长模型的基础上，通过加入劳动力流动因素来构建劳动生产率收敛的数理模型，对劳动生产率的收敛机制和影响收敛的因素进行了详细分析，拓展了现有研究文献对劳动生产率收敛机制和影响因素的分析，揭示了影响区域和行业工业经济发展差距形成的重要因素，为跨国家（或区域）经济增长和收敛性提供了新的研究视角和见解。

（3）采用双向固定效应模型分析劳动生产率收敛性问题。现有研究劳动生产率收敛性的文献大多是基于一般条件收敛框架、采用线性估计模型进行研究，所有变量均只有省份一个维度，没有同时考察劳动生产率的省份特征和行业特征，容易遗漏重要解释变量。本书采用双向固定效应模型来考察劳动生产率的收敛性，所有指标同时具有省份和行业两个维度，有效地克服了省份间和行业间不可观察特征的影响，并控制了其他省份和行业特定的影响因素，不仅能够克服遗漏重要解释变量的困扰，还能够避免线性估计中的模型识别难题。

（4）在区域和行业层面上分析了劳动生产率收敛的差异性。现有文献研究收敛性问题始终停留在宏观层面上，而未能区分中国国内经济收敛性在不同区域和不同行业间的差异。本书不仅从中国工业经济整体层次上分析了劳动生产率的收敛性，还在区域和行业层面上考察了劳动生产率的收敛性及影响因素。同时，现有文献仅使用二位码行业数据进行收敛性研究，本书则分别使用各省份的二位码行业和四位码行业数据对中国工业劳动生产率的收敛性进行考察，不仅可以使计量结果更加稳健，还可以提供更清晰的政策目标，有利于中国工业产业结构的调整。

目　录

1 绪论

1.1 研究背景与研究意义

1.1.1 研究背景

改革开放以来，中国工业经济保持高速增长，最直接的表现为年均工业增加值的提高。1990~2020年，中国工业增加值年均增速为14.85%，工业增加值从1990年的6904亿元上升到2004年的65776亿元，之后增长更加迅速，2020年工业增加值达到了313071亿元，可见工业经济是中国经济的主要推动力。中国工业经济整体得到了快速发展的同时，中国区域发展差距一直是一个至关重要的问题。相对落后区域是否实现了向发达区域的赶超，一直是学术界与政策界十分关心的话题。沿海省份由于拥有丰富且廉价的劳动力、地理位置接近世界市场和外国金融中心等比较优势，奠定了沿海工业现代化的基础。从20世纪90年代初到21世纪中期，沿海省份通过外商直接投资的浪潮获得了巨大优势并带领企业进行重组，使沿海省份经济得到了快速增长，加大了与内陆省份之间的发展差距（OECD，2010）[1]，沿海省份的经济发展要远远超过内陆省份。随着西部大开发、东北振兴和中部崛起等区域振兴战略的实施，不同区域间经济发展差距逐渐缩小。图1-1显示了1995~2020年中国沿海省份和内陆省份人均GDP相对全国平均水平的变动趋势。

1995~2020年全国人均GDP由1995年的5091元上升到2020年的70786元，平均增速为51.62%。分区域来看，沿海区域人均GDP由1995年的8556元

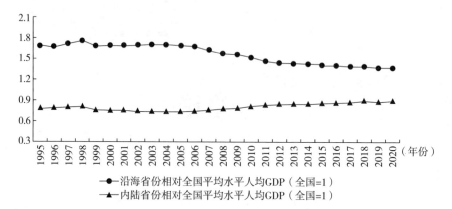

图1-1　1995～2020年中国沿海省份和内陆省份人均GDP相对全国平均水平的变动趋势

增长到2020年的101399元，平均增速为43.40%；东北区域人均GDP由1995年的5561元增长到2020年的50769元，平均增速为32.52%；中部区域人均GDP由1995年的3258元增长到2020年的62614元，平均增速为72.87%；西部区域人均GDP由1995年的3213元增长到2020年的55001元，平均增速为64.47%。这意味着，沿海省份人均GDP高于全国平均水平，从1995年的68%下降到2020年的36%；内陆省份人均GDP低于全国平均水平，从1995年的22%下降到2020年的11%。其中，1995～2005年沿海省份和内陆省份的经济发展差距比较平稳，之后经济发展差距呈缩小趋势（见图1-1）。最近的研究同样表明，自20世纪中期以来，中国工业区域不平衡已经达到峰值，经济发展重心已经开始从东部沿海省份发展到内陆省份，中国工业跨区域劳动生产率水平存在收敛倾向（Andersson et al.，2013[2]；Liu，2009[3]；Wei，2014[4]）。中国工业在东北区域、中部区域和西部区域相对沿海区域的劳动生产率在1999年分别为0.79、0.71和0.71，这意味着沿海区域的劳动生产率分别是东北区域的1.27倍、中部区域的1.41倍和西部区域的1.41倍。到2019年，东北区域、中部区域和西部区域相对沿海区域的劳动生产率分别上升到0.87、0.79和0.88，这意味着沿海区域的劳动生产率分别是东北区域的1.15倍、中部区域的1.27倍和西部区域的1.14倍。可见，随着时间的推移，中国工业跨区域劳动生产率差距在逐渐缩小，落后的内陆省份正在向发达的沿海省份追赶。这与新古典增长理论中收敛性假说一致，即那些初始经济发展相对落后的国家（或地区）会比相对发达的国家（或地区）经历更长期的高增长速率。这不仅归因于新古典增长理论所解释的资本边际报酬递减规律，更重要的是归因于熊彼特进化论所解释的先进技术的扩散。在经济全球化和一体化的时代背景下，由于消除了金融和市场规模的约束，各个国家（或地区）允许外国资本和市场的进入，更进一步加强了收敛假说的推定。

自 Barro 和 Sala – i – Martin（1992）[5] 开创性的研究以来，收敛性假说在不同的国家和区域进行了大量的实证分析（Rodrick，2013[6]；Stengos and Yazgan，2014[7]；Sun et al.，2020[8]；Sanso et al.，2020[9]），关于这个专题的文献总体上仍在增长。然而，现实世界的复杂性和多样性并没有使这一假说得到统一的确认，尤其是在研究国家（或区域）的整体经济收敛性时，现有的实证研究对绝对收敛这个命题并不支持，认为只存在条件收敛。Rodrik（2013）[6] 采用 118 个国家 2000 多个二位码行业的跨国数据研究发现，绝对收敛在现实中存在，但它只发生在现代化程度比较高的制造业，而整体经济并不存在收敛性。无论各经济体的地理、政策、人力资本、研发、对外贸易等因素如何不同，制造业的劳动生产率始终表现出明显的绝对收敛特征，即远离技术生产前沿的行业经历了更快的劳动生产率增长。当把特定国家决定变量如政策、体制等考虑进去时，这种收敛速度会更快。国家或区域整体经济增长不存在收敛的一个潜在原因是收敛在一些经济活动中比在另一些经济活动中更容易进行，即在工业行业中技术具有更加标准化和需要更少的地方适应等特点，随着全球化时代劳动力壁垒和知识壁垒的大大减轻，技术转移得以实现，那么当企业直接参与国际生产和市场网络时，会更加容易接受技术。工业企业所生产的产品更多的是可贸易商品，这些商品可以快速融合到全球生产网络，反过来又促进了技术的转移和吸收，这可以引起劳动生产率的收敛。而传统的农业和很多不能够贸易的服务业，尤其是非正式的经济活动却不存在这样的特点。中国相对落后省份的工业劳动生产率虽然增长更快，但是由于其工业份额比重要小于发达省份，因此工业劳动生产率增长对整体经济增长的拉动作用比较小，不足以带动整体劳动生产率向发达省份收敛。这种国家（或区域）之间经济的异质性是因为并不是所有企业或行业的技术都与全球技术前沿相统一，一些企业或行业的技术可能比全球技术前沿更加先进（Rodrik，2011）[10]。例如，印度的纸、纸浆和纸板行业的劳动生产率只是美国相对应行业的 3%，而机动车辆行业的劳动生产率已经达到美国相对应行业的 19%，如果将劳动力从造纸行业转移到汽车行业，印度的总体生产率将大幅上升。这些发现都是强调收益是从跨行业的资源转移中获得的[11-13]，即从传统的农业和非正规产业转移到制造业和现代服务业。这就可以让我们假设：随着劳动力流动性的增加，更多与技术结合的行业可以出现无条件的收敛现象。现有研究文献针对工业行业收敛性的研究比较少[14-18]，缺乏更细的行业数据分析，而从工业行业角度研究收敛性是非常有价值的和有必要的，它不仅可以提供更加清晰的政策目标，而且不同行业在区域经济方面具有很大差异，如果只对区域总量水平进行分析而忽视这种差异，得到的结果可能具有非客观性。Carree 等（2002）[19]指出，只有很好地理解次级单位（行业）劳动生产率的收敛机制，人均 GDP 趋同背后的原理才可能为我们所把握。关于中国工业行业劳动生产率收敛性的研究尚无定论，那么收敛是不是大部分工业行业的特征发展趋势[20]？

基于此，本书采用 1999~2019 年中国 30 个省份的 25 个二位码工业行业数据和 100 个四位码工业行业数据，运用双向固定效应模型从整体、分区域和分行业三个层面对中国工业劳动生产率收敛性问题进行研究，即中国工业劳动生产率是否存在收敛？不同区域和不同行业的劳动生产率收敛是否存在差异？收敛速度如何？哪些因素影响了区域和行业的收敛并导致收敛速度呈现差异？对这些问题的研究有利于理解中国工业行业在区域和行业层面上的发展差距及经济增长方式的转变，有助于剖析中国经济收敛问题及其背后的原因，为跨国家（或区域）经济增长和收敛性问题的研究提供新的视角和见解，也为各级政府制定相关政策促进经济增长、调整产业结构和转变经济增长方式提供了理论依据。

1.1.2　研究意义

工业是中国经济高速发展的主导行业，是中国经济结构转型重点关注的行业，提升工业劳动生产率是中国工业经济发展的要义所在。本书基于劳动生产率的视角从工业整体、分区域和分行业等新角度来审视中国工业劳动生产率收敛性及影响因素的演变过程，具有重要的理论意义和现实意义。

1.1.2.1　理论意义

理论意义是拓宽了收敛性的研究视角、深化了对劳动生产率收敛机制和演变过程的认识。传统内生经济增长理论表明，中国强劲的经济增长不只是由物质资本等要素投入所拉动，更是由通过结构性改变的劳动生产率改善而驱动。正如 Bernard 和 Jones（1996）[21]所认为的，假如最能体现在劳动生产率上的收敛性不会发生，那么国家和地区将不会以一种可持续方式进行"追赶"。劳动生产率作为衡量劳动生产效率的方法之一，它不仅可以体现劳动投入的产出效果，衡量其他替代生产因素对生产效率的影响，还反映了技术进步所带来的效率提高。它是降低产品成本和提高经济效益的重要方法，标志着生产力水平，是衡量国家在国际上竞争力的一项重要经济统计指标，可以帮助经济决策者分析当前经济状况、促进制度创新和制度进步、预估所需劳动力及推动社会经济发展，从而对经济持续发展发挥作用。本书在新古典增长模型的基础上加入劳动力流动因素构建劳动生产率收敛的数理模型，分析劳动生产率的收敛机制和影响收敛的因素，拓展了现有研究文献对中国工业分区域和分行业劳动生产率收敛机制及其影响因素的分析，深化了人们对区域和行业收敛异质性的认识。

1.1.2.2 现实意义

现实意义体现在以下两个方面：①研究工业劳动生产率的分区域和分行业收敛是有效识别中国区域和行业发展差距的主要成因，全面弄清中国区域经济和行业发展差距形成机理与演变脉络的重要途径。研究工业行业层次上的区域发展差距有助于在更细致的层面上捕捉区域发展变化趋势，可以了解哪些行业收敛速度快、哪些行业收敛速度慢、哪些因素可以影响行业收敛的速度等，进一步为各行业生产效率和规模应该如何调整、市场资源应该如何合理地配置等提供政策建议，为制定平衡区域和行业发展的政策措施提供一些启示和建议。②本书为跨国家（或地区）的经济增长和收敛性提供了新的研究视角和见解，并对研究中国不断发展的区域经济增长模式提供了一定借鉴。中国已经进入了一个新增长轨迹的阶段，表现为内陆省份追赶沿海省份的空间再平衡。这种新兴的增长模式可以为权衡中国经济增长不平衡提供一条新出路，政府通过制定鼓励相对落后区域快速增长的政策，来减少中国区域经济增长的不平衡并维持经济整体的高速增长。中国在技术水平上变得越来越融合，中国工业劳动生产率存在强烈而稳健的绝对收敛，而在非工业行业中劳动生产率并不一定存在明显的收敛趋势，从产业结构层面来说，促进工业以外行业的收敛有助于缩小区域经济发展差距。同时缩小不同区域间工业化程度的差距，有助于不同区域间的人均GDP存在收敛，这对目前中国工业经济产业结构调整具有重要的现实意义。

1.2 研究思路与研究框架

本书的研究思路如下：首先，在梳理现有研究文献的基础上，通过对新古典增长模型的拓展,加入劳动力流动因素构建劳动生产率收敛的数理模型,分析劳动生产率的收敛机制和影响收敛的因素;其次,采用变异系数、(最大值－最小值)/均值、初始劳动生产率水平与其增长率之间的关系及相对劳动生产率等多种收敛指标对中国工业整体、分区域和分行业劳动生产率差异及收敛特征进行描述性统计分析;再次,采用1999～2019年中国30个省份的25个二位码工业行业数据和100个四位码工业行业数据,运用双向固定效应模型从整体、分区域和分行业三个层面对中国工业劳动生产率的收敛性及其影响因素进行计量检验;最后,根据主要研究结论提出促进中国工业经济收敛、改善区域和行业平衡发展的政策建议。本书的研究框架如图1－2所示。

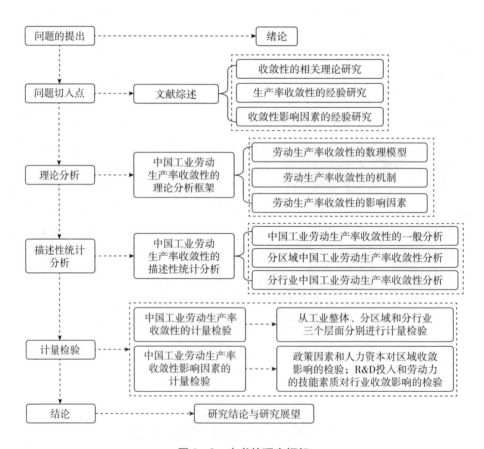

图1－2 本书的研究框架

1.3 研究内容

收敛性研究主要解决两个核心问题：是否存在收敛和什么因素可以影响收敛。围绕上述两个核心问题，本书研究的主要问题有：对中国工业整体、分区域和分行业的劳动生产率收敛性进行描述性统计分析，考察是否存在收敛；对中国工业劳动生产率收敛性进行计量检验；对中国工业劳动生产率收敛性的影响因素进行计量检验。本书通过对这些问题的研究，最终揭示中国工业整体、分区域和分行业劳动生产率收敛特征及影响因素，为减小区域间和行业间劳动生产率差异、促进区域和行业的收敛提供相关的政策建议。本书以中国 1999 ~ 2019 年 30 个省份的 25 个二位码工业行业和 100 个四位码工业行业的劳动生产率为研究对象，在借鉴现有研究成果的基础上，采用双向固定效应模型对中国工业整体、分区域和分行业劳动生产率的收敛性及其影响因素进行研究。本书的主要内容设计如下：

第 1 章绪论。首先，介绍本书的研究背景和研究意义，给出了本书的研究思路与框架；其次，介绍本书的研究内容和研究方法，分析了本书的创新之处。

第 2 章文献综述。对收敛性的相关理论及实证研究进展进行综述。首先，较为详细地梳理了收敛性的相关理论，包括后发优势理论、新古典增长理论和内生增长理论；其次，从分区域和分行业的视角对收敛性及其影响因素的经验研究进行综述及评价；最后，在文献回顾的基础上提出本书的研究出发点。

第 3 章中国工业劳动生产率收敛性的理论分析框架。在新古典收敛理论模型的基础上，加入劳动力流动因素扩展出劳动生产率收敛性的数理模型，然后对劳动生产率收敛性的机制和影响因素进行分析。一般影响因素包括资本密度、企业规模、出口份额、国资份额和外资份额。分区域收敛的影响因素除了一般因素外，还包括政策因素和人力资本因素。分行业收敛的影响因素除了一般因素外，还包括 R&D 投入和劳动力技能素质。

第 4 章中国工业劳动生产率收敛性的描述性统计分析。分别从中国工业劳动生产率的整体、分区域和分行业三个方面进行描述性统计分析，并运用单因素非参数方差分析方法进行检验，然后考察变异系数、（最大值 - 最小值）/均值、初始劳动生产率水平与其增长率之间关系及相对劳动生产率等多项收敛指标的变动趋势，从而考察中国工业劳动生产率是否有收敛特征。

第 5 章中国工业劳动生产率收敛性的计量检验。采用 1999 年以来中国 30 个省份的 25 个二位码工业行业和 100 个四位码工业行业数据，运用双向固定效应模型检验了中国工业整体、分区域和分行业劳动生产率的收敛性，并进一步考察了分区域和分行业收敛特征的差异性。

第 6 章中国工业劳动生产率收敛性影响因素的计量检验。在分区域收敛异质性方面，重点考察不同水平的政策因素和人力资本对区域劳动生产率收敛速度的影响；在分行业收敛异质性方面，重点考察不同强度的 R&D 投入和劳动力技能素质投入对行业收敛速度的影响。

第 7 章研究结论与研究展望。总结了前文实证分析得出的结论，根据主要研究结论提出促进中国工业经济收敛、改善区域和行业平衡发展的政策建议，并指出本书研究的不足和进一步研究的方向。

1.4 研究方法

本书研究中国工业劳动生产率收敛性的方法主要有以下几种：

（1）文献归纳法。多渠道地搜集、整理国内外有关劳动生产率收敛性方面的文献，通过详细阅读、分析及梳理，把握收敛性相关研究的前沿，在此基础上确定了本书的研究方向和整体框架，总结了有关收敛性的理论机制，整理并大量收集了收敛性实证研究的资料和统计数据，从各个角度全面认识劳动生产率的收敛性，为后续研究创造良好的前提。

（2）统计描述分析法。对中国工业劳动生产率的收敛性进行描述性统计分析，采用 Kruskal - Wallis 检验（单因素非参数方差分析法）进行统计检验，并采用变异系数、（最大值 - 最小值）/均值、初始劳动生产率水平与其增长率之间的关系及相对劳动生产率等指标多方面考察收敛特征。现有文献对劳动生产率的统计描述大多是从整体层面和区域层面进行的，从行业的角度考察收敛性的文献很少，并且大多只是从单一指标进行收敛考察，本书采用多种方法使研究更加客观和科学，为后面的实证分析奠定了基础。

（3）计量分析方法。在收敛性检验方面，采用双向固定效应模型，将省份特征和行业特征同时考虑进去，所有变量都具有省份和行业两个维度，避免了传统计量模型因忽视省份和行业特征所导致的模型设定错误和结果偏差。采用加入交互项的方法进行不同区域和不同行业收敛性的考察，交互项方法可以说明不同区域和不同行业收敛系数差异在统计上的显著性，这比分组回归更具有计量上的统计意义。同时，在考察人力资本对区域劳动生产率收敛速度的影响时，引入省份特征和行业特征相互作用的计量模型结构，即加入省份人力资本和行业人力资本的交互项，这可以解释区域人力资本影响工业劳动生产率增长的途径。

1.5 主要创新

本书的创新主要体现在以下四点：

（1）从劳动生产率的视角研究了中国工业收敛性问题。现有研究文献基本上是从人均 GDP 的角度考察区域经济增长的收敛问题，但人均 GDP 不能体现劳动投入的产出效果和反映生产效率的提高；而劳动生产率不仅决定着劳动报酬，体现劳动投入的产出效果，衡量其他替代生产因素对生产效率的影响，也反映了技术进步所带来的效率提高。因此，本书从劳动生产率的视角分析中国工业经济收敛性问题，不仅拓展了现有的研究文献，也有利于理解中国工业行业在区域和行业层面上的发展差距及经济增长方式的转变。

（2）通过加入劳动力流动因素拓展了新古典收敛理论模型。绝大多数研究文献直接以新古典增长理论提出的资本边际效应递减机制为基础，对人均 GDP 进行收敛性检验，着重研究了变量的初始水平与其增长率之间的关系，仅给出了经济增长总体性的认识，无法揭示经济收敛的原因或机制，缺乏收敛分析的理论基础。本书则是在新古典增长模型的基础上，通过加入劳动力流动因素构建劳动生产率收敛的数理模型，对劳动生产率的收敛机制和影响收敛的因素进行了详细分析，拓展了现有研究文献对劳动生产率收敛机制和影响因素的分析，揭示了影响区域和行业工业经济发展差距形成的重要因素，为跨国家

（或区域）经济增长和收敛性提供了新的研究视角和见解。

（3）采用双向固定效应模型分析劳动生产率收敛性问题。现有研究劳动生产率收敛性的文献大多是基于一般条件收敛框架，采用线性估计模型进行研究，所有变量均只有省份一个维度，没有同时考察劳动生产率的省份特征和行业特征，容易遗漏重要解释变量。本书则采用双向固定效应模型来考察劳动生产率的收敛性，所有指标同时具有省份和行业两个维度，有效地克服了省份间和行业间不可观察特征的影响，并控制了其他省份和行业特定的影响因素，不仅能够克服遗漏重要解释变量的困扰，还能够避免线性估计中的模型识别难题。

（4）在区域和行业层面上分析了劳动生产率收敛的差异性。现有文献研究收敛性问题始终停留在宏观层面上，而未能区分中国国内经济收敛性在不同区域和不同行业间的差异。本书不仅从中国工业经济整体层次上分析劳动生产率的收敛性，还在区域和行业层面上考察了劳动生产率的收敛性及影响因素。同时，现有文献仅使用二位码行业数据进行收敛性研究，本书则分别使用各省份的二位码行业和四位码行业数据对中国工业劳动生产率的收敛性进行考察，不仅可以使计量结果更加稳健，还可以提供更清晰的政策目标，有利于中国工业产业结构的调整。

2 文献综述

自 Barro 和 Sala – i – Martin（1992）[5]开创性研究以来，收敛性假说蕴含的独特魅力吸引着越来越多的经济学家在此方面做出更加广泛、细致的研究，而关于这个专题的文献总体仍在增长（Mankiw 等，1992）[22]。本章分别从收敛性的相关理论研究进展和生产率收敛性及影响因素的经验研究进行文献综述，通过对相关文献进行归纳和梳理，为理解绝大多数收敛性实证研究的基本问题奠定基础，并为本书研究寻找恰当的逻辑起点。

2.1 收敛性的相关理论研究

2.1.1 后发优势理论与收敛性

最早提出收敛思想的是 Veblen（1915）[23]，他通过对比英国与俄国、德国等相对落后国家的工业革命后发现，虽然这些相对落后国家是工业革命的后发者，但是无论是从工业革命的速度上还是从深度上都远远超过了英国。Veblen 认为，俄国和德国等国家借鉴和引进了英国的先进技术，但却没有延续英国的社会习俗、思维方式等，选择当代最优做法，走一条和英国完全不同的工业革命道路，从而使德国工业革命的速度更快、范围更广。因此，工业革命的后来者比先行者的经济增长速度更快，从长期角度来看，德国和英国的经济发展差距会缩小，人均收入最终会赶上英国。

基于 Veblen（1915）[23]的研究，Gerschenkron（1962）[24]在《欧洲工业化

的再探讨》一书中提出了"后发优势理论"，认为在工业化过程中，德国、意大利和俄国等工业化程度低的国家相对于工业化程度高的国家具备一些独有的优势，这些优势并不是后发国家通过自身努力创造的，而是由于与先发国家相比经济具有相对的落后性而共生的，主要包括三个层面：①意愿优势。相对落后的地位使后发国家在国家活动中受到先发国家的歧视和排挤，激发国民工业化的强烈意愿，这些强烈意愿造成了社会压力，促使人们向政府施压来激发本国的制度创新，激励国民充分利用先进国家的工业化经验来推动本国的工业化进程。②替代性优势。所谓"替代性"是指各国在工业化的道路上，发展模式并不是统一的和标准的，后发国家在吸收先发国家的成功经验和失败教训的基础上，可以寻求很多相应的替代物来实现工业化发展的一些条件和克服障碍，而这种替代性是广泛存在的，这可以使落后国家在资源上具有可选择性。不同的国家资源禀赋具有差异，每个国家可以根据自身特点选择自己的工业化发展模式，不需要与先进国家的发展模式相同。③引进优势。由于先进国家在工业化过程中积累了一定的先进技术和设备，后发国家无须自己研发和制造，可以直接引进技术和设备，这减少了科研时间和费用、降低了成本开发的风险、提高了管理水平，使后发国家在高起点上进行工业化革命，缩短与发达国家的差距。继 Gerschenkron（1962）[24] 提出后发优势后，Levy（1966）[25] 从现代化的角度将后发国家的现代化后发优势进行了具体化，包括五个方面：①认识优势。由于信息的不断发展，后发国家对现代化的认识要比先发国家在工业化开始时的认识更丰富。②选择优势。随着先发国家技术和设备的不断积累，后发国家可以有选择地利用和借鉴成熟技术和设备。③跳跃优势。后发国家在现代化过程中不需要经过先发国家工业化过程的每一个发展阶段，可以根据自身的特点跳过一些发展阶段。④目标优势。后发国家由于有了先发国家发展现代化的经验，对自己国家发展现代化进程有了比较清晰的目标和预测，可以按照事先的规划分阶段有步骤地实现自己的发展目标。⑤其他优势。后发国家可以在开放的国际条件下获得先发国家在技术和资本上的帮助。Abramovitz（1986）[26] 在 Levy（1966）[25] 之后提出了"追赶假说"，即一国经济发展的初始水平与其经济增长速度呈反向的关系，这种反向关系对于劳动生产率变量和单位资本收入变量均成立。那么，是否可以认为经济越后发的国家其增长速度一定越高，所有后发国家都必然会赶上先发国家？Abramovitz（1986）[26] 特别指出，"追赶假说"的关键在于把握"潜在"和"现实"的区别，必选满足一定的限制条件才能将"潜在"的追赶变成"现实"的追赶：一是技术差距，这是追赶现象的重要外在因素和潜在的条件。后发国家与先发国家存在一定的技术差距，落后国家通过引进、借鉴发达国家的技术来提高生产率水平，才能实现对发达国家的追赶。二是社会能力，这是经济追赶的内在因素，即通过教育等形成的不同社会适应能力、社会技术能力以及具有不同质量的法律、政治、文化、环境和制度等，这些因素为经济的高速增长提供了坚实的基础，从而使后发国家对先发国家的追赶成为现实。Abramovitz（1986）[26]认为，处于技术落后但社会进步的状态，能够使一个国家具有经济高速增长和追赶的强大潜力。

后发优势理论研究的是在开放经济下发达国家与落后国家的经济发展互动模式。由于知识、技术具有公共产品的特性，即研发成本很高，但是传播扩散的成本却几乎为零，因而形成技术后发优势。落后国家利用技术后发优势，逐渐缩小和发达国家技术差距的过程具有阶段性特征，即技术引进阶段、技术模仿阶段和自主创新阶段。落后国家以较低成本获得发达国家投入巨额资金开发出来的新知识，从而实现追赶效应并导致收敛现象，这就创造了技术扩散的后发优势，从而实现经济的赶超。

2.1.2 新古典增长理论与收敛性

经济增长理论历经兴衰，发展过程中出现了三次大的高潮：第一次是哈罗德—多马（Harrod - Domar）模型的产出和发展；第二次是新古典增长理论；第三次为内生增长理论。哈罗德—多马模型认为，经济增长的源泉在于资本的积累，只要有资本的不断形成就可以出现经济的长期增长。它是在凯恩斯的经济增长理论中引入了时间因素，是凯恩斯理论的长期化和动态化，他们假定资本与产出的比例不变且生产投入要素不存在替代关系，认为经济呈刀锋式增长。Solow（1956）[27]和 Swan（1956）[28]修正了这一假设，他们在规模报酬不变的生产函数的基础上，假设人口增长率和储蓄率外生且不变，建立了一个简单的一般均衡经济增长模型，认为经济增长存在稳态，奠定了新古典增长理论的基础。

在 Solow 提出的标准新古典增长模型中，由于存在资本边际收益递减规律和完整的要素流动性，因此资本向更低收入的经济体流动，即资本劳动比率较低的国家或区域具有较高的资本边际收益、人均资本增长率和人均产出增长率，由此享有较快的增长机会，使得低收入国家或区域可以向高收入国家或区域追赶。当经济体具有相同的结构特征时，所有的国家或区域将收敛于相同的稳态，具有相同的人均产出。经济趋向稳定状态的过程，被称为绝对收敛。如美国各个州和 OECD 国家，它们是一个相对同质的经济体，即具有相同或相近的经济结构，发展水平差异不大，因而稳态位置非常接近，这些经济体更容易表现出绝对收敛。但是，如果经济体具有不同的结构特征，如一个既包含发达国家又包含发展中国家的样本来说，各个经济体将会有不同的稳态，稳态位置差异大，这就出现了条件收敛。条件收敛认为由于现实世界的复杂性和多样性，许多外生变量对不同经济体会产生不同的作用，因此不同经济体的经济特征不容易出现绝对的一致，增长路径和稳态也会不同。当把这些初始的外生变量控制之后，初始的人均产出变量就会与其增长率之间表现出负相关关系，从而具有不同结构特征的跨国样本支持了条件收敛假说。新古典增长模型的条件收敛意味着不同的经济体收敛于自身的稳态，但是稳态位置并不相同，收敛速度与其稳态的距离成反比。

索洛模型意味着，在结构特征相同时，即具有相同的投资比例（s）、人口增长率（n）、技术进步率（g）和资本折旧率（δ）时，由于收敛速度和一个经济体的人均收入与稳态的距离成反比，那么距离其稳态水平越远，该经济体资本的回报率水平就越高，初始人均收入水平增长就越快，落后国家或区域将会有更高的人均资本增长率和人均产出增长率，这就是绝对 β 收敛。换句话说，绝对 β 收敛就是指无论初始条件如何，经济增长率和初始经济发展水平之间都存在着负相关关系，并且随着时间的推移，所有的国家或区域将收敛于相同的人均收入水平。具体的可以通过图 2 - 1 进行解释。

$k(0)_{poor}$ 和 $k(0)_{rich}$ 分别表示落后经济体期初较低的资本存量和发达经济体期初较高的资本存量，$n + g + \delta$ 和 $s \times f(k(t))/k(t)$ 两条线之间的距离就是单位有效劳动资本的增长率。由于两个经济体具有完全相同的结构特征，如相同的生产函数、人口增长率（n）、技术进步率（g）、投资比例（s）和资本折旧率（δ），具有差异的仅是初始人均资本收入水平，因此初始人均资本存量较低的落后经济体的单位有效劳动资本的增长率就要高于初始人均资本存量较高的发达经济体，最终无论 k 处于什么位置，经济体都会收敛于唯一的稳态 k^*。当然，如果决定稳态的 n、g、s、δ 不同，那么经济体就不会收敛于同一稳态，而会收敛于各自不同的稳态，这就引入了条件收敛。条件收敛是放弃了相同结

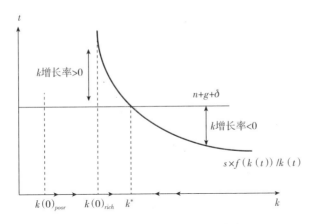

图 2-1 索洛模型与绝对 β 收敛

构特征的假设，即各个经济体具有不同人均资本量和投资率（或储蓄率），那么经济体离自身的稳态值越远，增长就越快。根据稳态条件：

$$s \times f(k^*) = (n + g + \delta)k(t) \tag{2-1}$$

得到投资率或储蓄率：

$$s = \frac{(n + g + \delta) \times k^*}{f(k^*)} \tag{2-2}$$

将式（2-2）代入式（2-1）可得单位有效劳动资本的增长率 γ_k：

$$
\begin{aligned}
\gamma_k &= s \times \frac{f(k)}{k} - (n + g + \delta) \\
&= \frac{(n + g + \delta) \times k^*}{f(k^*)} \times \frac{f(k)}{k} - (n + g + \delta) \\
&= (n + g + \delta) \times \left[\frac{k^* \times f(k)}{k \times f(k^*)} - 1 \right] \\
&= (n + g + \delta) \times \left[\frac{f(k)/k}{f(k^*)/k^*} - 1 \right]
\end{aligned}
\tag{2-3}
$$

令 $\omega = \frac{f(k)}{k}$，那么 $\frac{\partial \omega}{\partial k} = \frac{f'(k) \times k - f(k)}{k^2} < 0$，由此可得：

$$
\gamma_k = (n + g + \delta) \times \left[\frac{f(k)/k}{f(k^*)/k^*} - 1 \right]
\begin{cases}
> 0 & if \quad k < k^* \\
= 0 & if \quad k = k^* \\
< 0 & if \quad k > k^*
\end{cases}
\tag{2-4}
$$

令 $\Delta k = k^* - k$，Δk 表示实际资本水平与稳态资本水平的距离，当实际资本水平小于稳态资本水平时，单位有效劳动增长的增长率 γ_k 为正，那么单位有效劳动资本水平会呈增长趋势；反之，如果 γ_k 为负，单位有效劳动资本水平会呈减少趋势。当两者相等时，单位有效劳动资本水平不再改变，处于稳态水平。那么将 γ_k 对 Δk 求导可得：

$$\frac{\partial \gamma_k}{\partial \Delta k} = \frac{\partial \left\{ (n+g+\delta) \times \left[\dfrac{f(k)/k}{f(k^*)/k^*} - 1 \right] \right\}}{\partial \Delta k}$$

$$= (n+g+\delta) \times \frac{\partial \left\{ \dfrac{f(k)/k}{f(\Delta k + k)/(\Delta k + k)} \right\}}{\partial \Delta k}$$

$$= (n+g+\delta) \times \frac{f(k)}{k} \times \frac{\partial \left\{ \dfrac{(\Delta k + k)}{f(\Delta k + k)} \right\}}{\partial k}$$

$$= (n+g+\delta) \times \frac{f(k)}{k} \times \frac{f(\Delta k + k) - (\Delta k + k) \times f'(\Delta k + k)}{\left[f(\Delta k + k) \right]^2}$$

$$= (n+g+\delta) \times \frac{f(k)}{k} \times \frac{f(k^*) - k^* \times f'(k^*)}{f^2(k^*)} > 0 \qquad (2-5)$$

从式（2-5）可以看出，单位有效劳动资本增长率 γ_k 是实际资本水平与稳态资本水平的距离 Δk 的增函数，也就是说 γ_k 与 Δk 在同一方向变动。实际水平与稳态的距离越远，增长率就越快，进而收敛速度也越快；反之，实际水平与稳态的距离越近，增长率就越慢，进而收敛速度越慢。在控制了决定稳态条件的情况下，落后经济体所拥有的长期经济增长率要高于发达经济体，具体分析如图 2-2 所示。

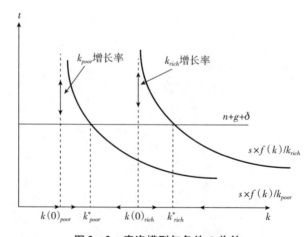

图 2-2 索洛模型与条件 β 收敛

从图 2-2 中可以看出，较为落后的经济体拥有的初始人均资本水平较低，因此经济体具有的稳态人均资本水平 k_{poor}^* 也较低；而在较发达的经济体中，初始人均资本水平较高，因此经济体具有的稳态人均资本水平 k_{rich}^* 也较高。每个经济体随着时间的推移都会收敛于自身的稳态，当初始人均资本水平离自身的稳态值越远时，增长速度就越快，反之则越慢。当决定稳态的条件或变量被控制后，落后经济体所拥有的长期经济增长率要高于发达经济体。在资本边际报酬递减规律中，资本不仅包括狭义的物质资本，还包括广义上的人力资本。如果两个经济体的储蓄率相同，那么资本会从人均资本存量高的富裕经济体流向人均资本存量低的落后经济体，"资本深化"将使落后经济体增长得更快。即使投资具有一定的外部性如"干中学"和人力资本外溢等，只要资本边际报酬递减这个规律没有遭到破坏，我们就可以得到收敛这个结论。相反，如果规模经济削减和资本边际收益递减的速度过慢使得这个规律遭到破坏而不能成立，那么投资回报率会随着资本的增加而增加，从长期来看，两个经济体的人均收入和增长率差异会增大，经济会趋于发散。

但索洛模型也存在以下不足：第一，"难以令人满意的解释"。索洛模型认为影响经济增长的核心是技术进步和人口增长率，只要经济中存在技术进步和人口增长，那么长期来看经济就会得到发展。但是，索洛模型又假定技术进步是外生变量，技术进步取决于技术创新，如果经济体中不存在技术创新即外生的技术进步率为零，那么经济体中人均产出的增长率也将为零，它不能解释长期经济增长率的差异。第二，"沉闷和悲观的经济增长"。索洛模型虽然分析了储蓄率变化在短期内对经济增长稳态的影响，但是对一个国家的储蓄率受哪些因素的影响并没有做进一步的解释。第三，"与现实经验不符的理论预测"。资本报酬递减的假设推导出"人均收入的起始水平相对于长期或稳态位置越低，增长率越快"，也就是说，初期资本量较低的国家拥有较高的经济增长率，而初期资本量较高的国家有较低的经济增长率。但是，许多学者在对收敛性假说进行实证分析后发现，一些国家或区域并没有呈现出索洛模型预测的收敛特征，而是出现经济发散状态，这些经验性研究结论不断地冲击着模型本身，因此学者对新古典增长理论提出了质疑，以上原因导致了索洛模型对长期经济增长的解释力度不高。

新古典增长理论中的资本边际报酬递减规律预示了经济收敛假说的存在，收敛性则表明了 Gerschenkron（1962）[24]"后发优势"的存在，即由于资本的边际递减规律，落后国家比发达国家有着更快的经济增长速度，而条件收敛则意味着"后发优势"的存在具有一定的条件性，即"经济越落后，增长速度越快"并不是无条件的，而是以一种潜在的优势存在。如果一个国家或区域经济发展太落后，虽然其具有很大的后发优势，但是其潜在的优势向现实转化的障碍和困难也就越多，如果未能将潜在优势转化为自身的优势，那么就会出现"富者更富，穷者更穷"的"马太效应"，而非"追赶效应"。因此，"后发优势"转化为"现实优势"需要具备一定的条件方能完成。当然，后发优势不仅包括边际报酬递减的资本型后发优势，还包括技术、制度等方面的后发优势，与新古典增长理论中落后国家亦步亦趋地重复发达国家的道路不同，落后国家可以采取跳跃发展的路径追赶先进国家。

2.1.3　内生增长理论与收敛性

内生增长理论产生于 20 世纪 80 年代中期，这个时期经济学家主要研究技术进步或者生产率因素对经济增长的作用，他们不再将技术进步作为外生变量，而是将技术进步和影响生产率的因素内生化到经济模型内部，产生的标志是 Romer（1986）的《递增收益与长期增长》和 Lucas（1998）的《论经济发展机制》的发表。内生增长理论的假设前提"边际报酬递增"与新古典增长理论强调的"边际报酬递减"正好相反，这一方面解释了一些经验研究中得到的"经济趋异"现象，另一方面为"经济追赶"的实现提供了可靠的途径。在 Cobb–Douglas 生产函数中，技术改变被看作原始系统之外的因素，索洛剩余被看作一种外生的技术改变。在内生增长模型中，生产函数自己创造了技术改变的条件。换句话说，影响经济增长的因素都是经济系统内生的。早期的内生增长理论可以在 Verdoorn（1949）[29] 和 Kaldor（1955）[30] 的著作中看到，他们认为尽管在产出增长和生产率增长之间存在正的反馈效应，但是生产力自己播下了生产率持续增长的种子。该论点的中心思想是产出的增长伴随着市场的扩张，这将会导致规模收益提高、更好的生产专业化、新的投资会体现最新的技术等，这些反过来允许价格下降最终导致市场规模的进一步扩张。他们认为产出增长的改变与劳动生产率增长速度的变动方向保持一致。

2.1.3.1　第一代内生增长理论模型与收敛

Romer（1986，1990）[31][32] 和 Lucas（1988）[33] 的文章强调了物质资本和作为技术扩散媒介的人力资本的重要性。他们构建的模型中都有 $Y = aK$，其中，a 是一个常数，K 反映了物质资本和人力资本。在他们构建的模型中不存在规模报酬递减规律，这是因为投资产生了外部性（社会从投资获得的收益大于私人利益）。例如，拥有更高教育水平的劳动者会使周围每个工人变得更加具有生产效率，这是因为其他工人存在向熟练工人学习的机会。

Romer（1990）[32] 的模型是内生增长理论最早的模型之一，该模型有三个前提：第一，技术改变是经济增长的核心。第二，企业受到市场的激励会在很大程度上使技术发生改变，这个假设使得模型中的技术是内生的而不是外生的。第三，研究知识本质上是不同于经济的其他商品和服务，一旦创造新知识的成本发生了，那么同样的知识被反复使用将不再增加任何成本。研发成本就相当于投入一个固定资本的成本，这个属性被定义为技术的特征。Romer 在模型中特别说明，当一个企业创造一个新的产品或者服务时就会有 R&D 成本。然后该企业会以超过产品固定成本的价格来销售产品以弥补投入的成本。由于企业进入 R&D 活动领域是免费的，因此该企业获得零利润时在现值上处于平衡状态。事实上 R&D 活动承担的固定成本意味着企业通过 R&D 从市场规模的扩张获得利益。在均衡状态下，增加市场规模不仅对产出水平还对产出的增长率具有效应。更大的市场引入了更多的 R&D，因而增长得更快。Romer 的生产函数中包含了四种投入：资本、劳动、人力资本（H）和技术水平指标，其中，H 以受到正规教育和在职培训的累积效应来衡量。假定整个经济存在三个部门：第一个是 R&D 部门，用人力资本和现存知识去生产新的知识（设计方案）。第二个是中间产品生产部门，用第一个部门生产的新知识和其他产品投入一起生产耐用品（中间产品）。第三个是最终产品部门，使用劳动、人力资本和第二个中间生产部门生产的产品一起生产最终的产品。Romer 还假定人口、劳动力供给和人力资本的总存量随着时间的推移保持不变，最终产出增长率（g）的均衡方程为：

$$g = \delta H - \{\alpha / [(1-\alpha-\beta)(\alpha+\beta)]\} r \qquad (2-6)$$

其中，H 是人力资本水平，δ 是不变的生产率，α 和 β 是生产函数的固定参数，r 是均衡投资率。可以看出，一个经济中产出增长的速率直接依赖于人力资本的水平。

Lucas（1988）[33] 将人力资本定义为工人的一般技术水平，因此在时期 t 一个人力资本为 $h(t)$ 的工人的生产力相当于两个人力资本分别为 $\frac{1}{2} h(t)$ 的工人的生产力。该模型的关键点在于一个工人当期各种活动的时间分配影响到未来的生产率水平或者人力资本水平。将人力资本引入模型就解释了人力资本如何影响当期生产率或者当期的时间分配如何影响人力资本的累积。Lucas 模型展现的均衡增长的产出增长速率为：

$$\frac{(dY/dt)}{Y} = \left[(1-\beta+\gamma)/(1-\beta) \right] \times \frac{dh/dt}{h} \qquad (2-7)$$

其中，β 和 γ 是常数，$0<\beta<1$，$0<\gamma<1$。由于人力资本的累积函数为：

$$\dot{h}(t) = \omega \left[1-u(t) \right] h(t) \qquad (2-8)$$

定义人力资本的增长率为：

$$g_h = \frac{\dot{h}(t)}{h(t)} \qquad (2-9)$$

结合人均消费增长率 $g_c = \dot{c}(t)/c(t)$，人均资本增长率 $g(k) = \dot{k}(t)/k(t)$，那么在均衡增长路径上，人均消费增长率与人均资本增长率相等，即：

$$g_k = g_c = \frac{1-\beta+\gamma}{1-\beta} \times g_h \qquad (2-10)$$

从上面这个均衡增长路径上可以发现，劳均产出增长率与人力资本增长率直接成正比。因此，如果一个经济体可以保持较高的人力资本增长速度，那么经济增长就能保持较高的水平。因此，该模型更加倾向于认为国家之间不存在收敛现象。式（2-10）意味着，资本和消费增长率与人力资本增长率的变化相同，即资本和消费增长率越高的国家拥有较高的人力资本累积增长率；反之，当在资本和消费增长率较低的国家，人力资本累积增长率也往往较低，这样经济增长的结果是发散而不是收敛。同时，该模型预见了多种均衡的存在。期初贫穷的国家在一些相关指标上仍然会持续贫穷，尽管它们的增长速度可能与富裕国家的一样。正如 Lucas 所说，这个模式适应了世界经济的主要特征：不同国家之间存在非常大的人均产出差距，人均产出增长率也会持续存在差距，不同收入水平上的增长倾向没有明显的不同。

Mankiw 等（1992）[22] 在继承传统索洛增长理论的基础上，增加了人力资本变量，建立了附加人力资本的索洛模型，得到了劳动生产率的稳态方程：

$$\ln\left[\frac{Y(t)}{L(t)} \right] = \ln A(0) + gt - \frac{\alpha+\beta}{1-\alpha-\beta}\ln(n+g+\delta) + \frac{\alpha}{1-\alpha-\beta}\ln(q_k) +$$

$$\frac{\beta}{1-\alpha-\beta}\ln(q_h) \qquad (2-11)$$

式（2-11）表示了劳动生产率如何受到人口增长率、物质资本累积和人力资本累积的影响，稳态时的劳动生产率为：

$$y^* = \left[q_k^{\frac{\alpha}{\alpha+\beta}} q_h^{\frac{\beta}{\alpha+\beta}} / (n+g+\delta) \right]^{\frac{\alpha+\beta}{1-\alpha-\beta}} \qquad (2-12)$$

同样可得劳动生产率收敛方程为：

$$\frac{\dot{y}}{y} = -(1-\alpha-\beta)(n+g+\delta)\ln(y/y^*) \qquad (2-13)$$

其中，$(1-\alpha-\beta)(n+g+\delta)$ 表示存在人力资本情况下的收敛速度。Mankiw 等（1992）[22]估计出物质资本的产出份额 α 为 1/3，人力资本的产出份额介于 1/3 ~ 1/2。他们认为，如果人力资本在方程中被忽略，那么会引起两种偏见。第一，即使人力资本变量与方程式右边的其他解释变量是独立关系，$\ln(q_k)$ 的系数也会比 $\frac{\alpha}{1-\alpha}$ 大。例如，如果 $\alpha=\beta=1/3$，那么 $\ln(q_k)$ 的系数 $\frac{\alpha}{1-\alpha-\beta}$ 将会变成 1。这是因为一个国家储蓄率越高，收入水平也就越高，即使收入用于人力资本投资的比例不变，人力资本仍将会处于一个更高的稳态水平。因此，加入人力资本后，物质资本累积对于收入的影响将会改变。第二，$\ln(n+g+\delta)$ 的系数绝对值将会比 $\ln(q_k)$ 的系数大。例如，$\alpha=\beta=1/3$，那么 $\ln(n+g+\delta)$ 的系数将是 -2。在这个模型中，人口增长率越高，相应的人均收入水平就越低，这是因为无论是人力资本还是物质资本，它们增加和扩散的速度均会比劳动力更缓慢。可见，加入人力资本之后可以解释标准索洛模型的一些理论观点与实证结果不相符的现象。还有一种方式可以用来表达人力资本对于劳动生产率的作用：

$$\ln\left[\frac{Y(t)}{L(t)}\right] = \ln A(0) + gt + \frac{\alpha}{1-\alpha}\ln(q_k) - \frac{\alpha}{1-\alpha}\ln(n+g+\delta) + \frac{\beta}{1-\alpha}\ln(h^*)$$

$$(2-14)$$

式（2-14）与式（2-11）的差别在于劳动生产率受到人力资本投资率、人口增长率和人力资本水平的影响。式（2-14）与索洛模型中的方程几乎一样，只是在误差项中多了人力资本水平这个部分。人力资本水平（h^*）受储蓄率和人口增长率的影响，如果忽略了人力资本这一项，那么储蓄系数和人口增长系数在回归时就会受到影响。式（2-11）和式（2-14）以两种不同的方式估计了人力资本对劳动生产率的影响：第一种方式的回归项中包括了人力资本累积的速率（$\ln(q_h)$），第二种方式则包括了人力资本水平（$\ln(h^*)$）。

值得注意的是，这两种不同的回归方程估计了不同的储蓄和人口增长项的系数，潜在问题是人力资本的数据是与资本累积的速率（q_h）还是与资本水平数据（h）更相关。

Romer（1986）[31]和Lucas（1988）[33]采用的均是内生增长理论的经典模型，尽管他们强调的重点分别是知识资本和人力资本，但是在他们的模型中，资本这一生产要素被赋予了新的解释，从而克服掉了资本边际报酬递减这一导致了索洛模型的中心结论的关键性假定，进而长期的人均经济增长可以内生地实现。由于人力资本报酬并不递减，因此在研发投资不足或者教育不足的情况下，一些内生增长模型（Lucas，1988）认为技术或者知识的外部性可以打破资本边际报酬递减的规律，导致资本边际报酬出现递增的现象，从而经济增长不再呈收敛特征，而是趋于发散。内生增长理论在理论上的主要突破是不再将技术进步当成外生变量，而是把技术进步内化到模型中来，模型中的增长可以通过人力资本累积和通过研发投资或者从实践中学习的知识来实现可持续增长（Klenow and Rodriguez，1997）[34]。

2.1.3.2 第二代内生增长理论模型与收敛

由于在第一代内生增长模型中，生产率的增长与研发人员数量的比例设定得没有依据，因此它们被第二代内生增长模型所取代，称为熊彼特增长模型或者半内生增长模型[35-38]。

（1）熊彼特增长模型与收敛。在 Dunne 等（1998）[39]、Howitt（1999，2000）[40][41]及 Peretto 和 Smulders（2002）[42]的熊彼特增长模型中，研发随着时间的推移来确保经济以稳定的速度增长。这是因为随着经济的扩张，产品的增长降低了研发活动带来的生产率效应。熊彼特对于规模效应的处理是假设创新发生在单个企业中而不是整个经济领域。换句话说，熊彼特理论的转变是将焦点从整个经济转换到每个具有一个产品线的企业上来。Jones（1999，2002）[43][44]和 Kortum（1997）[45]的半内生增长模型中避免了规模效应并且假定知识存量报酬递减，Jones 把 Romer（1990）[32]中的 R&D 部门的知识溢出效应参数 $\varphi = 1$ 改为 $\varphi < 1$，修改后模型中将不再有规模效应，R&D 部门虽然可以决定技术进步，但是技术进步的均衡增长速度与外生的人口增长率呈显著的相关性。Kortum 则建立了一个 Pareto 分布的搜寻理论模型，即技术前沿呈快速扩展的状态，在这个过程中技术创新将不再那么容易实现，成本也较高，这也解释了为什么随着 R&D 投入的增加，技术创新的均衡增长速度却没有成比例

地增加，而该均衡增长速度同样与外生的人口增长率呈显著的相关性。Seger-strom（1998）[46]同样发现，随着技术创新的发展，越是到后面创新面临的困难就越多，技术创新增长越缓慢。这个模型与 Kortum（1997）模型存在两点不同：第一，在 Kortum（1997）模型中，无论研究人员处于哪个研究部门，他们都具有同等水平的研究能力，即属于全面性人才；第二，在这两个模型中R&D 扩散的范围是不一样的。Kortum（1997）模型中的 R&D 扩散只存在行业间扩散，不存在行业内扩散，而 Segerstrom 模型中 R&D 扩散范围则相反，只存在很强的行业内扩散，不存在行业间扩散，所以 Segerstrom 认为人口增加带来市场规模扩大的效应因此被抵消了。

熊彼特增长模型具有以下两个特征：①决定技术进步和经济增长的主要因素是企业内的研发和创新；②企业选择进行研发和创新的目的是获得在该行业中的垄断地位从而使企业利润最大化。熊彼特增长理论认为技术创新分为两种，即水平创新和垂直创新。水平创新是指由于产品具有差异化，通过不断的研发投入可以使生产投入品的种类不断增加，通过进一步的生产专业化，使生产效率得到提升，促进了技术进步和经济增长。在水平创新中，新旧两类物品由于具有差异化因此可以同时存在于市场上。垂直创新是指企业通过不断地研发赋予产品新的技术和功能，产品质量得到不断提高。由于产品功能、用途等不断得到更新，消费者倾向购买含有更高科技的产品，因此高质量产品逐步替代了低质量产品，随着低质量产品的不断退出，留在市场上的均是质量越来越高的产品，进而推动技术进步。该创新过程是一个创造性毁灭的过程，新产品会将旧产品排挤出市场。以上模型都属于半内生熊彼特增长模型，中心思想是技术是内生的，经济增长的均衡率由外生的人口增长率决定，但是在生产过程中，越到后面知识带来的创新就越难，也就是说，技术创新具有边际递减效应，即随着知识存量的增加，知识和技术带来的边际生产率会越来越低，即等量的技术投入不能带来等量的经济增长。为了获得经济的持续增长，知识投入即研发投入必须持续增加。由于半内生增长模型具有和索洛模型相同的稳态特性，因此预测了条件收敛。由于增长暂时受到研发活动和人力资本增长的影响，过渡的动态与索洛模型不同。Jones（2002）[44]认为，由于固定资本和知识具有交互作用，因此半内生增长模型中的过渡动态比索洛模型中的要低。在Peretto（1998，1999）[36][37]、Howitt（1999，2000）[40][41]、Aghion 等（2004，2005）[47][48]及 Howitt 和 Mayer – Foulkes（2002）[49]的完全内生熊彼特增长模型中也预示了条件收敛。

（2）技术扩散模型与收敛。Barro 和 Sala – i – Martin（1997）[50] 的技术扩散模型认为技术具有和公共产品相同的特征，即一旦新的发明和创新被传播后，人们都可以无偿进行使用。通常情况是，技术主要通过自由贸易和外商直接投资等渠道由发达国家传播到落后国家。如果落后国家具有必要的"社会能力"，可以通过引进发达国家的先进技术、资金和设备，借鉴其成功经验，减少研发的成本以及风险，由于通过研发实现的技术创新成本要远高于通过模仿或其他技术引进方式实现的技术创新，那么落后国家通过技术外溢效应可以实现对发达国家的赶超。在技术扩散模型中，假定存在两个国家：一个是领导国，该领导国在技术上处于优势并不断进行技术创新，是技术领先者；另一个是跟随国，该跟随国在技术上处于劣势并不断进行模仿，是技术追赶者。领导国的平衡经济增长率为：

$$\gamma_1 = \left[\frac{1}{\eta} L_1 A_1^{1/(1-\alpha)} (1-\alpha) \alpha^{\frac{1+\alpha}{1-\alpha}} - \rho_1 \right] / \theta \qquad (2-15)$$

其中，θ 为风险厌恶系数，该值越小，随着消费的上升边际效用的下降则越慢。ρ_1 为领导国的贴心率。A 为生产率参数，代表了政府政策的不同方面，如技术或者税收等，A_1 和 A_2 的差异反映了政府政策间的差异。L 为劳动投入量，L_1 和 L_2 的差异反映了两个国家间经济规模的差距。对于跟随国来说，模仿是相对简单的，而创新是相对困难的，并且需要投入大量的成本，只要模仿投入的成本远远小于自主创新需要投入的成本，那么跟随国就会选择模仿领导国。当两国的生产率参数 A 相等（即具有相同的经济结构）时，由于模仿成本小于创新成本，那么跟随国经济的平衡增长率为：

$$\gamma_2 = \left[\frac{1}{v} L_2 A_2^{1/(1-\alpha)} (1-\alpha) \alpha^{\frac{1+\alpha}{1-\alpha}} - \rho_2 \right] / \theta \qquad (2-16)$$

如果领导国和跟随国的经济结构完全相同，即生产率参数 A 相同，那么跟随国的增长就会高于领导国，从而实现技术追赶和经济收敛，直到技术和劳均产出达到相同的水平。技术扩散模型认为，由于技术和知识具有非排他性，随着技术和知识的扩散，跟随者以低于自主创新的成本对领导国进行模仿，这可以使落后经济体在更短的时间内增长速度更快，因此经济系统之间产生一定的收敛性。但是，随着时间的推移，跟随国的技术水平越来越接近领导国，那么技术模仿的成本就会上升，经济增长率就会下降，直至与领导国相同的水平。这说明模仿成本随着技术差距的缩小而增大，即使两国的经济结构不同也会出现收敛，如图 2 - 3 所示。横轴表示两国的技术差距，纵轴表示模仿成本的倒数或者技术创新成功率。跟随国的经济结构决定了最优模仿水平，即达到的最优技术差距（$N_2/N_1 \leqslant 1$）。在最初时期，跟随国的模仿成本很低，经济增长率很高，随着与领导国的技术水平越来越接近，模仿成本逐渐增加，经济增长率就会下降，最终实现条件收敛。

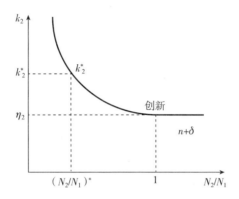

图 2 - 3　内生技术模仿模型中的收敛

Barro 和 Sala - i - Martin（1997）[50]认为，技术模仿能在模仿过程中取得后发优势。跟随国与创新国人均产出的比值相对于稳态值越低，技术水平差距越大，跟随国面临的模仿成本就越低，因此在短时间内跟随国经济可以得到较快的增长，这就使得区域经济增长可以出现收敛的特征。这类模型属于"产品周期模式"中的技术模仿型后发优势。随着经济全球化的发展，知识和技术在国家间的扩散和传播越来越频繁。落后国家通过购买专利技术或者专利许可的方式，对发达国家花费高昂的研发成本研制出的技术进行引进、吸收和学习，使得自身在短时间内不用投入大量的研发成本，而仅以较小的模仿成本就可以增加本国的知识存量，进而促进经济的增长，这就是技术模仿的后发优势。当然，这一模式并没有回答从长期来看模仿国能否最终赶超创新国这一问题，而是从创新国家的角度指出由于这些"有效率的跟随者"的模仿，激励了创新国不断进行创新活动从而加速本国的发展速度。"国际竞争蛙跳模式"同样预测了收敛，该模式是以技术变化为前提。先发国在进行技术创新时，如果技术是在既有框架内逐步改进并取得了边际技术进步，那么先发国的技术会带来规模报酬递增，从而可以保持自己的经济领先地位。如果是突破性的新技术进步，先发国可能会由于新技术最初的效益并没有旧技术带来的多而不采用新技术。但是后发国家不存在这种"先发劣势"，也就是说，后发国家只有模仿成本和创新成本，不存在这种新技术与旧技术的替换成本，当它们通过引进、吸收和学习先进国的技术时，会直接采用最新的技术，这种新技术虽然最初带来的经济效益不高，但是发展潜力很大，因而可以促使后发国追赶上先发国。

基于技术扩散的收敛机制可以总结为：由于技术和知识由先进经济体向落后经济体的流通和渗透是通过交换实现的，因此初始经济落后国家从技术先进国家进口产品，以相对较低的成本来模仿先进国家的领先技术，技术知识便从先进国家通过自由贸易、外商直接投资等方式流向了落后国家。通过技术外溢效应分享技术扩散的好处，促使自身的技术和经济快速增长，这种"后发优势"使得落后国家的经济增长速度更快。随着落后国家与发达国家的技术差距越来越小，技术模仿的空间不断被压缩，模仿成本就会越来越高，模仿技术带来的经济增长也就随之变缓。也就是说，这种国家间的收敛趋势是由于技术模仿、技术扩散和技术追赶等因素所导致的。技术外溢的途径主要包括经济对外开放程度、FDI 的引入、培训员工学习国外的技术知识、FDI 通过与当地企业合作而发生技术联系和外溢以及经济体之间的产品贸易活动等。当然，并不是说技术扩散就可以无条件地实现经济收敛，收敛还会受到一些条件的制约，如各个国家或地区间引进、吸收和学习先进技术的社会能力（包括社会适应能力和社会技术能力）、公共基础设施、政府政策的支持以及技术壁垒强弱等。这些条件的好坏决定了技术扩散能否导致收敛并在多大程度上收敛。当然，如果技术扩散条件受到制约，如发达国家设置很强的技术壁垒对自身的技术优势进行保护，这样落后国家就不能享受技术扩散带来的好处。从长期来看，如果仅是一味地模仿而不进行自主创新，落后国家的经济发展速度会变慢，与发达国家之间的差距将越来越大，经济增长就会出现发散状态。

内生增长理论是新古典增长理论的补充，能够在模型内部解释长期经济增长的决定因素，主要差异在于是否承认收敛性假说。二者表面是相反的理论，即新古典增长理论预测了收敛，而内生增长理论特别是第一代内生增长模型认为经济增长的结果是发散而不是收敛。但是，从追赶的途径来看，二者又是统一的，即都需要在开放的条件下进行，新古典增长理论的条件收敛需要在开放的条件下消除初始存量的差异才能实现落后国家与发达国家的收敛，内生增长理论需要在开放的条件下存在知识和技术的扩散才能实现收敛。尽管多数内生增长模型预测了经济增长发散，但是其中同样也存在预测收敛的模型，如研究开放经济下发达国家（或区域）与落后国家（或区域）的经济发展互动模式就能导出经济收敛的结论，只是新古典增长理论将收敛归结于资本的边际报酬递减规律，而内生增长理论则将其归结于落后国家（或区域）通过技术外溢效应分享技术扩散带来的好处从而实现与发达国家（或区域）的收敛。

2.2　生产率收敛性的经验研究

在经济全球化时代背景下，由于消除了金融和市场规模的约束，各个国家和区域允许外国资本和市场的进入，进一步加强了收敛假说的推定。国内外学者在理论研究的基础上，围绕不同区域和不同行业的经济发展水平是否会趋于收敛进行了大量的实证研究。

2.2.1　分区域生产率收敛性的经验研究

20 世纪中期以后，国际经济比较研究在历史数据方面获得的重大发展为收敛性假说的实证检验提供了条件。从实证角度最早研究国家间经济收敛的是 Baumol（1986）[51]，他研究了 1870～1979 年 16 个工业化国家（OECD）的初始人均收入与人均产出增长率之间的关系，实证分析后发现，初始年份人均收入水平越高的国家，平均增长率越低；相反，初始年份人均收入水平越低的国家，平均增长率越高。也就是说，初始年份人均收入水平与其增长率之间存在显著的负相关关系，落后国家有向发达国家收敛的趋势。随后 Barro（1991）[52]、Barro 和 Sala－i－Martin（1995）[53]以及 Islam（1995）[54]都对经济收敛做了大量的研究，只不过他们将考察目标均设定为人均 GDP。随着对生产率作用的认同，关于生产率收敛性的研究也逐渐深入到收敛领域。

Maddison（1987）[55]利用 1870～1979 年 16 个工业化国家（OECD）的先进行业数据研究了劳动生产率的收敛性。他分别用四个指标来检验收敛性：第一个是给定年份劳动生产率最大值与最小值之差除以 16 个国家的平均劳动生产率；第二个是变异系数；第三个是除了领导国之外的其他所有国家的平均劳动生产率与领导国劳动生产率之间的比率；第四个与第三个相似，只是将领导国改为美国。研究结果出现了几个有意思的结论：第一，劳动生产率水平的收敛意味着国家之间的离差随着时间的推移而缩小。第二，跟随的劳动生产率平均水平越来越接近领导国的劳动生产率。第三，其他所有国家的劳动生产率与美国劳动生产率的比例并没有呈收敛趋势。这是由于美国在 1870 ~ 1929 年劳动生产率增长迅速，远远超过了其他国家，直到 1930 年后其他国家才开始追赶美国。第四，根据收敛假设，期初落后的国家将会呈现出更高的增长速率来缩小与领导国之间的差距。通过将期初劳动生产率的水平与劳动生产率增长率做回归后得出，1870 年劳动生产率的水平系数为 - 0.93。Barro 和 Sala - i - Martin (1992)[56] 利用 1960 ~ 1985 年市场经济数据，分别检验了加拿大（1961 ~ 1991 年）、德国（1950 ~ 1990 年）、英国（1950 ~ 1990 年）、法国（1950 ~ 1990 年）、意大利（1950 ~ 1990 年）和西班牙（1950 ~ 1987 年）等国家的人均 GDP 的收敛性，研究发现，这些国家的人均 GDP 均存在 β 收敛，并且收敛速度与跨国家收敛速度相同，大约为每年 2%。Higgins 等（2006，2010）[57][58] 采用三阶段最小二乘工具变量法模型对美国 32 个州的 3058 个县进行了条件收敛研究，结果表明，美国 32 个州的 3058 个县都存在条件收敛，且收敛速度均大于 2%，平均收敛速度达到了 8.1%。Hosono 和 Toya（2000）[59] 研究了菲律宾 1975 ~ 1997 年的收敛性，结果表明，在整个研究期间内不存在绝对收敛，分时间段来看，在 1975 ~ 1986 年存在阶段性的绝对收敛，而在 1986 ~ 1997 年不存在绝对收敛。Margaritis 等（2007）[60] 研究了 1979 ~ 2002 年 OECD 国家劳动生产率的分布特征和影响因素。他们通过利用核估计法研究发现，劳动生产率和人均 GDP 都呈现向双峰分布的稳定趋势，同时发现跨国家之间的生产率和收入水平的差距在不断缩小，并通过了 1960 ~ 2001 年面板单位根检验，从而证实了收敛假说存在。Inklaar 和 Diewert（2016）[61] 研究了 1995 ~ 2011 年包括发达国家和发展中国家的 33 个经济体的生产率收敛性问题。他们将经济分为贸易部门和非贸易部门。研究发现，在样本考察期间，国家间的生产率分散水平下降，生产率在呈现收敛趋势的同时平均生产率水平也在下降。贸易部门的实际 TFP 年均增长为 1.3%，非贸易部门的实际 TFP 年均增长为 0.6%。对于非贸易部门来说，2007 ~ 2011 年的前沿生产率以每年 2.6% 的速度扩张，这种非贸易部门生产率的迅速增长为未来全球生产率的改善带来了希望。

　　也有许多研究对跨国劳动生产率收敛的结果提出质疑。Abramovitz

(1986)[26]利用 Maddison（1987）[55]同样的数据调查分时期的收敛性，发现收敛模式在分时期并不是一致的，其中在 1870～1938 年和 1950～1979 年跨国劳动生产率存在收敛，而在 1938～1950 年劳动生产率呈发散状态，这一部分可以归因于第二次世界大战对于世界各国经济的不同影响。以上结果与收敛假说存在差异。Dowrick 和 Nguyen（1989）[62]对 Abramovitz（1986）[26]得出的劳动生产率的收敛速度随着时间的推移而变化这个结论产生了争议。他们在分析中加入了资本累积速率这个关键变量，发现当控制了资本累积速率增长后，1973 年之前和之后的时期存在相当大的参数稳定性问题，收敛特征不明显。Long（1988）[63]认为，Maddison（1987）[55]研究中所选择的样本国家只包括了工业化程度较高的发达国家，也就是 OECD 国家，这属于事后样本，得到的绝对收敛结果高度依赖于所选择的样本。他通过将各个国家 1870 年人均收入水平进行对比，将高于芬兰人均收入的国家作为考察样本，即在原 16 个工业化国家中加入了爱尔兰、智利、葡萄牙和西班牙等 6 个国家，样本共由 22 个国家组成，回归结果得出的结论与 Maddison（1987）[55]的相反，即这 22 个国家的劳动生产率并没有呈显著的绝对收敛特征，甚至出现了发散特征。

国内外学者对中国经济的收敛性问题进行了广泛的研究[64]。按照收敛性结论，本书将其划分为两类：第一类文献研究认为，中国各地区间存在条件收敛，但是收敛速度不同。Anderson 等（2013）[2]检验了中国经济增长的收敛性问题，发现在 2003 年后，后来者（主要是指内陆省份）比领导者（主要是沿海省份）增长得更快，并且劳动生产率呈现出收敛的特征。何雄浪（2013）[65]研究了 1953～2010 年中国地区经济增长的绝对收敛性，并在此基础上加入财政政策与人力资本等控制变量来检验其条件收敛性，实证结果显示，在引入财政政策与人力资本两个影响因子后，中国地区经济增长存在条件收敛性，不存在绝对收敛。林毅夫和刘明兴（2003）[66]运用新古典无条件收敛框架和改革开放初期、整个改革期间各省的发展战略特征的条件收敛框架，对中国改革开放后 29 个省份的经济增长收敛性进行了检验，实证发现，加入的控制变量储蓄率、劳动力增长率和外商直接投资的系数符号均符合理论预期，1981～1999 年中国区域经济增长存在条件收敛，收敛速度为每年 7%～15%。赖永剑（2011）[67]从劳动生产率视角来研究中国省份间经济增长的收敛性，他在新古典条件收敛模型中加入物质资本投资率、人力资本投资率等控制变量，使用 SUR 模型研究发现，省份间劳动生产率存在条件收敛，并且收敛速度为

0.034。他将区域劳动生产率收敛过程进行分解后认为，产业内纯生产率收敛是其最主要的组成部分。赵文军（2015）[68]从多个角度分析了中国省份劳动生产率的变化特点，研究发现，1990 年以来，中国各省份劳动生产率增长率的差异呈缩小的趋势，物质资本深化和技术效率贡献差异缩小是劳动生产率增长率呈收敛趋势的主要原因。Jefferson 等（2008）[69]利用企业普查数据分析了 1998 ~ 2005 年中国四大区域（沿海、中部、东北和西部）的 TFP 差距发现，2005 年，中部区域已经赶上了沿海区域，这种迅速改善得益于国有企业的重组。他们发现，到 2005 年，中国内陆区域和沿海区域的生产率差距已经大幅度缩小，西部区域和东北区域的生产率水平分别达到了沿海区域的 83% 和 85%。此外，他们认为技术和效率的广泛扩散促进了劳动生产率的收敛。Deng 和 Jefferson（2010）[70]利用国际和中国企业及行业数据分析了 1995 年之后中国不同区域的工业劳动生产率的收敛性，发现沿海区域缩小了与国际前沿技术的差距，内陆区域正在利用其落后优势，使其与沿海区域劳动生产率的差距不断缩小，呈现出收敛趋势。劳动生产率的收敛意味着中国很有可能在保证整体经济高速增长的情况下改善当前高度倾斜的收入分布。这种跨区域的劳动生产率呈现收敛，收入不平等现象自然会得到改善。Deng 和 Jefferson（2011）[71]利用 1995 ~ 2004 年中国的大中型工业企业数据分析了中国跨区域收敛。实证表明，1995 ~ 2004 年，相对落后的内陆省份充分利用了其落后优势，使沿海省份和内陆省份的劳动生产率差距呈缩小的趋势。他们强调，沿海省份和内陆省份遵循不同的发展轨迹，最初沿海省份得益于开放的优势获得了领先发展，内陆省份则得益于落后优势而增长更快。这种增长模式使中国获得了在保证整体高速增长的同时却能减少地区经济发展不平衡的机会[12]。刘黄金（2006）[72]对中国三大产业不同区域间劳动生产率的差异与收敛问题进行了研究，认为中国各产业劳动生产率在区域间呈收敛趋势，东部、中部和西部三大区域内部的劳动生产率差异梯度明显。彭文斌和刘友金（2010）[73]通过研究中国东部、中部和西部三大区域经济差距的时空演变发现，中国东部、中部和西部各区域内部呈现"俱乐部收敛"的特征。朱鹏飞（2004）[74]利用包含描述区域间经济关系的矩阵空间计量方法研究了 1991 ~ 1998 年中国区域间的经济增长差异，同样发现，中国东部、中部和西部三个区域内部存在很显著的"俱乐部收敛"特征。高帆和石磊（2009）[75]从三次产业的角度研究了中国 31 个省份劳动生产率的收敛性，认为在东部区域劳动生产率领先的情况下，三大区域劳动生产率增长率出现了收敛倾向。覃成林等（2012）[76]在区域增长模型中将空间外溢效应考虑进去，以长江三角洲为例，对空间俱乐部收敛做了经验性检验，实证发现存在空间俱乐部收敛且收敛速度为1.57%，区域经济增长的确受到空间外溢影响。

第二类文献研究认为，中国各区域之间不存在收敛。袁志刚和范剑勇（2003）[77]通过从区域层面考察中国经济发展中的工业水平认为，中国各区域发展速度存在很大的差异，不存在收敛。王小鲁和樊纲（2004）[78]、郭爱君和贾善铭（2010）[79]、贾俊雪和郭庆旺（2007）[80]等通过实证研究表明，中国各区域经济增长差异无论是绝对水平还是相对水平都在扩大，不存在收敛现象。

2.2.2 分行业生产率收敛性的经验研究

国外学者对不同行业生产率收敛性的研究相对较早，主要是从不同国家间不同行业的视角进行研究。根据收敛性结论，本书将其划分为两类：第一类文献研究认为，制造业存在收敛性且收敛趋势很强。Dollar 和 Wolff（1993）[81]研究了1960~1986年30个OECD国家28个制造业行业水平生产率的变化。他们发现，在人均GDP、资本劳动比率、总量劳动生产率、TFP和平均工资等方面都呈显著的收敛趋势。他们研究发现，在战后时期这些工业国家的几乎每个制造业行业都存在劳动生产率的收敛。此外，在整个考察期间，整体制造业的收敛强度比单个制造业的收敛强度要强。Boussemart 等（2006）[82]将考察时期更新到1970~1996年，使用的数据涉及5个制造业行业以及农业、采矿业、公共事业、建筑业、贸易、交通和通信业、金融和保险、非政府服务与政府服务9个其他行业。他们使用的是标准追赶模型并采用GMM方法进行回归估计，结果显示，在这14个行业中，除了纺织业和政府服务业外，其他行业都呈现出显著的追赶效应，追赶速度为1.4%~9.5%，证实了在制造业中存在明显的追赶。David（2014）[83]研究了1970~2007年12个欧元国家9个经济部门（农业、制造业、建筑业、市场服务业、销售业、交通运输业、金融中介、租赁业和非市场服务业）和11个制造业子行业的生产率收敛性，发现农业、交通运输业以及非市场服务业这3个部门的生产率都存在收敛趋势。在制造业细分行业中，印刷和出版业、化学品和燃料业及其他制造业这3个低技术行业的生产率呈收敛趋势。

第二类文献研究认为，不同行业的收敛特征明显不同，其中制造业不存在收敛或者收敛特征不明显。Bernard 和 Jones（1996）[84]将经济分为农业、采矿业、制造业、公用事业、建筑业和服务业六大部门，利用 1970～1987 年 40 个 OECD 国家的行业水平的数据（包括增加值、资本存量和就业等指标）来研究 TFP 的收敛，结果显示，不同部门的生产率变动存在显著性的差异。同时发现，六大部门的 TFP 收敛结果存在差异。总量 TFP 收敛是由服务业和公用事业等非制造业的生产率收敛导致的，而制造业却不存在收敛现象。Bernard 和 Jones（2001）[85]报告了 40 个 OECD 国家全部产业的总量 TFP 差距。生产率最高的国家（如美国）与生产率最低的国家之间的 TFP 差距从 1970 年的 120% 下降到了 1987 年的 85%，标准差（以离差衡量）从 1970 年的 0.175 下降到了 1978 年的 0.135，收敛系数为 0.023。然而，部门水平的收敛结果不同。农业、服务业和公用事业存在显著的 TFP 收敛，收敛系数分别为 0.039、0.012 和 0.025，制造业、采矿业和建筑业的收敛却不明显，系数分别为 0.015、0.027 和 0.028。Gouyette 和 Perelman（1997）[86]利用产出、劳动和资本的数据，比较了 30 个 OECD 国家在 1970～1987 年制造业和服务业的表现。主要结果显示，整个研究期间存在着非常有限的 TFP 收敛，但是尽管具有较低的总增长率，服务业的生产率收敛却是很明显的。Margaritis 等（2007）[60]利用面板单位根检验了 1979～2002 年 OECD 国家 10 个经济部门劳动生产率的收敛性，分别为农业、采矿业、技术含量低的制造业、高新技术制造业、水电、建筑业、批发和零售贸易业、交通和通信业、金融服务业和一般服务业（高科技/高技能），结果发现农业和金融服务业的收敛性最显著。

国内对于中国不同行业的收敛性研究有限，国外相关文献是从具体行业层面分析行业收敛过程以及由东部向西部移动的迹象。Ruan 和 Zhang（2010）[87]检验了中国"雁飞模式"在纺织业中的应用，发现中国纺织业自 2006 年后，中部地区的平均资本回报率和利润率比东部区域的更高，这种行业的东部区域集聚在 2004 年开始减少。Qu 等（2012）[88]发现，2004～2008 年劳动密集型制造业在东部地区的地理集聚减少，并认为在经济活动向内陆区域再分配的背景下，劳动密集型行业中内陆地区更高的资本回报率和人均利润率是关键因素。伴随着劳动力成本的增加，东部地区的劳动密集型制造业正在面临着越来越高的竞争压力，因此很有可能去寻找新的经济增长空间。国内学者对于行业收敛的研究寥寥无几，主要是以三大产业为基础来分析中国地区间不平衡和经济差异（刘黄金，2006[72]；高帆和石磊，2009[75]；刘华军等，2020[89]），研究发现中国三大产业劳动生产率在地区间呈收敛趋势，其中第一产业和第二产业收敛明显且速度较快，东部、中部和西部三大区域内部的劳动生产率差异梯度明显。国内对于具体行业收敛性的研究文献相对较少，尤其是使用四位码行业数据来研究工业细分行业收敛性的文献在国内寥寥无几，而国际上的相关研究也是屈指可数的。其中，Hwang（2007）[90]利用十位码的美国海关进口统计数据和四位码的世界贸易统计数据对高度分解的产品线进行研究，实证结果表明出口单位值存在绝对收敛的倾向。一个国家制造业出口平均单位值越低，该国家的随后增长就越快。Levchenko 和 Zhang（2011）[91]利用各个国家1996～2000年四位码行业数据估计了19个制造业的相对生产率趋势，结果表明，不同国家之间存在稳定的收敛性。Bénétrix 等（2015）[92]同样利用四位码行业数据研究了1890～2007年的跨国家工业产出的收敛性，结果表明，跨国家工业产出存在绝对收敛。

2.3　收敛性影响因素的经验研究

2.3.1　一般性影响因素

对于收敛性一般影响因素的研究多是基于新古典框架的条件收敛，将各种解释因素加入收敛回归方程中，以考察其对收敛系数的影响，从而提出收敛的一般性原因，涉及的影响因素包括贸易开放度、市场化水平、产业结构调整、要素投入水平和外商直接投资（FDI）等。

内生增长理论认为，贸易开放度可以通过加快技术进步、提高要素生产率来促进经济增长。Ben – David（1993）[93]研究认为，自由贸易是人均收入收敛的一个重要因素。该理论得到了 Baumol（1986）[51]的支持，他研究发现，1870～1979年扩大出口增加了国际竞争的激烈性，对于创新和模仿也是有利的。Bernard 和 Jones（1996）[84]认为，服务业存在收敛是整个经济收敛的主要因素，然而，由于服务业在中间品贸易方面没有制造业做得好，可以预期制造业间任何技术的国家传播都要比服务业好，那么在某种程度上，收敛是由贸易所驱动的。因此，人们期待制造业上的收敛应该比服务业上的好。Santoso

(2021)[94]研究发现,贸易对跨国家间的收入差距产生了很大的影响,通过自由贸易,初始收入水平低的集团成员国将拥有比初始收入水平高的集团成员国更高的增长率,跨国家间收入水平呈收敛性。双边贸易促使收敛特征同样存在于以出口为主和以进口为主的集团国家,如果这种贸易递增发生在落后国家,那么收敛趋势将更明显。贺灿飞和梁进社(2004)[95]研究了中国东部、中部和西部三个区域的经济发展差距,发现导致中国不同区域经济差距拉大的主要原因包括市场化程度、对外开放度和城市化进程等。武剑(2002)[96]、陈浪南和陈景煌(2002)[97]等通过研究 FDI 与经济增长的关系后发现,FDI 可以通过溢出效应促进东道国的技术进步和知识积累,其是导致中国不同区域经济发展差距的重要因素。当然,也有很多学者的研究显示了相反的结论,如赵奇伟和张诚(2007)[98]、陈继勇和盛杨怿(2008)[99]的研究,他们认为 FDI 技术溢出效应逐渐消失,甚至与区域经济增长出现负相关关系。覃成林和张伟丽(2009)[100]基于 CART 的区域分组研究了中国各区域人均收入的"俱乐部收敛"及其影响因素,结果发现,市场化水平越高、区域政策越完善的区域越容易出现"俱乐部收敛"的特征。陆铭和陈钊(2004)[101]利用 1987~2001 年的数据研究中国地区工业集聚的影响因素时得出了相反的结论,即使城市化本身可以对缩小地区发展差距产生促进作用,但是由于中国存在劳动力自由流动的限制政策,这反而抑制了中国地区人均 GDP 的收敛。改革开放后经济结构不断得到调整,袁永科和赵美姣(2019)[102]、梁双陆等(2020)[103]研究了产业结构调整对生产率的作用,一致认为资源在不同部门之间的再配置可以促使生产率得到快速增长,落后地区通过调整产业结构、利用相对分工的优势和增大技术的外溢效应可以实现更高的经济增长速度。

2.3.2 分区域生产率收敛性的影响因素

2.3.2.1 技术进步、要素分布差异与区域收敛

对于分区域收敛的影响因素,朱富强(2020)[104]认为,技术进步对区域经济收敛起着重要作用。比较优势发展战略认为,影响区域经济增长实际绩效的关键因素在于技术进步的状况。落后国家(或区域)在遵循要素禀赋所决定的比较优势发展时,只要不存在技术壁垒,就可以通过外商直接投资等渠道从发达国家(或区域)引进和利用其先进的技术。如果落后国家(或区域)在引进先进技术的基础上进行自主创新,从长期来看,由于节省了前期研发与

技术创新的时间，并且获取的技术进步改善了投入产出的关系，因此落后国家（或区域）完全可以通过自身的努力实现比发达国家（或区域）更快的技术升级，进而拥有相对于发达国家（或区域）更快的经济增长速度，即通过"后发优势"实现与发达国家（或区域）的收敛[81]。Crafts（1998）[105]研究了英国在18世纪末19世纪初如何成为工业化大国和随后的美国向英国生产率的追赶过程，并检验了两个经济体的技术和结构改变。他总结了英国TFP增长率较低的原因，认为英国在该时期的技术改变是非常不均匀的，许多经济活动的生产率尤其是劳动力份额多余，40%的服务业生产率增长很低。而最重要的创新活动如蒸汽机的发明对最初使用部门的影响比较温和，甚至对整个经济的影响更小。同时，工业生产率的规模效应并不是生产率增长的重要来源。他认为，美国之所以能够赶超英国并在1929年成为生产率领导国，最主要的原因是美国劳动力从农业向制造业的变迁。Benito和Ezcurra（2005）[106]采用非参数技术的方法检验了1977～1999年欧盟国家的生产率分布特征，发现欧盟周边国家的空间联系非常明显，劳动生产率的发展模式很相似。那些生产率相对较低的国家比生产率相对较高的国家的地理集聚更明显。结构因素是导致跨国家生产率不平等的重要因素。Lafuente等（2020）[107]利用偏移—份额分析法研究生产率增长的影响因素。他们以亚洲四个国家为样本，发现资源分配对总量生产率的增长并没有做出额外的贡献，而制造业生产率增长对总量生产率增长做出了重要的贡献。同时，他们强调影响整体经济增长的因素也是影响跨区域增长收敛的因素，包括技术创新、商业和金融服务的提供、广泛的基础设施发展和高的投资比例等。Hulten和Isaksson（2007）[108]检验了1970～2000年112个国家资本形成和技术进步对人均产出差异的影响，发现技术效率（以TFP的相对水平衡量）是导致跨国家劳动生产率水平差异的主要因素。Mikhnenko（2021）[109]将劳动生产率增长分为三个因素：技术改变、技术追赶和资本累积，使用1965～1990年57个国家的数据进行了实证分析，结果表明，劳动生产率的增长和劳动生产率的收敛都是由于资本形成驱动的，而不是TFP。

2.3.2.2 人力资本与区域收敛

研究人力资本对区域经济收敛影响的相关文献大量涌现于20世纪60年代（Machlup，1970）[110]，鉴于数据的可得性和准确性，学者们首先围绕人力资本的主要衡量指标（即教育）展开讨论。近年来，学者们对人力资本和区域收敛的研究仍在持续攀升（Krueger and Lindahl，2001）[111]。虽然内生增长理论认为人力资本对经济增长和收敛起着重要的推动作用，但是实证结果却差异很大。

在跨国研究中，学者们普遍认为人力资本可以解释区域差异。Mankiw 等（1992）[22]认为，人力资本（中学入学率）的差异能够解释 80% 以上的跨国收入差异。Ehrilich（2008）[112]认为，人力资本的获得是美国在 20 世纪初期无论是总量 GDP 还是人均 GDP 追赶上英国和其他欧洲国家的主要原因。尤其是，他推测美国作为经济超级大国的优势在于人力资本累积率的迅速上升。他将美国这种教育上的优势归因于历史因素，如《莫里尔法案》，兴办了"赠地学院"，以培养农工建设人才，促使美国高等教育课程内容和教学方式发生了变化等，使接受高等教育的人数迅速增加。然而，Benhabib 和 Spiegel（1994）[113]却认为，在新古典增长理论模型设定下的人力资本对经济增长并没有起到促进作用，反而抑制了经济增长。Pritchett（2016）[114]也认为教育对经济增长的推动作用不大。

在中国人力资本与区域经济收敛的研究中，一部分学者认为，人力资本对经济增长的作用显著，但是对缩小区域差异的作用有限。蔡昉等（2001）[115]认为，人力资本对于缩小区域差异的作用受到了劳动力流动的影响。当人力资本水平较低时，增加人力资本的投入可以使落后区域的经济增长加速。随着人力资本水平的不断提高，等量人力资本投入带来的经济增长相对于前期发展来说较少，这是由于劳动力市场扭曲导致的。人力资本对经济增长作用受到了劳动力市场改革的影响，劳动力市场改革滞后会减弱人力资本缩小区域经济发展差异的效果。陈浩和薛声家（2004）[116]研究了中国三大区域的教育投入对经济增长的贡献，认为西部区域教育投入对该区域经济增长的贡献要超过发达的东部区域。葛小寒和陈凌（2010）[117]在内生经济增长 Lucas 模型的基础上，以中国 30 个省份和东部、中部、西部三个区域的面板数据使用固定效应模型实证分析了人力资本、人口变动与经济增长，结果发现，人力资本和贸易开放度与经济增长呈显著的正相关关系，人力资本水平和贸易开放度越高越有利于经济的增长。傅晓霞和吴利学（2009）[118]基于中国 1978~2004 年 28 个省市的面板数据，考察了中国区域增长收敛性的影响因素。结果发现，人力资本积累、技术效率提高、前沿技术进步和物质资本深化对中国区域增长的收敛性具有显著的影响，其中，1990 年以前中国区域产出的收敛性主要由人力资本和物质资本深化所驱动，但 1990 年以后，由于所有制改革和对外开放促进了体制创新和技术创新，这使得中国区域劳均产出逐步呈双峰分布，沿海与中西部的生产率差距拉大。他们同样认为，由于人力资本受到劳动力流动等的限制，其在促进缩小区域经济发展差距的过程中发挥的作用有限。

也有许多研究认为，人力资本对缩小区域经济发展差距起着关键作用。Fleisher 和 Chen（1997）[119]研究了全要素生产率及其增长的决定因素，发现导致沿海区域和内陆区域全要素生产率差距的主要原因是高等教育投资和外商直接投资，其中内陆区域的人力资本投资的收益率比沿海区域高20%，因此加强对内陆各省份的教育投资有利于推动缩小区域差距。陈钊等（2004）[120]则在估算中国缺失省份人力资本的基础上，利用1987~2001年中国各省份完整的教育发展面板数据研究各省份人力资本水平和区域发展差异，发现各省份高等教育人口比重呈收敛的趋势，这有利于缩小省份间的收入差距。汪锋等（2006）[121]利用1978~2003年的面板数据研究了中国区域经济的差异，发现导致中国区域经济失衡的重要因素是人力资本、市场程度和对外开放程度。因此，加大对落后区域的教育投资和引入外资是推动中国区域平衡发展的有效措施。Zou 和 Zhou（2007）[122]使用1981~2004年省份面板数据对中国省份间经济增长的收敛性进行了研究，以技术水平为依据将中国31个省份分成两个俱乐部，即"发达"俱乐部和"欠发达"俱乐部，发现"发达"俱乐部的收敛速度显著快于"欠发达"俱乐部的收敛速度。人力资本累积无论是对全国省份、对"发达"俱乐部还是对"欠发达"俱乐部的收敛性都起到了显著的驱动效应，并且驱动效果均大于物质资本和基础设施建设对收敛的影响。

2.3.2.3 政策因素与区域收敛

关于政策因素对区域生产率收敛的影响，Aschauer（1989）[123]最早从基础设施投资角度解释了生产率变动的原因，研究发现，公共交通、高速公路和机场等主要基础设施对全要素生产率有显著的促进作用。Albala - Bertrand 和 Mamatzakis（2004）[124]实证分析了智利1960~1980年基础设施投资和经济成本结构与生产率之间的关系，发现如果增加基础设施投资，经济成本就会下降，并使劳动生产率得到提高。

中国工业化进程的推进伴随着区域间的不平衡发展，日益加大的区域发展差距已经引起了政府的高度重视，政策因素对中国区域发展不平衡起着非常重要的作用。Fujita 和 Dapeng（2001）[125]研究了1985~1994年中国区域经济的差异，认为中国政府实施的倾向于沿海区域的经济政策和全球化及市场化的结果是产生区域发展差异的主要原因。刘修岩（2010）[126]认为，在其他条件不变的情况下，城市的基础设施越完善、就业密度越高，该城市的劳动生产率就越高。吴意云和朱希伟（2015）[127]基于中国省际工业分行业面板数据的研究发现，地方政府的产业政策对产业的干预具有很强的针对性和有效性，其是形成中国工业地理独特演化轨迹的重要因素。

2.3.3 分行业生产率收敛性的影响因素

关于分行业生产率收敛性的影响因素，相关文献是从影响行业生产率增长的因素方面进行研究的。传统经济增长理论认为，行业经济持续增长的动力来自技术进步，技术进步通过改善投入与产出的关系来提高生产效率，对行业发展的速度和持续性产生了巨大的效力，其中，R&D 是衡量技术进步的重要指标。

在国外对行业生产率影响因素的相关研究中，学者们一致认为 R&D 对于行业或者部门生产率的增长具有重要的作用。Fecher 和 Perelman（1990）[128]利用 1971～1986 年 11 个 OECD 国家 9 个制造业的数据进行混合横截面回归后发现，R&D 投入强度对 TFP 的增长起着积极的推动作用，他们估计的 R&D 回报率为 15%。Dosi 等（1990）[129]考察了 39 个工业行业的劳动生产率水平和累计的专利注册数量之间的关系，发现专利指标几乎对所有工业行业具有显著的正向影响。Griffith 等（2004）[130]考察了 1974～1990 年 12 个 OECD 国家 9 个制造业行业水平上 R&D 和 TFP 增长率之间的关系。他们的主要贡献是在模型中考虑了各个国家每个行业的吸收能力，即与生产率前沿的距离。他们认为，距离生产率前沿越远的国家，从更先进国家获得的技术扩散效应越多，进而从 R&D 获得的潜在收益越多，TFP 增长就越快。与生产率前沿的距离用领导行业和本国行业间的 TFP 差距来表示，发现 R&D 强度和技术差距之间的交互项为正且具有显著性。Bassi 等（2012）[131]研究了技术进步对美国 6 个能源密集型制造业全要素生产率的影响，Bloom 等（2016）[132]研究了技术进步对欧洲劳动密集型工业全要素生产率的影响，一致认为无论是对制造业还是对工业行业，技术进步对全要素生产率中期至长期的增长均起到了促进作用。Arenas 等（2020）[133]认为，研发投资和高技能水平员工对生产率增长具有积极作用。

Almom 和 Tang（2011）[134]、Lin 等（2011）[135]、Peng 和 Hong（2013）[136]及 Rizov 和 Zhang（2014）[137]等从结构性变化、产业集聚、溢出效应等视角考

察了影响行业生产率的因素。Almon 和 Tang（2011）[134]采用分解技术研究了加拿大和美国的各个行业对经济增长的贡献，发现制造业生产率的增长放缓是加拿大在 21 世纪初期劳动生产率增长放缓的主要因素，制造业对美国总体经济增长的贡献也在不断减少。研究表明，2000～2008 年加拿大和美国的制造业生产率受到了结构性变化的不利影响。Lin 等（2011）[135]研究了产业集聚与生产率之间的正相关关系，认为政府应该继续实施工业园政策，创建具有正外部性的高科技企业城市群，这样可以提高企业的生产率水平。在集群中的小微企业从集聚的正外部性中获得的利益要比大企业多。而这种正外部性与信息共享、更容易找到专业人士和更低的运输成本等密切相关。因此，政府可以更加积极地推动工业园小微企业的发展，帮助它们提升自身的生产率水平。此外，外国企业的生产率水平最高，其次是民营企业和国有企业。因此，私营企业的生产率有很大的改善空间。此外，政府应该继续推动国有企业的重组，加强管理和提升生产效率。Peng 和 Hong（2013）[136]探讨了行业之间生产率的溢出效应，认为行业水平的生产率不仅是由劳动和资本等生产要素决定的，也受到了相关联行业的溢出效应的影响，其中知识溢出效应可以使成本减少。他们提出用经济距离的概念来衡量行业之间的联系，认为经济距离比空间距离在生产率的溢出效应上具有更重要的作用。Rizov 和 Zhang（2014）[137]利用企业微观数据表明，经济活动的密度、经济政策和结构性因素对行业生产率水平和增长差异具有影响。

在对中国分行业生产率影响因素的相关研究中，国内外学者主要研究了技术进步与生产率增长之间的关系。Martí 等（2011）[138]研究了中国加入世界贸易组织（WTO）对工业生产率的影响，发现自从中国加入 WTO 以后，各区域的工业生产率都得到了明显提升。工业生产率的总体增长是由技术增强所驱动的，因此应该把重点放在更有效率的对投入要素的利用上。此外，2001 年后工业生产率增长的收敛性并没有呈现较大的变化。颜鹏飞和王兵（2004）[139]基于 1996～2003 年中国制造业各个行业的数据，采用数据包络分析法研究了制造业不同行业生产效率的水平及变迁情况，表明技术进步是提高制造业全要素生产率的主要动力。原鹏飞（2005）[140]研究了 1996～2003 年中国制造业的生产效率，认为技术进步对生产效率的提高起着重要作用，并认为近年来技术效率的提高对生产率的贡献作用也得以显现。朱钟棣和李小平（2005）[141]研究了资本形成对中国工业行业全要素生产率变动的影响，实证结果显示，资本形成对工业行业全要素生产率具有相反的作用，工业行业的生产效率差异是由行业之间技术创新的差异、行业间的市场结构不同以及行业所处外部环境差异所导致的。吴延兵（2006）[142]运用中国四位数制造行业数据对 R&D 与生产率之间的关系进行了实证检验。通过估计两种不同的生产函数模型发现，R&D 对生产率有显著正向影响。在控制了市场因素和产权因素的影响后发现，R&D 与生产率之间仍表现出显著的正相关关系。李春顶（2009）[143]基于 1998 ~ 2007 年中国制造业行业的面板数据对全要素生产率的状况和影响因素进行了解析，认为行业盈利能力、规模和利用外资可以加快生产率的提升，研发投入可以促进技术进步的提高效应，出口贸易不利于制造业行业生产率的增长。苏治和徐苏丹（2015）[144]研究了技术进步与中国不同行业的影响，认为行业的持续增长主要依靠技术创新和改进，垄断程度高的行业和竞争性强的行业存在非常大的技术进步空间，虽然它们取得技术进步的发展路径不同，但是都不同程度地促进了行业增长。

2.4　本章小结

通过回顾相关文献，本章对收敛性的相关理论进展进行了概述，主要包括后发优势理论、新古典增长理论和内生增长理论。后发优势理论的中心思想就是大部分追赶都可以用从先进国向落后国的知识技术的扩散和传播来解释。新古典增长理论从资本边际报酬递减的假设出发，预期了不同经济体之间的绝对收敛和条件收敛的存在。而以 Romer 为代表的第一代内生增长理论则认为，由于存在外部性、知识溢出、专业化分工等因素，可以实现要素的边际收益递增，进而实现可持续增长，从而对收敛性提出了质疑。随着内生增长理论的发展，第二代内生增长理论将创新、研发与内生经济增长联系起来，模型具有和索洛模型相同的稳态特性，因此预测了条件收敛（Jones，2002）[44]。

在实证研究方面，本章对收敛性及其影响因素的文献分布从一般整体、分区域和分行业三个层面进行了详细梳理，发现已有研究存在以下不足。①从研究视角来看，现有研究大多是基于整体经济层面，运用省际数据进行人均收入收敛性分析，缺乏劳动生产率收敛性的研究。中国强劲的经济增长不只是由物质资本等要素投入所拉动的，更是由通过结构性改变的生产率改善而驱动的。正如 Bernard 和 Jones（1996）[21] 所认为的，假如最能体现在生产率上的收敛性不会发生，那么国家和地区将不会以一种可持续的方式进行"追赶"。②现有文献对于行业收敛性的研究都是基于整体行业层面的，对于具体细分行业的收敛性研究的文献非常少。不同行业的收敛性研究对于解释中国跨区域在行业上的不均衡增长具有很重要的作用。国外一些研究表明，不同行业之间在区域经济差距变化方面具有很大的差异，如果忽视了这种差异，只是在总体水平上分析，可能会得到错误的结论，只有很好地理解次级单位（如行业）劳动生产率的收敛机制，人均 GDP 趋同背后的原理才可能为我们所知悉，因此研究行业劳动生产率的发展历程更有助于理解区域经济发展的现状和未来。③国内文献关于影响收敛差异的因素讨论很少，仅考察了一般影响因素，很少有研究从区域和行业两个层面来分别考察影响收敛的因素，并且对政策、知识及技术对劳动生产率收敛的影响研究也很有限。从劳动生产率增长的源泉来看，知识和技术是最重要的因素。同时，由于对劳动生产率收敛的机制和影响因素机理研究相对不足，还需要对收敛机制的归纳提炼更加深入与细化。据此出发点，立足于中国工业的劳动生产率，采用双向面板固定效应模型对中国工业整体、分地区和分行业劳动生产率的收敛性及影响因素展开系统研究，本书的研究是这样展开的：

（1）构建中国工业劳动生产率收敛的一般理论分析框架。在新古典收敛理论模型的基础上，加入劳动力流动因素扩展出劳动生产率收敛的数理模型，分析了劳动生产率的收敛机制和影响因素，包括一般影响因素、分区域影响因素和分行业影响因素，并从区域和行业两个层面构建政策因素和人力资本对区域劳动生产率收敛的影响机理及 R&D 和员工的技能投入对行业劳动生产率收敛性的影响机理，对区域和行业收敛的异质性给出科学合理的解释。

（2）中国工业劳动生产率收敛性的描述性统计分析。分别从中国工业劳动生产率的一般整体、分区域和分行业三个层面进行描述性统计分析，运用单因素非参数方差分析的统计方法进行检验，并考察变异系数、（最大值 – 最小值）/均值、初始劳动生产率与其增长率的关系及相对劳动生产率等多项收敛指标的变动趋势，从而考察劳动生产率是否有收敛特征。本书采用多种指标法可以使考察结果更加客观，为后面实证分析奠定了基础。

（3）中国工业劳动生产率收敛性的计量检验。采用中国 1999～2014 年 30

个省份的 25 个二位码工业行业面板数据和 100 个四位码工业行业横截面数据，运用双向固定效应模型分析法检验了中国工业整体、分区域和分行业劳动生产率的收敛性，并进一步比较了分区域和分行业收敛特征的差异。

（4）中国工业劳动生产率收敛性影响因素的计量检验。在分区域收敛异质性方面，考察不同水平的政策因素和人力资本对分区域劳动生产率收敛速度的影响；在分行业收敛异质性方面，考察不同强度的 R&D 投入和劳动力技能素质对分行业收敛速度的影响。

3 中国工业劳动生产率收敛性的
理论分析框架

新古典增长模型预示了收敛,本章在新古典增长模型的基础上加入劳动力流动因素扩展出劳动生产率收敛的数理模型,并对劳动生产率的收敛机制进行详细分析,最后从一般整体、分区域和分行业三个方面分析劳动生产率收敛性的影响因素。通过本章的考察为劳动生产率收敛性及其影响因素的实证检验提供理论依据。

3.1 劳动生产率收敛性的数理模型

我们在索洛模型的基础上构建一个包含劳动力流动因素的综合框架来分析劳动生产率的收敛性。假设经济是开放的并且存在技术扩散,允许劳动力可以自由流动,K 和 L 分别是生产要素中的资本和劳动力,其中,资本是广义的,包括物质资本和人力资本。储蓄率、人口增长率和技术改变是外生给的。那么,最终产品 Y 可以用柯布—道格拉斯生产函数表示为:

$$Y = K^\alpha (AL)^{1-\alpha} \tag{3-1}$$

其中,$0 < \alpha < 1$,α 为资本的产出弹性;Y 为产出;K 为资本;L 为劳动

力;A 为技术水平。假设劳动和技术以增长率 n 和 g 的速度外生增长,即 $\frac{\dot{L}}{L} =$

n,$\frac{\dot{A}}{A} = g$,$\dot{L} = \dfrac{\mathrm{d}L(t)}{t}$ 和 $\dot{A} = \dfrac{\mathrm{d}A(t)}{t}$ 分别为劳动和技术对于时间的增量,即:

$$L(t) = L(0)e^{nt} \tag{3-2}$$

$$A(t) = A(0)e^{gt} \tag{3-3}$$

其中，$L(0)$ 和 $A(0)$ 是初期的劳动力和技术水平，单位有效劳动的数量 $A(t)L(t)$ 以不变的 $n+g$ 的速率增长。用 $Z = \dfrac{K}{AL}$ 表示单位有效劳动资本量，那么式（3-1）可以写为：

$$Y = ALZ^{\alpha} \tag{3-4}$$

其中，A 为劳动增进型的技术水平，那么单位劳均产出可以表示为：

$$y = AZ^{\alpha} \tag{3-5}$$

可见，劳均产出增长是由生产要素的积累和技术进步决定的。对式 (3-5)取对数并微分可得人均产出增长率：

$$g_y = g_{\alpha} + \alpha g_z \tag{3-6}$$

其中，g_{α} 和 g_z 为技术进步率和单位有效劳动资本量增长率。由于经济中的劳动力可以自由流动，那么流入地区 j 的劳动力数量用 $M(T)$ 表示，这个数量可以为正也可以为负，并且劳动力流动带来的资本数量为 $Q(T)$，那么资本存量增长可以表示为：

$$\dot{K} = sY - \delta k + QM = sLy - \delta k + QM \tag{3-7}$$

其中，s 为每期产出中固定比例的投资份额，δ 为资本折旧率。式（3-7）与索洛模型中资本存量增量不同的是加入了劳动力流动移入或者移出带来的资本量 QM，人口增长率由 n 变为 $n+m$，m 为净劳动力流动速度，那么单位有效劳动资本的增长率为：

$$g_{\alpha} = sZ^{\alpha-1} - (n+m+\delta+g_{\alpha}) + \hat{Q}m/Z = sZ^{\alpha-1} - (n+\delta+g_{\alpha}) - m(1-\hat{Q}/Z) \tag{3-8}$$

其中，$\hat{Q} = Q/A$。式(3-8)与索洛模型中单位有效劳动劳动资本增长率相比多了一个迁移项，即 $m(1-\hat{Q}/Z)$。如果不存在劳动力流动（即 $m=0$），或者说在所有时间点上单位有效劳动资本量与劳动力流动带来的有效资本量相等（即 $Z=\hat{Q}$），那么这个方程就与索洛模型中的方程一样，最终得出收敛方程为：

$$\frac{\dot{y}}{y} = -(1-\alpha)(n+g+\delta)\ln(y/y^*) \tag{3-9}$$

其中，$(1-\alpha)(n+g+\delta)$ 为收敛速度，表示经济向稳态水平收敛的快慢。而 Caldor 和 Verdoorn 定律（卡尔多·凡登定律）表明，在工业行业中产出增长率越高，劳动生产率增长就越快[145]，这就意味着，索洛模型推导出劳均产出收敛的同时，劳动生产率也存在收敛。假如移民携带的物质资本小于本地区拥有的人均人力资本水平，那么 $\hat{Q} < Z$ 是成立的。经济中存在发达区域和落后区域，劳动力从落后区域向发达区域流动，并且落后区域人均携带的资本增长总量要小于发达区域人均所拥有的资本增长总量，那么当存在劳动力流动时，落后区域由于劳动力的减少（即 $m < 0$）使本区域有效劳均增长率多了 $m(1 - \hat{Q}/Z)$，单位有效劳动资本的增长率大于 $sZ^{\alpha - 1} - (n + \delta + g_{\alpha})$，相应的单位有效产出增长率就要增大。而发达区域由于劳动力的流入（即 $m > 0$）会使有效劳均增长率减少 $m(1 - \hat{Q}/Z)$，相应的劳动生产率增长就会放缓。因此，由于劳动力的流动会使由索洛模型推导出的劳均产出收敛的同时，劳动生产率也存在收敛，即落后区域的劳动生产率增长要比发达区域的更快。

3.2 劳动生产率收敛性的机制

本章第 1 节在索洛模型的基础上通过构建一个包含劳动力流动因素的数量模型推导出了劳动生产率存在收敛性，那么劳动生产率收敛性的机制是什么？即劳动生产率收敛的渠道有哪些？研究劳动生产率收敛的机制有助于人们理解收敛的形成过程，更有助于政策制定者设计和实施推动区域和行业增长收敛的各项政策。下面我们具体分析劳动生产率是如何收敛的。在经济越来越开放、市场越来越统一的情况下，要素的自由流动速度和数量得到持续加快和增长，劳动生产率收敛机制在实际中变得越来越重要，我们主要从生产要素的流动性来分析劳动生产率收敛的机制。

劳动生产率收敛机制与生产要素在行业和区域间的重新配置密切相关。劳动生产率衡量了要素投入转化为产出的效率，在同一时期内，劳动生产率越高意味着生产相同数量的产品需要的生产资料越少。一个区域（行业）的劳动生产率进步体现了区域（行业）创造财富能力的提升。生产要素在行业间和区域间的重新配置可以提高劳动生产率。如果市场存在竞争，并且资源配置是有效的，那么劳动生产率结构变化的路径往往是资源从低效率企业向高效率企业流动，而低效率企业的逐渐退出将缩小行业内企业劳动生产率差异，并提升整个行业的平均劳动生产率。从生产要素行业间的配置来看，劳动生产率的收敛主要是由行业间要素边际生产率存在很大的差异导致的，生产要素在行业间的重新配置可以从行业结构变迁中获得巨大的收益。通常来说，工业产品的空间复杂程度、产品关联程度以及分工程度要远远大于农业的，工业的发展更多的是需要技能型劳动力投入，因此劳动力的边际产品价值要高于农业，相应地，技术进步和劳动生产率提高往往要高于农业。但是，在落后经济体中农业所占份额比例是非常大的，并且劳动生产率水平也比工业要低。当工业行业中存在的巨大生产规模、范围经济以及高工资水平将吸引劳动力从农业向工业转移时，整个经济体平均劳动生产率就会提高，这使得落后经济体劳动生产率的增长速度要快于发达经济体，从而促进劳动生产率的收敛。

从生产要素区域间配置来看，劳动力流动的方向与资本相反，资本是从边际收益率较低的发达区域流向边际收益率较高的落后区域，而劳动力是从落后区域流向发达区域，在落后区域中随着劳动力的不断流出和资本流入的不断增多，引起劳动边际生产率的提高，从而驱使落后区域逐渐向发达区域追赶，区域间劳动生产率将出现收敛。具体的收敛渠道如图 3−1 所示，假设存在 A 和 B 两个区域，期初劳动生产率和收入水平相等。由于政府政策、资源禀赋等外界因素，A 区域发展迅速成为发达区域，B 区域发展缓慢成为落后区域。发达的 A 区域的资本要比落后的 B 区域多，但是由于劳动力缺乏使 A 区域的劳动生产率均衡点 W_{A0} 高于 B 区域的劳动生产率均衡点 W_{B0}。在市场供求关系的推动下，A 区域对劳动力的需求增加，当劳动力供给没有增加时，A 区域的均衡

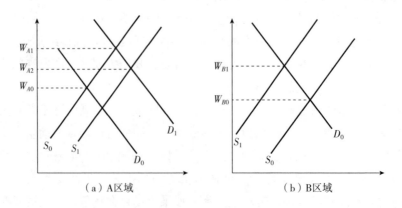

图 3−1　生产要素在区域间的配置均衡动态图

工资水平将会上升到 W_{A1}。在劳动力可以自由流动的情况下，B 区域的劳动力受到高工资水平的吸引，将会从落后 B 区域向发达 A 区域流入，从而使发达 A 区域劳动供给增加，那么这时就会出现新的劳动生产率均衡点 W_{A2}，W_{A2} 将低于 A 区域原来的劳动生产率均衡点 W_{A1}。对于 B 区域而言，由于劳动供给减少，新的供给曲线与需求曲线形成的新均衡点得到的工资水平要大于原来的均衡工资，即新的劳动生产率均衡点 W_{B1} 要大于原来 B 区域劳动生产率的均衡点 W_{B0}，最终 A 区域与 B 区域的新均衡工资水平相等，从而劳动生产率水平也将相等。但需要注意的是，现实中的资本流动要比这一描述复杂得多。

正是生产要素在不同行业间和区域间的收益不同，驱使生产要素向回报率较高的区域（行业）流动，从而劳动生产率出现收敛趋势。随着市场经济开放度的增加，各种要素在不同行业和区域之间的流动速度和数量不断增加，劳动生产率收敛机制在现实中变得越来越重要。当然，劳动生产率收敛机制还要受到区域间特定环境的影响，如果要素在区域间和行业间的自由流动得到限制，那么劳动生产率的收敛机制就难以实现。因此，我们得出结论：在全球化时代，随着劳动力壁垒和知识壁垒的大大减轻，劳动力流动和技术转移得以实现。生产要素在行业间和区域间的再配置可以提高劳动生产率并引起劳动生产率的收敛。同时，工业企业大多数参与的是国际生产和市场网络，因而更加容易接受技术，促进劳动生产率的提高，所生产的产品更多的是可贸易商品，这些商品可以快速融合到全球生产网络，反过来又促进技术转移和吸收，这就可以引起劳动生产率的收敛。因此，提出以下假设：

假设 1：在允许要素自由流动和技术扩散的情况下，初始劳动生产率越低的省份（行业）增长率就越高，中国工业劳动生产率存在收敛。

3.3 劳动生产率收敛性的影响因素

根据上文分析可知，如果劳动生产率收敛的机制在现实中能充分地发挥作用，那么我们可以预期劳动生产率将会出现收敛性。但是，在现实中这些机制会或多或少地受到其他因素的制约，从而并不能充分发挥作用。有些因素对劳动生产率的收敛起着促进作用，而有些因素对劳动生产率的收敛起着抑制作用。下面我们从理论上探讨劳动生产率收敛性的一般影响因素、分区域和分行业的影响因素。

3.3.1 劳动生产率收敛性的一般影响因素

现实中存在着许多影响收敛和发散的力量，收敛不仅与初期变量水平有关，还会受到其他因素的影响，如经济发展水平、产业结构、市场因素和科技实力等，由于受到研究精力和研究模型的限制，不可能把所有因素都纳入研究体系，这也是不可行、不现实的。本书在选择劳动生产率收敛性的一般影响因素时基于两方面的考虑：一是基于内生增长理论等相关理论模型，从维持经济长期稳定增长的角度探究其影响因素。二是结合中国国情和查阅现有学者对劳动生产率收敛影响因素的研究成果，根据现有文献的分析结果，筛选出适当的影响因素。在内生增长理论中，决定经济增长的主要因素包括资本和劳动，其中技术扩散模型认为，技术由发达国家传播到落后国家主要是通过自由贸易和外商直接投资等渠道进行的，因此我们除了要考察资本密度和企业规模外，还要考察对外开放水平（即出口份额）。另外，产业组织理论中的哈佛学派强调了结构对行为和绩效的决定作用，结合中国正处于经济转型的重要时期，国有产权和外资产权对工业的绩效起着重要的作用，因此我们还要考察所有权结构对劳动生产率收敛的影响。基于此，本书主要从资本密度、出口份额、企业规模和所有权结构等方面对劳动生产率收敛的一般性影响因素进行分析。

（1）资本密度。一般认为，资本密度越高的行业，拥有更多的机器设备和更先进的技术水平，其技术含量也越高，技术进步也越快，劳动生产率增长率相应也就越高。如朱钟棣和李小平（2005）[141]研究发现，资本深化对1998年后中国工业全要素生产率增长起着重要的促进作用。马汴京（2011）[146]研究发现，资本深化解释了中国35%～43%的劳动生产率增长。当然也有学者研究认为，资本深化延缓了技术进步，对劳动生产率的促进作用减弱，如张军（2002）[147]研究发现，中国劳动生产率增长变缓是由资本深化导致的。朱富强（2020）[104]认为，发展中国家采用最适宜的技术才能带来更高的增长率。

（2）出口份额。新贸易理论认为，出口可以带来规模经济效应、学习效应和技术溢出效应，这三个渠道均能促进劳动生产率的增长。出口企业在国际市场上更容易接触到先进的生产技术和管理方法，由于客户对产品质量要求更高，因此激励企业对生产设备进行升级改造以及对员工进行技术培训，通过改进生产技术和生产工艺并学习先进的生产技术和管理方法来提高劳动生产率。同时，相对于不出口企业，出口企业更有可能进行研发，进而提高其劳动生产率水平。张盼盼等（2020）[148]、魏浩和张宇鹏（2020）[149]等通过利用企业数据并使用不同的计量方法研究发现，中国企业存在显著的出口学习效应。出口贸易可以促进分工深化，优化资源配置，无论是对单个出口企业还是对整个出口部门，出口均可以提高其生产规模，在规模经济效应的作用下，劳动生产率也会得到提高。同时，出口企业通过技术的水平溢出效应和垂直溢出效应可以提高不出口企业和上下游关联企业的劳动生产率，从而对劳动生产率增长起着促进作用。

（3）企业规模。企业规模也是促进劳动生产率增长的重要因素，它与其产生的规模报酬有着密切的联系。马歇尔提出的规模经济认为，随着企业规模的不断扩大，企业的劳动分工将更加专业化，这大大降低了企业的生产成本和管理成本，使企业更容易产生规模报酬，以至于获得固定单位产出时需要的生产成本更少，所以规模报酬促进了劳动生产率的增长。熊彼特在"创新假说"中提出，技术创新主要存在于规模较大的企业中，这些规模较大的企业在风险分担和融资渠道等方面比小规模企业具有比较优势，它们所具有的资源禀赋是企业创新活动的基本保障。企业规模越大，越能负担更多的先进技术设备成本，规模扩张促使企业进行研发倾向和研发能力等创新活动。规模越大的企业具有的盈利能力和市场竞争力越强，越有能力对人员进行充分的职业培训，从而对劳动生产率的提高产生促进作用。多数文献将规模作为一个控制变量考察其对劳动生产率的影响，检验结果多表明企业规模对生产率存在正效应（张礼卿和孙俊新，2010[150]；王良举和陈甬军，2013[151]）。

（4）所有权结构。刘瑞明（2011）[152]认为，中国区域差距形成的一个重要背景就是在计划经济向市场经济的转型过程中带来的所有制结构的转变，研究发现区域国有比重下降得越快，经济增长越快。不同性质的产权结构对劳动生产率的增长率有着不同的影响，包括国资份额和外资份额。由于国资份额主要集中在国有企业中，国有企业管理机制不灵活、适应市场变化的能力较弱、所有者缺位和缺乏有效的激励监督机制，因此生产效率和盈利能力均不如非国有企业，这些因素将会对劳动生产率产生负效应。而外资份额可以吸收更多的FDI，FDI会带来新的技术、知识、管理等，从而增强其技术水平和创新能力，因此对劳动生产率具有正向影响。

3.3.2 分区域劳动生产率收敛性的影响因素

对于分区域劳动生产率收敛性的影响因素，除了一般影响因素外，政策因素和人力资本是影响区域劳动生产率收敛最主要的因素。

从世界范围来看，许多国家内部都不同程度地存在区域发展差距，运用区域政策手段缩小区域发展差距是经济学家和各国政府所关注的一个重要问题（Jones and Hall，1998；Kumar and Russell，2002；Henderson and Russell，2005）[153-155]。在中国，政府的优惠政策显然也是导致区域间工业劳动生产率收敛差异的重要因素。中国工业化进程的推进伴随着区域不平衡发展，日益加大的区域发展差距已经引起了政府的高度重视，加速内陆省份的经济增长十分必要，而如何才能加速内陆的经济增长呢？为了促进区域经济的协调发展，20世纪90年代末中国政府开始加大对内陆的政策支持力度，这些优惠政策促使了内陆省份向沿海省份的追赶。这些优惠政策可以简要地概括为以下两点：第一，最直接的方式就是给予内陆区域政策性倾斜，加大对内陆区域的投入和政策上的优惠措施（Démurger et al.，2002）[156]。第九个五年计划（1996~2000年）和第十个五年计划（2001~2005年）强调，中央政府决心通过"西部大开发战略"来减少地区发展不平等。虽然该战略并没有制订详尽的发展计划，也没有单独的政策文件来概括，但是该战略部署的目的是使西部各省份可以从政府预算、私人及外商直接投资中获得更多的资金支持，从这个角度来看，政府通过采取大量的财政和信贷措施加强了内陆省份的投资，尤其是政府对贫困区域的基础设施投资每年显著递增。中国幅员辽阔，地理位置和自然资源禀赋不同均可导致区域发展存在差异，而区域经济绩效的差异应在很大程度上归因于各区域的基础设施禀赋的差异，其中最重要的就是交通基础设施的建设。事实上，全国交通系统连接着东部和西部，政府通过呼吁发达的沿海省份和落后的内陆省份实行"多元互利合作发展"，这极有可能已经促进了工业由东向西的搬迁，使工业活动得以扩散。可见，交通基础设施建设决定着经济发展的水平和速度，对工业的空间分布形态演变起着巨大的推动作用。交通基础设施有助于区域之间的交流，通过这种交流可以提高本区域的开放度，进而有助于其经济增长。第二，在2003年颁布了《最低工资规定》，政府试图通过调整不同省份的最低工资水平来促使工资出现收敛趋势，虽然最低工资的演变对生产率的影响没有定论，但是工资与劳动生产率之间的关系一直是学者关注的焦点，其中应用最普遍的就是效率工资理论，它认为高工资能够促进劳动生产率的增长。内生增长理论同样认为，提高实际工资水平能够激励企业进行技术创新以及获得新的经济效益和竞争优势。中国发达沿海省份和落后内陆省份的工资水平存在显著的差异，那么假如最初劳动生产率相对较低的区域最低工资水平提升得更快，那么最低工资水平的增加是否可以促使跨区域劳动生产率收敛？也就是说，最低工资的增长能否确保在不妨碍经济增长的前提下确保落后区域增长加速从而缩小与发达区域的差距？因此，在分析分区域收敛的影响因素时，政策因素备受关注。

区域增长不平衡的另一个影响因素就是人力资本。伴随着各区域教育水平的大幅提高，中国经济实现了多年的持续快速增长，人力资本的差异是导致中国区域不均衡发展的重要因素，区域间的竞争日益凸显为人力资本的竞争。人力资本不仅作为生产要素能够直接提高劳动力生产效率，从而促进经济增长，而且还具有很强的外部性，通过促进技术创新来加快劳动生产率的提高，因此，依靠人力资本的配置与优化来突破区域边界效应，促进区域收敛便成为一个重要的研究视角。发达沿海省份凭借自身的地理位置、经济实力和资源禀赋，人力资本投资远远高于内陆省份。内陆省份由于经济比较落后，劳动力的技术创新能力不足，消化和吸收新技术的能力有限，即使存在较高的人力资本，在追求利益最大化的驱动下，发达省份会将落后省份的人力资本吸收过来，造成人力资本向发达沿海省份流动。沿海省份通过人力资本进行技术创新，优化物质资本的配置效率，提高单位投入的产出量，进而促使物质资本实现产出最大化，逐渐拉大与内陆省份的差距。人力资本对劳动生产率增长的作用毋庸置疑，但是如何运用人力资本的这种作用来改变区域劳动生产率差异和促进区域劳动生产率的收敛呢？本节通过分析不同人力资本水平在促进中国区域劳动生产率收敛这一过程中的关键作用，探求了不同层次的人力资本对不同区域劳动生产率增长作用的差异，能够为落后区域加大人力资本投资、改善人力资本分布结构和寻找符合区域发展特色的路径提供理论依据。因此，在区域劳动生产率收敛的影响因素方面，我们重点关注政策因素和人力资本因素对区域劳动生产率收敛的影响。

3.3.2.1 政策因素对区域劳动生产率收敛的影响机理

随着政府对落后区域基础设施投资的每年递增，以交通基础设施为先导的"西部大开发"战略促使西部区域经济得到了较大的改善，那么加强对落后区域的基础设施建设能否促进区域劳动生产率的收敛进而改善日益扩大的区域差距？在中国民意调查中显示，大约有 4/5 的人认为中国存在"马太效应"，即富者更富，穷者更穷（Pewresearch，2012）[157]。那么，最低工资的增长能否在不妨碍经济增长的前提下确保经济落后区域增长加速从而缩小与发达区域的差距？下面借鉴 Cai 和 Treisman（2005）[158]的理论模型来说明政策因素对区域劳动生产率收敛的影响机理。

假设一个经济体中存在 $N+M$ 个区域，用 i 来表示第 i 个区域，每个区域都有一个政府 G_i，投资者拥有的总资本为 K，投资于不同的区域。k_i 表示用于区域 i 的投资。N 和 M 区域存在外生和内生的区别。外生的区别包括由于历史因素等资本的边际生产率在本地的投资具有差异，内生的区别包括自然资源、人力资本和基础设施上的差异。其中，N 代表禀赋好的区域，M 代表禀赋差的区域。在其他条件都相同的情况下，禀赋好的区域的资本要比禀赋差的区域的资本更有生产效率。为了简化分析，我们假设同种类型的区域具有相同的禀赋。

每个区域的政府 G_i 选择基础设施投资的程度 I_i。在这里，基础设施投资是广义的，包括政府用于增加区域边际生产率采取措施负担的成本。因此，基础设施 I_i 包括物质基础设施（交通、电信等）、教育、产权保护执行制度和法律保护。每个区域的资本生产率取决于外生的资源禀赋和政府的基础设施投资。设总量生产函数形式为 $F_i = f(I_i, k_i, A_i)$，采用 C – D 函数形式写为：

$$F_i = A_i k_i^\alpha I_i^\beta \qquad\qquad (3-10)$$

其中，$\alpha > 0$，$\beta > 0$，$\alpha + \beta < 1$，并且 $A_i > 0$。假设 $\alpha + \beta < 1$ 表明经济中还存在其他的要素，如土地和劳动。假定 $A_i = A_n$ 为禀赋好的区域的效率，$A_i = A_m$ 为禀赋差的区域的效率，并且 $A_n > A_m$。$\dfrac{A_n}{A_m}$ 越大，表示两种类型区域的禀赋不对称性也越大。式（3 – 10）假定禀赋、基础设施和投资是互补的。

假定政府行为是部分自私的，它关注私人消费、政府支出或者这两个的组合 N。政府 G_i 的目标函数为：

$$U_i = (1 - t_i) F_i + \lambda c_i \qquad\qquad (3-11)$$

其中，t_i 为税率，c_i 为政府消费，$\lambda \geq 0$ 为政府相对于私人消费的公共支出偏好。政府消费 c_i 可以有两种解释：一种是现任官员的预算资金消耗；另一种是公民要求支出的公共产品和服务。每个政府的最初财政收入为 $S \geq 0$。

为了使分析简化，假定每个地区的税率是固定不变的，即 $t_i = t \geq 0$，那么政府的预算约束为：

$$I_i + c_i = S + tF_i \tag{3-12}$$

由于资本在区域间可以自由流动，资本将会从税后资本边际回报率较低的区域流向资本回报率较高的区域。在一个内部均衡中所有区域的利率是相等的，令 r 为整个经济的净资本回报率。假设每个区域的单元对于整个经济来说是非常小的（N 和 M 区域是很大的），因此每个区域都不考虑影响净资本回报率的因素，都将利率取为 r。资本的流动法则为：

$$(1-t)\frac{\partial F_i}{\partial k_i} = r \tag{3-13}$$

从式（3-10）和式（3-13）可得：

$$k_i = \left(\frac{1}{r}(1-t)\alpha A_i I_i^{\beta}\right)^{1/(1-\alpha)} \tag{3-14}$$

进一步可得：

$$\frac{\partial k_i}{\partial I_i} > 0, \ \frac{\partial k_i}{\partial A_i} > 0 \tag{3-15}$$

从式（3-15）可以看出，资本会流向政府投资基础设施多的区域，该区域公共服务越好就越会吸引更多的资本，从而促进区域经济发展。另外，资本流入 i 区域越少，整个经济的净资本回报率越高，越高的净资本回报率意味着其他区域在投资更多的基础设施。从中国的实际情况来看，这也是中国沿海省份和内陆省份经济发展存在差距的重要原因。沿海省份由于地理位置、资源禀赋和优惠政策等，基础设施投资比较完善，因此吸引了更多的资本和高素质的劳动力。给定净资本回报率，政府则选择基础设施投资 I_i 来使利益最大化。政府的行为受到预算约束和资本配置规则约束：

$$U_i = (1-t)F_i(k_i, \ I_i) + \lambda c_i \tag{3-16}$$

以最大化约束条件下的收益，可以得出最优的一阶条件：

$$\frac{\partial F_i}{\partial I_i} + \frac{\partial F_i}{\partial k_i}\frac{\partial k_i}{\partial I_i} = \tau \tag{3-17}$$

式（3-17）意味着等式左边的基础设施的边际收益要等于等式右边的边际成本。可以看出，基础设施的投资不仅直接影响产出，而且通过对资本间接作用影响产出。由式（3-10）、式（3-13）和式（3-16）可得：

$$I_i(k_i, \ A_i) = (1-\alpha)^{-[1/(1-\beta)]}\left(\frac{1}{\tau}\beta A_i k_i^{\alpha}\right)^{1/(1-\beta)} \tag{3-18}$$

根据式（3-14）和式（3-18）可得最优的基础设施投资和资本投入量：

$$I_i(r, A_i) = (r^{-\alpha} A_i B)^{1/(1-\alpha-\beta)} \qquad (3-19)$$

$$k_i(r, A_i) = (r^{\beta-1} A_i H)^{1/(1-\alpha-\beta)} \qquad (3-20)$$

其中，$B = \alpha^{\alpha}(1-\alpha)^{\alpha-1}\beta^{1-\alpha}\tau^{\alpha-1}(1-t)^{\alpha}$，$H = \alpha^{1-\beta}(1-\alpha)^{-\beta}\beta^{-\beta}\tau^{-\beta}(1-t)^{1-\beta}$。根据市场出清条件：

$$Nk_n(r) + Mk_m(r) = K \qquad (3-21)$$

那么，式（3-19）、式（3-20）和式（3-21）共同决定了 r 的平衡值，也就决定了 I_i 和 k_i 的平衡值。从式（3-19）、式（3-20）可得：

$$\frac{I_n}{I_m} = \frac{k_n}{k_m} = \left(\frac{A_n}{A_m}\right)^{1/(1-\alpha-\beta)} \qquad (3-22)$$

其中，A_n/A_m 越大，I_n/I_m 和 k_n/k_m 也就越大。由于在均衡条件中 $Nk_n(r) + Mk_m(r) = K$ 所有的资本都是用来投资的，A_n/A_m 越大就会使 k_n 越大，使 k_m 越小。根据式（3-22）可得，I_i 的增加，导致了 k_i 的增加，这意味着 A_n/A_m 越大也将导致 I_n 的增加和 I_m 的减少。也就是说，这个动态具有两个效应：一个是竞争效应，即政府在基础设施上会投资更多以吸引更多的资本流入；另一个是极化效应，即禀赋较差区域的基础设施投资越少，吸引的投资就会越少，那么该区域的禀赋会更差。因此，得出以下结论：政府增加对落后区域基础设施的投资可以加速落后区域劳动生产率的增长。

区域经济学理论认为，由于各个区域自身的资源禀赋具有差异，要素禀赋条件较好、区位优势明显区域的发展往往优先于其他区域，这种优势会使区域获得集聚效应和扩散效应。集聚效应会使周边区域的资本、劳动力等生产要素向发达区域集中，造成区域经济发展差距。随着集聚效应的发展，发达区域的经济水平远远高于落后区域后会出现扩散效应，发达区域开始加快向周边区域辐射，在这个过程中，生产要素也会从发达区域流向外围的落后区域，其中交通基础设施起到了重要的作用。"西部大开发战略"整合了在基础设施上的公共投资，扩大了交通运输网络（包括公路、铁路和机场），目的是打开区域经济面向国内市场和国际市场。但是，由于受相关研究数据可得性的限制，鲜有文献研究基础设施的投资是否对工业的绩效产生积极的影响。事实上，全国交通系统连接着东部和西部，政府通过呼吁发达沿海省份和落后内陆省份实行"多元互利合作发展"，这极有可能促进产业由东向西搬迁，使工业活动得以扩散。可见，交通基础设施建设决定着经济发展的水平和速度，通过促使区域贸易和要素流动，对工业的空间分布形态演变起着巨大的推动作用。

交通基础设施促进区域劳动生产率收敛的机理（见图3-2）可以概括为：发达区域凭借自身的优越条件和区位优势吸引生产要素快速地集聚，造成区域发展的差异，当经济发展到一定条件时会产生扩散效应，进而促使生产要素流入周边区域。交通基础设施投入通过提高企业生产效率、降低企业生产成本和降低交易成本等正外部溢出效应促进周边区域经济增长，该正外部溢出效应越强，周边区域发展得就越快，区域差距得到缓解，从而促进区域的收敛。

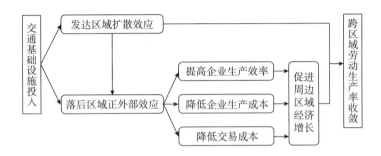

图3-2 交通基础设施影响区域劳动生产率收敛的机理

政策因素中的一个重要因素就是工资增长。2004年，国家对最低工资制度进行改革，改革的明确目标是提高工人的工资水平和使各省份的最低工资有融合趋势。实行改革以后，市级最低工资不得不落在地方平均工资的40%~60%范围内，尤其是初始工资水平相对较低城市的工资水平增长最多。国家统计局的数据显示，2004~2007年市级最低工资的年均增长率为14%，而2000~2003年只有7%，这说明中国最低工资水平的增长率在短时间内提高了。根据效率工资理论，工资是提高劳动生产率的重要手段。它通过劳动力流动效应、偷懒效应、逆向选择和公平效应来激励员工更努力地工作从而提高劳动生产率，这使得企业可以消化吸收成本冲击。此外，当工人决定参与劳动力市场并选择雇主为他们的外部选择时，提高工资水平未必需要减少就业，这是由于更多劳动力市场的参与或更少的企业间的工人流动率导致的。在不完全竞争市场条件下，企业可以通过降低利润率来吸收任何冲击成本（Draca et al.，2011）[159]。同时，提高最低工资也可以促进企业生产效率的改善。假设企业不得不在两个生产过程中进行选择：一个是拥有较低的边际劳动需求，但需要承担较高的固定采用成本的高科技生产过程；另一个是拥有较高的边际劳动需求，但是没有固定采用成本的低科技生产过程。提高最低工资将会加大高科技生产和低科技生产的边际成本差距。在保持产量不变的情况下，采用高科技的企业机会成本会下降。因此，此前首选低技术含量过程的企业可能切换到支付所需固定采用成本中的高科技生产过程。那么，低工资在这里就充当了采用更有效生产技术的抑制因素。Millea 和 Fuess（2005）[160]认为，实际工资的增长将会促使雇主提高劳动生产率来保证利润。Mayneris 等（2014）[161]同样认为，工资的提高不会对现存企业的就业产生负面影响，这是因为工资增长会带来生产率的显著提高，允许企业吸收冲击成本而不会伤害它们的就业和盈利。因此，工资上涨促进区域收敛的机理（见图 3-3）可以概括为：工资上涨会促进区域总量生产率的增长，它允许更有效率的企业取代生产效率低下的企业，迫使现有企业加强自身的竞争力，这两种机制共同推动经济效率的改善，缩小区域发展差距，促进区域收敛。因此，提出以下假设：

假设 2：政府增加交通基础设施投资和提高工资水平可以加速区域劳动生产率收敛速度。

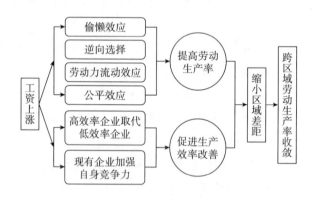

图 3-3　工资上涨促进区域收敛的机理

3.3.2.2　人力资本因素对区域劳动生产率收敛的影响机理

人力资本对区域增长起着至关重要的作用，人力资本会促进新产品和新技术的产生，引发技术进步，促进劳动生产率的增长。初始水平下的人力资本差异是影响经济增长收敛的重要因素。新古典经济增长理论中的收敛条件认为，在控制了人力资本、技术进步等因素后，落后区域会经历更快的劳动生产率增长，各区域人均产出水平最终将收敛于自身的稳态。以往对于收敛过程的解释都包含了落后优势，即大部分的追赶都可以由先进国向落后国进行的技术扩散效应来解释。国际经济的竞争力确保优良的生产技术得以迅速地扩散和传播。尽管存在着固定的技术扩散效应，国家可以彼此学习先进的技术，但是从实质上来说，跟随者向领导者学习的要比领导者向追随者学习的要多。这个中心含义就是，落后国家希望提高它们的生产率水平从而达到发达国家的水平，那么在其他条件保持不变的情况下，落后国家应该拥有更高的生产率增长率。然而，并不是说落后国家能确保自己会追赶上先进国家。很多其他因素必须具备，如强劲的投资、受过高等教育的良好的劳动力、研究与开发活动、与先进国家发展的贸易关系、有力的政治结构、较低的人口增长等。人力资本理论认为教育是对技能的投资，能够提高劳动生产率水平。

Barro（1992）[5]和Mankiw等（1992）[22]认为，人力资本对产出和劳动生产率的提高都具有积极的作用，更高或者更多的受教育程度与产出和生产率的增长正相关。但是，由于一些跨国回归时的困难，如由于国家数量有限从而迫使研究人员使用简约的规范来避免自由度的问题，或者学校教育数据误差而导致的衰减偏差（Durlauf et al.，2005[162]；Fuente and Doménech[163]，2001），这种衰减偏差可以通过多重共线性放大，通常存在于跨国增长回归中，因为高增长国家往往具有较高的人力资本积累率、更深入的金融市场、更强的产权保护、更高的储蓄和投资率等，因此，这种受教育程度与产出增长的显著正相关并不意味着学校教育会影响到增长；相反，教育和产出的增长都可以由生产率增长驱动。人力资本对劳动生产率增长的影响方面取得重大进展的一个方法就是将重点放在通过这种效果发挥作用的渠道上。人力资本水平可以显著地促进技术的采用（Caselli and Coleman，2006）[164]，因为20世纪70年代以后，发达国家的技术进步或前沿技术水平的技能偏向特征越来越明显（Caselli and Coleman，2002）[165]。熟练劳动力增加技术的特征在于他们比非熟练劳动力提高了生产效率，因此，熟练劳动力增加技术导致人力资本密集型行业的劳动生产率增长更快（Kahn and Lim，1998）[166]。因此，一旦影响劳动生产率增长的其他因素受到控制，迅速采用新技术国家（区域）的人力资本密集型行业应该能够获得快速的增长。如果高水平的人力资本促进技术的采用，人力资本密集型行业的劳动生产率在人力资本水平较高的国家（区域）中应该增长得更快。

一个国家（区域）采用技术的能力依赖于人力资本水平（Nelson and

Phelps, 1966) [167], Tasawar 和 Nawaz (2019) [168] 在 Nelson 和 Phelps (1966) 的基础上解释了一个国家 (区域) 采用技术的能力是如何影响技术密集型行业的劳动生产率增长的。假设世界上存在许多开放经济体, 用指数 c 表示, 这些经济体存在两种行业, 即 $s = 0, 1$, 并且存在高人力资本和低人力资本两种劳动力, 那么国家 (区域) c 在时间 t 上的高人力资本和低人力资本的供应分别用 $M_{c,t}$ 和 $L_{c,t}$ 来表示。两种劳动力的效率水平分别为 $A_{c,t}^L$ 和 $A_{c,t}^M$, 它们随着时间的推移而改变并取决于每个国家 (区域) 采用世界前沿技术的能力。假设效率增长函数为:

$$\hat{A}_{c,t}^f = \left(\frac{\partial A_{c,t}^f}{\partial t} \right) / A_{c,t}^f \qquad (3-23)$$

其中, f 为劳动力的种类, 即 $f = L, M$, 并且假定效率增长可以用国家 (区域) 层次的效率水平与世界前沿效率水平的差距来表示, 即:

$$\hat{A}_{c,t}^f = \phi^f(H_{c,t}) \left(\frac{A_t^{f,W} - A_{c,t}^f}{A_{c,t}^f} \right) \qquad (3-24)$$

其中, W 为世界前沿, $A_t^{f,W}$ 为世界前沿的技术效率, $\phi^f(H)$ 为国家采用技术的能力, 这依赖于人力资本的增长, 即 $H = \frac{M}{L}$, 那么在 t 时期国家 (区域) c 的行业 s 的产出为:

$$X_{s,c,t} = D_{c,t} E_{s,t} (A_{c,t} L)^{1-s} (A_{c,t} M)^s \qquad (3-25)$$

其中, D 为国家 (区域) 的效率水平, E 为行业特点的技术水平。假定行业 1 仅使用高人力资本的劳动力, 行业 2 仅使用低人力资本的劳动力, 这个极端假设虽然可以简化分析, 但对后面的定义没有必要。为了研究稳态生产水平如何依赖一个国家 (区域) 采用新技术的能力, 假设世界前沿效率水平以 $\hat{A}_t^{L,W} = g^L$ 和 $\hat{A}_t^{M,W} = g^M$ 的速度持续提高, 每个国家 (区域) 的人力资本 H_c 采用新技术的能力 ϕ_c^L 和 ϕ_c^M 是固定不变的, 那么在稳态下, 每个国家 (区域) 效率的增长与世界前沿效率水平应保持一致。因此, 方程 (3-23) 意味着国家 (区域) c 不同劳动力 $(f = L, M)$ 效率的稳态水平为:

$$A_{c,t}^{f*} = \frac{\phi_c^f}{g^f + \phi_c^f} A_t^{f,W} \qquad (3-26)$$

因此, 各国 (区域) 采用技术的能力越大, 它们的稳态效率水平越接近世界前沿, 那么国家 (区域) c 的行业 s 的稳态产出为:

$$X_{s,c,t}^{*} = D_{c,t}E_{s,t}L_{c,t}\left(\frac{\phi_c^L}{g^L+\phi_c^L}A_t^{L,W}\right)^{1-s}\left(\frac{\phi_c^M}{g^M+\phi_c^M}A_t^{M,W}H_c\right)^s \qquad (3-27)$$

假定是由竞争性劳动力市场来确保充分就业的，那么相对于低人力资本行业，高人力资本行业生产的稳态为 $Z_{c,t}^{*}=\dfrac{X_{1c,t}^{*}}{X_{0c,t}^{*}}$，那么国家（区域）$c$ 相对于国家（区域）q 的稳态比为：

$$\frac{Z_c^{*}}{Z_q^{*}}=\left(\frac{H_c}{H_q}\right)\left[\frac{(\phi_c^M/\phi_c^L)\left(\dfrac{g^L+\phi_c^L}{g^M+\phi_c^M}\right)}{(\phi_q^M/\phi_q^L)\left(\dfrac{g^L+\phi_q^L}{g^M+\phi_q^M}\right)}\right] \qquad (3-28)$$

式（3-28）既不依赖于国家（区域）层面的效率，因为该式将每个国家（区域）的两个行业进行比较，也不依赖于行业水平的特征，因为该式将不同国家的同一行业进行比较，因此式（3-28）意味着国家（区域）c 相对于国家（区域）q 来说，人力资本 H_c 在稳态水平上具有要素供给效应和技术采用效应。其中，要素供给效应（由第一个括号捕获）是直接的。人力资本的增加意味着人力资本密集型行业所使用的要素相对供应有所增加，因此人力资本密集型行业具有更多的产出和生产率增长。而技术采用效应（由第二个方括号捕获）可以加强要素供给效应或者在相反的方向起作用，这取决于推进世界前沿发展更快的是熟练劳动力还是非熟练劳动力。假定在时间 T 内世界前沿技能劳动力的效率增长为 g^M，那么式（3-28）意味着加速技术变革的技能劳动力的积累当且仅当 $H_c>H_q$ 时转换为在 $\dfrac{Z_c^{*}}{Z_q^{*}}$ 上的增加。因此，与人力资本较低的国家（区域）相比，高人力资本国家（区域）的人力资本密集型行业的稳态生产率将会升高。在过渡到新的稳态时，人力资本密集型行业的增长速度将会相对较快，正式地用小写变量来表示为：

$$\Delta z_c - \Delta z_q = (z_{c,t}-z_{c,T})-(z_{q,t}-z_{q,T})=g(h_{c,T})-g(h_{q,T}) \qquad (3-29)$$

对于 $t>T$，$g(h)$ 在 h 中是严格递增的。每个行业的工业增加值为 $Y_{s,c,t}=P_{s,t}X_{s,c,t}$，其中，$P_{s,t}$ 是国际价格。这个生产函数意味着在 T 和 t 之间工业增加值的增长为：

$$\Delta y_{s,c,t}=y_{s,c,t}-y_{s,c,T}=\Delta d_c+\Delta L_c+\Delta p_s+\Delta e_s+s\Delta a_c^M+(1-s)\Delta a_c^M \qquad (3-30)$$

将式（3-29）和式（3-30）进行合并可得：

$$\Delta y_{s,c}=(\Delta d_c+\Delta l_c)+(\Delta p_s+\Delta e_s)+\eta+g(h_{+},T)s \qquad (3-31)$$

国家（区域）特定效应（$\Delta d_c + \Delta l_c$）捕捉了国家（区域）水平的劳动力和劳动生产率的增长，行业特定增长效应（$\Delta p_s + \Delta e_s$）是价格变化与行业进步的总和。η 捕捉了非技术性劳动力增长的技术改变。根据式（3-31）可以得出以下结论：高水平的人力资本促进了技术的采用，国家（区域）较高的人力资本水平能够转化为该国家（区域）技能劳动力密集行业的相对较快增长。

后发优势理论认为，落后国家通过对外贸易和利用外资等渠道，不断引进、吸收和利用国外的先进技术的经济活动，实现与发达国家的收敛。但是，要保证对先进技术进行高效吸收的关键就是人力资本的质量和素质（Uzawa，1965）[169]。20世纪70年代以后，在市场规模效应和价格效应的共同作用下，发达国家的技术进步或前沿技术水平的技能偏向越来越倾向于熟练劳动力（Schultz，1961[170]；Becker，1975[171]）。这是由发展中国家缺乏有效的知识产权保护制度所导致的。即使可以模仿发达国家的先进技术，但是由于缺乏人力资本，吸收来的先进技术并不适宜本土的要求，造成禀赋状况不匹配而无法达到应有的生产率水平。对于人力资本促进区域劳动生产率的收敛性方面，由于人力资本具有内部效应和外部效应，其中，内部效应是指通过学习正规教育获得各种技能，从而提高自身的生产技能和收入水平。外部效应是指通过在职培训、学习等形式使各种技能从一个人传播到另一个人，从而提高整体劳动者的生产效率。人力资本促进劳动生产率的收敛不是在于其边际报酬的递减性，而在于现实中客观存在的人才流动。新古典经济增长理论认为，在一定的政策环境与市场条件下，人才流动与资本流动的方向相反，资本是从资本竞争激烈导致收益低的富裕区域流向资本收益高的贫穷区域，而人才由于受到劳动报酬的吸引则是趋向于从经济贫穷的区域向经济富裕的区域转移。人力资本影响区域收敛机理（见图3-4）可以概括为：落后区域通过优惠政策吸引高素质人才，以相较于发达区域更低的成本获得简单知识，而人力资本的外溢效应可以促进落后区域人力资本的较快增长。由于人力资本报酬具有递增的特点，物质资本将从发达的区域流向落后的区域，但是人力资本一般则是从落后的区域流向劳动生产率和工资水平高的区域，造成落后区域劳动力减少而物质资本增多，人力资本水平提高速度加快，劳动边际生产率将会提高，结果各区域间劳动生产率将出现收敛。因此，提出以下假设：

假设3：人力资本对劳动生产率具有积极的效应，可以促使落后区域通过不断引进、吸收和利用先进技术实现与发达区域的收敛。

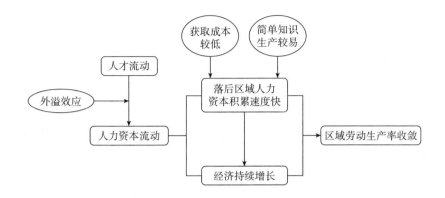

图 3-4　人力资本影响区域收敛机理

3.3.3　分行业劳动生产率收敛性的影响因素

对于分行业劳动生产率收敛性的影响因素，除了一般影响因素外，R&D投入和劳动力的技能素质是影响行业劳动生产率收敛最主要的因素。中国工业各行业之间的性质、技术含量、资本密集度及行业规模等都不尽相同，劳动生产率的增长存在显著的行业差异。行业劳动生产率增长的主要影响因素是技术创新。普遍的假设是技术创新对劳动生产率具有正的效应。工业各行业发展的内在动力来自技术创新带来的技术进步，即技术革命引发各大产业内部行业劳动生产率的增长率出现差异。为了验证较强的创新能力能否诱导技术与生产力进行衔接，研究与发展（R&D）投资可作为一个指标（Ark and Piatkowski，2004）[172]。之所以研究 R&D 投资对不同行业劳动生产率收敛性的影响，是因为从地区层面研究 R&D 投资对劳动生产率收敛的影响时，由于涉及的地理范围很广，必然涉及国际贸易、外商直接投资等影响因素，本书研究的出发点在于分析中国不同工业行业自身技术创新能力的特征对劳动生产率收敛的影响，因此在行业收敛性影响因素研究中考察 R&D 投资对分行业劳动生产率收敛性的影响更有意义。而 Grossman 和 Helpman（1991）[173]在研究美国制造业各行业之间的 R&D 溢出效应时发现，R&D 投入的效果取决于不同行业的技术选择，高技术行业和中低技术行业中溢出效应都是显著的，但是其大小和影响有明显差异。一些行业比另一些行业创造了更多的人均增加值，这是由于这些行业使用更多的资本或技术劳动力或先进技术导致的（Angus，2009）[174]。国际贸易理论模型（Heckscher - Ohlin Model）表明，如果跨国家或者跨地区的总量劳动生产率存在收敛，很可能是由于在不同行业水平上的劳动生产率存在收敛。沿着这个思路，本书将对中国的工业行业按照技术层次划分高技术行业和中低技术行业，讨论 R&D 投资对这两类行业劳动生产率收敛性的影响及差异。

除了依靠本土的研究与开发实现行业的技术创新外，另一个重要途径就是通过模仿、吸收和消化其先进技术，劳动力的技能素质被认为对行业劳动生产率增长具有积极的效应。Abramovitz（1986）[26] 认为，劳动力的素质可以被看作劳动力去借鉴现存技术的社会能力的指标。能够解释一个行业吸收新信息、新技术水平的指标就是劳动力的技能素质。落后行业相对较弱的增长表现的主要原因之一就是它们在跟上、吸收和利用新技术和产品信息上表现不佳。高技术行业和中低技术行业劳动力知识搜寻模式显著不同，高技术行业中的劳动力具有较强的技术导入行为，而中低技术行业中的劳动力较倾向于市场知识的搜寻。目前，国内基于工业行业的视角研究 R&D 投入和劳动力的技能素质对分行业劳动生产率收敛的影响非常有限，基于此，我们在分行业劳动生产率收敛性影响因素的研究中，主要分析 R&D 投资和劳动力的技能素质对行业劳动生产率收敛的影响机理。

3.3.3.1 R&D 投资对行业劳动生产率收敛的影响机理

依据内生增长理论，技术的自主创新是指通过企业的自主投资和开发新技术来推动该行业技术水平的不断提高，主要是指企业对 R&D 活动的投资。目前，很多学术研究者认为 R&D 投资对经济收敛性具有重要作用，可以提高企业对引进技术的吸收能力，通过 R&D 投资或边干边学的知识积累可以充分发挥引进技术的生产潜力从而带来经济增长，因此 R&D 活动以及由此引起的创新活动是促进劳动生产率提高及长期经济增长的重要因素。已有大量的文献阐述了 R&D 对企业水平、行业水平和国家水平增长的重要贡献，实证结果也验证了 R&D 对生产率的提高起着积极的促进作用（Fagerberg and Verspagen，2002）[175]，这些实证研究表明了 R&D 是解释生产率提高的强大驱动因素。

在 Romer（1990）[32] 的内生技术变迁模型中体现了 R&D 与劳动生产率的关系，即 R&D 可以促进劳动生产率的提高。基本假设包括：①知识包含各种思想，并且不同思想的投入品之间具有不完全替代性。②新思想的开发者可以垄断该思想的使用权。③新思想的开发者可以对使用者收取高于边际成本的价格，可在保证利润的基础上激励进一步的研发。我们以 Romer（1990）[32] 的内生技术变迁模型为基础，构建 R&D 影响行业劳动生产率增长的模型。

（1）最终产品生产部门决策。模型经济中有最终产品与中间投入品两类生产者。根据 Romer（1990）[32] 的研究，假设最终产品生产部门是完全竞争的，将劳动、资本和中间投入品转化为最终产品。总产出函数关于劳动和中间物品满足规模报酬不变的性质，最终产品 Y 的生产函数为：

$$Y = L^\alpha \int_0^A x(i)^{1-\alpha} \mathrm{d}i \tag{3-32}$$

其中，L 为劳动力，α 为劳动力弹性，$x(i)$ 为中间产品 i 的投入数量，$i \in [0, A]$，A 为中间产品的种类，刻画了国内技术水平，与 R&D 知识存量相对应。如果 w 为工资，$p(i)$ 为中间产品 i 的价格，那么根据生产率最优条件，最大化利润用公式表示为：

$$\pi_1 = \max\left\{ L^\alpha \int_0^A x(i)^{1-\alpha} \mathrm{d}i - wL - \int_0^A p(i)x(i)\mathrm{d}i \right\} \tag{3-33}$$

其中，$L^\alpha \int_0^A x(i)^{1-\alpha} \mathrm{d}i$ 为最终产品的收益，wL 为工人工资，$\int_0^A p(i)x(i)\mathrm{d}i$ 为购买中间产品的成本，对式（3-33）求导可得最优化问题的工资率 w 和价格 p：

$$w = \alpha L^{\alpha-1} \int_0^A x(i)^{1-\alpha} \mathrm{d}i \tag{3-34}$$

$$p(i) = (1-\alpha)L^\alpha x(i)^{1-\alpha} \tag{3-35}$$

显然，式（3-35）为第 i 种中间投入品厂商面临的需求函数。

（2）中间产品部门决策。中间产品部门是由一系列垄断厂商组成的，厂商生产产品需要借租资本，假定中间产品和资本是 1:1 的关系，设 r 为资本的利息（即利率），$p(i)x(i)$ 为销售给最终产品部门的收入，$rx(i)$ 为生产中间产品的成本，中间产品部门根据市场需求选择产量而使当期垄断利润最大化，则最大化利润函数为：

$$\pi_2 = \max\{p(i)x(i) - rx(i)\} \tag{3-36}$$

将式（3-35）代入式（3-36）并求最优解可得：

$$r = (1-\alpha)^2 L^\alpha x(i)^{1-\alpha} \tag{3-37}$$

将式（3-35）和式（3-37）代入式（3-36）可得最大化利润：

$$\pi_2 = \alpha(1-\alpha)L^\alpha x(i)^{1-\alpha} \tag{3-38}$$

（3）R&D 部门决策。我们用 R&D 经费支出表示 R&D 部门的投入，R&D 的生产函数为：

$$\dot{A} = \delta R^{\lambda} A^{\phi} \qquad\qquad (3-39)$$

其中，$\dot{A}$ 为通过应用研究生产的新知识，R 为国内行业 R&D 的经费投入，A 为国内行业知识存量。λ 和 ϕ 为参数。假设 R&D 部门是完全竞争的，那么 R&D 的收益等于成本，从而有：

$$P_A \dot{A} = R \qquad\qquad (3-40)$$

根据 Romer（1990）[32] 的设定，知识的价格为：

$$P_A = \int_t^{\infty} \pi_2(\tau) \exp\left(-\int_t^{\pi} r(s)\,\mathrm{d}s\right)\mathrm{d}\tau \qquad\qquad (3-41)$$

对式（3-41）两边 t 求导，整理得：

$$r = \frac{\pi}{P_A} + \frac{\dot{P}_A}{P_A} \qquad\qquad (3-42)$$

（4）家庭决策。家庭根据市场价格来决定提供劳务的数量，通过选择消费 C 以极大化自身福利水平：

$$U = \max \int_0^{\infty} \frac{C^{1-\delta} - 1}{1-\delta} e^{-\rho t}\mathrm{d}t \qquad\qquad (3-43)$$

其中，C 为消费，ρ 为主观贴现率，δ 为相对风险规避系数，那么家庭的预算约束为：

$$\dot{K} = rK + wL - C \qquad\qquad (3-44)$$

设单位有效劳动的平均消费为 $c(t)$，那么 t 时期劳动的平均消费为：

$$C(t) = A(t)c(t) \qquad\qquad (3-45)$$

通过对式（3-45）两边对 t 求导并整理可得消费积累的动态方程：

$$\frac{\dot{C}}{C} = \frac{r - \rho}{\sigma} \qquad\qquad (3-46)$$

（5）求均衡解。假设最终产品生产部门对每种中间物品的需求量相同，根据对称性，中间产品的供给量也相同，根据市场出清条件，家庭资本供给与中间产品生产部门厂商对于资本的需求相等，即：

$$K = \int_0^{A} x(i)\,\mathrm{d}i = Ax \qquad\qquad (3-47)$$

将式（3-47）代入式（3-32）可最终产品生产函数为：

$$Y = (AL)^{\alpha} K^{\gamma \alpha} \qquad\qquad (3-48)$$

整个经济中总的需求包括消费、投资以及 R&D 投入，总供给即为式

（3 - 48）总产出，那么总供给等于总需求的方程为：

$$Y = C + K + R \tag{3 - 49}$$

将式（3 - 48）两边同时除以 K 并结合式（3 - 49）可以发现，当收敛于经济的平衡增长路径时，劳动生产率、消费、研发和新知识的增长率均相同，都等于增长率 Ω。整理式（3 - 40）可得：

$$P_A \dot{A} = (P_A A) \frac{\dot{A}}{A} = R \tag{3 - 50}$$

将式（3 - 38）、式（3 - 42）和式（3 - 46）代入式（3 - 50），并结合平衡增长路径的定义可得：

$$\frac{\alpha (1 - \alpha) Y}{\rho + \sigma \Omega} = R \tag{3 - 51}$$

令 $s = \dfrac{R}{Y}$ 为 R&D 投入规模，那么式（3 - 51）可写为：

$$\Omega = \frac{\rho}{\alpha(1 - \alpha)/s - \sigma} \tag{3 - 52}$$

由式（3 - 52）可以看出，R&D 投入是影响行业劳动生产率增长的重要因素，R&D 投入越多越有利于促进行业劳动生产率的增长。值得注意的是，R&D 投入带来的溢出效应对高技术行业和中低技术行业显示出非对称性。从行业分工和协作的角度来看，产业链包含了横向与纵向的分工协作，因此 R&D 投入带来的溢出效应包括两种：一种是垂直溢出效应；另一种是水平溢出效应。垂直溢出效应主要体现在上下游行业之间的流动；如果 R&D 溢出效应是来自上游行业的，则称为"前向溢出效应"，如果 R&D 溢出效应是来自下游行业的，则称为"后向溢出效应"。在"前向溢出效应"中，各个部门都增加生产一单位的最终产品时，某一部门会受此感应，从而产生相应的需求波动。在"后向溢出效应"中，某一部门最终产品需求增加一个单位时，各供给部门会受此影响而产生相应的需求波动。"水平溢出效应"是指不同行业之间也并不一定是一种上下游部门的关系。因为技术和知识是一种公共物品，具有非排他性等特点，R&D 的溢出效应不仅只发生在本行业内，其他行业中的 R&D 溢出效应也会对本行业产生作用，因此"水平溢出效应"考虑行业结构比较类似的行业之间产生技术溢出的可能性更大一些。在高技术行业中，技术机会较多，企业内部研发投入较大，创新活动往往与产品创新、科学进步和生产设备改良所带来的新的技术范式有关，因此上游行业对本行业产生的正向溢出效果不足，因此高技术行业的 R&D 垂直效应中的后向溢出效应较前向溢出效应更为明显。而在中低技术行业中内生技术机会较少，企业的研发投入相对较低，技术创新主要来源于设备、原料以及其他投入的供应商，而供应商行业的外生技术机会较丰富，主要依靠供应商的新技术来实现技术创新，因此中低技术行业 R&D 垂直效应中的后向溢出效应比高技术行业明显。"水平溢出效应"主要包括示范效应、竞争效应和关联效应。示范效应是指本土企业通过对国外新技术的引进与学习、对生产流程的模仿以及对新产品的购买来提高自身的技术能力，从而缩小本土企业与国际前沿的差距。竞争效应包括两个方面：一方面是与国外先进企业进行竞争，表现为促进本土企业学习国外竞争对手的先进技术；另一方面表现为由于自身技术的提高对本土其他企业会产生"挤出效应"。关联效应的主要渠道是进行出口贸易，具体表现为在后向关联效应中进行"出口中学"，从而对本土高技术行业有正向促进作用。一般认为高技术行业对中低技术行业存在明显的溢出，而中低技术行业则成为溢出"净流入"部门，因此我们可以认为，不同行业间劳动生产率存在收敛是高技术行业的技术创新驱动中低技术行业增长的过程，其本质是高技术行业通过创新成果向中低技术行业进行扩散和转化，进而带动中低技术行业的资源优化配置和劳动生产率提升的过程。

根据标准的新古典增长模型，资本规模报酬递减和完整的要素流动性被期望引起越来越多的资本向更低收入国家流动，使落后经济体向发达经济体追赶。Barro 和 Sala－i－Martin（1997）[50] 指出，新古典增长模型的一个核心思想是条件收敛，这个理论获得了强大的数据事实支持，因此，在拓展内生增长理论的时候，必须保留条件收敛。20 世纪 90 年代，随着 R&D 模型的兴起，Romer（1990）[32]、Grossman 和 Helpman（1991）[173] 逐步将有目的的研发活动模型化，从而产生了一系列基于 R&D 活动的经济增长模型。在内生增长理论（Romer，1986[31]；Lucas，1988[33]）中存在物质资本收益递减的假设，允许收入差异存在。根据 Klenow（1997）[176] 的研究，在这些模型中（其中技术改变由内生决定），通过研发投资（R&D）或边做边学获得的知识可以得到可持续发展。早期的 R&D 模型强调技术的外部性和规模经济，从而得到了经济发散的结论。实际上，这不完全符合现实。Young（1998）[177] 提出的创新效率递减模型认为，虽然技术具有一定的公共物品性质，但是技术创新存在边际递减效应，技术水平提高后等量的研发投入不能带来等量的创新。Aghion 等

(1998)[38]认为，随着中间产品种类扩张带来的专业化水平的提高和技术越来越复杂化，技术模仿成本和自主创新中的交易成本不断上升，R&D 的边际效率出现递减，单项技术进步对经济的影响也可能减弱。由于早期内生经济增长模型（如 R&D 模型）的规模经济主要来自创新单位成本不变的假设，如果研发效率与经济规模和中间产品种类的数量相关，研发过程中可能会出现边际效应递减的情况，因此内生增长理论就包含了内生的收敛机制，能够从技术创新角度来解释落后经济体增长率要高于发达经济体增长率这一收敛趋势。

Aghion 和 Howitt（2005）[48]考察了从长远来看驱动行业增长均衡的理论机制。假设只有一个行业开始创新活动，它将最终作为一个领先行业以相同的速度进行经济增长，而那些具有差的宏观经济环境、机构、教育系统和欠发达的金融系统行业的经济将会停滞不前。假定一个行业 i 的技术前沿预期距离为 $\hat{d}_{it}$，$\hat{d}_{it}$满足以下等式：

$$\hat{d}_{it} = (1 - \mu_i)\hat{d}_{i,t-1} + (\overline{\mu} - \mu_i)\ln\gamma \tag{3-53}$$

其中，μ_i 表示行业 i 的创新速度，$\overline{\mu}$表示全球平均创新速度，γ 表示创新规模。行业 i 的创新速度由 $\mu_i = \lambda f(n)$ 决定，其中 n 是生产率调整后的研究。$f(n)$ 是研发生产率的函数，λ 是 R&D 生产率。在 $t-1$ 时期与技术前沿的距离是 $d_{i,t-1} = \ln\left(\dfrac{\overline{A}_{t-1}}{A_{i,t-1}}\right)$，其中，$A$ 是生产率参数，$\overline{A}$是技术前沿。如果 $\mu > 0$，表示该微分方程是稳定的，意味着只要该行业保持着恒定的密度 n 进行 R&D，那么它与前沿技术的距离将稳定等于 0，并且它的增长率将会以相同的速度收敛于前沿技术的增长率。如果 $\mu = 0$，那么它将没有稳定平衡，$\hat{d}_t$ 将发散到正无穷，那么这个企业会停止创新，最终保持长时期的增长率为 0。这个框架表明要么该行业落入收敛于前沿技术的增长率（即 $\mu > 0$）的一组，要么就落入低收入群体（即 $\mu = 0$）。高收入群体中的行业具有高效的研发活动、良好的教育系统和良好的产权保护，这些行业将会收敛于前沿技术的增长率。那些处于较低的研发生产率、落后的教育体制和较低的产权保护的行业将会停止增长。Aghion 和 Howitt（2005）[48]表明，如果一个行业承担的 R&D 活动的边际收益大于边际成本，那么这个行业将会追赶上技术前沿，即：

$$\frac{\lambda\delta(\chi)L}{m} > 1/f'(0) \tag{3-54}$$

其中，χ 为超过边际成本的标价，这个取决于对产权的保护；L 为熟练技术工人的数量；m 为整个经济中部门的数量。如果行业所处的环境拥有更好的教育体系 λ、更好的产权保护 χ 和更多的熟练工人 L，那么该行业就更有可能进行更多的研发活动，进而会收敛于前沿技术的增长率。

Ark 和 Piatkowski（2004）[174] 认为，信息和通信技术的实质性进展（如 R&D）作为收敛的一个渠道被经常性地提出。Petroulas（2007）[178] 认为，技术创新可以促进经济收敛，如外国企业在东道国建立工厂等，这些追赶技术前沿的经济活动可以被理解为增加了国内创新能力。任玲玉（2013）[179] 认为，R&D 的收敛与 GDP 收敛存在很强的相关性，R&D 边际生产力的收敛显著促进了劳均 GDP 收敛。鉴于发达经济体的技术被快速地扩散，R&D 投入可以促进劳动生产率的收敛。因此，我们可以得出结论：企业通过 R&D 活动可以带来劳动生产率的增长，R&D 投入的作用效果取决于不同行业的技术选择。随着中间产品种类的扩张带来专业化水平的提高和技术越来越复杂化，技术模仿成本和自主创新中的交易成本不断上升，研发过程中完全可能出现边际效应递减的情况，因此内生增长理论就包含了内生的收敛机制，能够从技术创新这一角度来解释落后经济体增长率要高于发达经济体增长率这一收敛趋势。那么，R&D 影响分行业劳动生产率收敛的机理可以总结为：技术具有更加标准化和需要更少的地方适应等特点。在全球化时代，随着劳动力壁垒和知识壁垒的大大减轻，技术转移得以实现。落后行业通过技术引进和外溢效应，提高技术水平，减少了技术研究的成本和时间，提高了劳动生产率，促进了落后行业向技术前沿的追赶。因此，提出以下假设：

假设 4：R&D 对行业劳动生产率具有积极的效应，一个行业中 R&D 投入强度越高，行业劳动生产率的收敛速度就越快。

3.3.3.2　劳动力的技能素质对行业劳动生产率收敛的影响机理

除了依靠本土的研究与开发实现技术进步外，另一个重要途径就是通过模仿、吸收和消化其先进技术，劳动力的技能素质被认为对行业劳动生产率增长具有积极的效应。Abramovitz（1986）[26] 认为，劳动力的素质可以被看作劳动力去借鉴现存技术的社会能力的指标。落后行业相对较弱的增长表现的主要原因之一就是它们在跟上、吸收和利用新技术和产品信息上表现不佳。能够解释一个行业吸收新信息、新技术水平的指标就是劳动力的素质。可见，劳动力的技能素质是行业增长的重要动力之一，也是造成行业增长差异的关键原因所在。这可以由以下原因来解释。第一，劳动力的素质与一般劳动不同，通过教育培训等手段能够促使劳动者更快地掌握该行业新的工艺和操作方法，增强自己的学习和工作能力，在使劳动力规模不扩张的前提下提升行业的有效劳动生产率，从而促进行业劳动生产率的提高。Grossman 和 Helpman（1991）[172]认为，劳动力的技术构成可以影响一个行业的创新活动，劳动者的技术水平越高，对提高劳动生产率增长的作用就越强。第二，劳动力技能素质的提高是知识创新和技术进步的重要源泉。众所周知，科学技术是人类智慧的结晶，技术知识与其他物品相比具有部分排他性和非竞争性等特点，部分排他性使该行业的企业可以利用技术创新来获得经济效益，而非竞争性就是说技术创新过程中存在外溢效应，它可以提高整个社会的生产效率。知识和技术的创新可以抵消其他生产要素边际收益递减对增长的不利影响，保证行业获得持续增长。Angus（2009）[174]通过实证研究发现，OECD 各国的行业劳动生产率的提高在很大程度上可以由行业劳动力技能素质的提高来解释。第三，劳动力的技能素质是技术扩散的重要保证。技术外溢效应需要劳动力的推动和传播，劳动力技能素质越高的行业，潜在模仿者和学习者对技术的吸收和学习能力越强，那么技术扩散效应就会越强、范围就会越大，行业劳动生产率提高就越快。Aghion 和 Howitt（1998）[38]在建立的模型中引入了新技术代替原有生产技术的概念，即技术进步具有创造性的破坏过程，则消费品的生产函数为：

$$Y = AF(x) \tag{3-55}$$

其中，Y 为产出，x 为投入消费品生产的中间产品的投入量，A 为中间投入的生产率参数。假定中间产品投入只需投入技术性劳动，并且生产技术是线性的，那么有：

$$x = L \tag{3-56}$$

其中，L 为中间产品部门技术型劳动的数量。每一次创新都会带来一种新的中间产品，而这种中间产品可以使消费品的生产更有效率，假定新的中间产品的投入通过常数因子 $\gamma > 1$ 来提高生产率参数 A，那么有：

$$A_t = A_0 \gamma^t \tag{3-57}$$

其中，A_t 为初始生产率水平。一个成功的创新者可以通过申请专利来垄断中间产品的生产，当然这种垄断地位只能持续到下一次创新发生之前。在平衡增长路径下，劳动生产率增长方程为：

$$g = \lambda \phi(n^*) \ln \gamma \tag{3-58}$$

其中，λ 为参数，指创新发生之前等待时间的长度，n^* 为研发活动中技术劳动的数量，φ 是规模报酬不变且凹的生产函数，满足 φ（0，n^*）＝0，即如果没有技术型劳动的投入，创新发生的概率为 0。因此，我们可以看到，劳动生产率增长率正向依赖于创新的速度、创新的规模和技术型劳动禀赋的规模。

技术进步比 Hicks 中性技术能够相对较快地增进技能劳动力的边际产出。技术创新在从兴起到被其他国家引进利用、模仿学习和广泛采用的过程中会存在很长时间的迟滞。迟滞发生的原因是对新技术的吸收和采纳具有一定的成本和障碍，这与新技术的使用效率有关。然而，在现实生活中，各个行业的技术水平或劳动投入的技能结构存在明显的差异，各行业对于技术溢出效应和知识吸收程度是不一样的。即使可以模仿先进技术，但是由于劳动力的技能素质不高，吸收来的先进技术并不适宜本土企业的要求，造成禀赋状况不匹配而无法达到应有的生产率水平。新技术的研发需要较高的知识密集型要素的投入，即需要更多高技能的劳动力。知识吸收能力高的行业，能够大量借鉴前沿技术，取得比其他行业更快的技术创新速度，缩小与科技前沿的技术水平及人均收入水平的差距，从而实现行业收敛。如果一个行业的知识吸收能力很低，那么就不能有效地利用与科技前沿技术的差距，以借鉴前沿技术来实现快速的技术创新，技术创新的速度可能较其他行业慢，从而与前沿技术的差距可能会越来越大。劳动力的技能素质被认为对劳动生产率具有积极的效应（Murphy and Tpoel，2016）[180]，劳动力的受教育程度越高、技术越强，劳动生产率就会越高。Drechsler（2008）[181]认为，想从更高的资源禀赋（如 R&D 投资）中获得收益，提高劳动力的技能素质是唯一的途径。在全球劳动力流动性增加的大背景下，增加具有专业素质的熟练技术工人为劳动生产率收敛铺平了道路，可以驱动劳动生产率的收敛。因此，行业中吸收和利用先进技术的社会能力如工人受教育的长短、可利用的合格科技人员等对技术效应的吸收程度起着关键作用。劳动力的技能素质具有差异，不同的技能分布会影响岗位与技能的匹配效率，进而影响生产效率（彭国华，2015）[182]。因此，提高劳动力的技能素质对于行业的技术扩散以及劳动生产率的收敛是至关重要的。

劳动力的技能素质影响行业劳动生产率收敛的机理可以总结为：想从更高的资源禀赋（如 R&D 投资）中获得收益，提高劳动力的技能素质是唯一的途径。劳动力的技能素质对劳动生产率具有积极的效应，具有更良好的教育和更高资格的员工的劳动生产率会更高，增加具有专业素质的熟练技术工人可以促进劳动生产率的收敛。知识吸收能力高的行业，能够大量地借鉴前沿技术，取得比其他行业更快的技术创新速度，缩小与科技前沿的技术水平及人均收入水平的差距，从而实现行业收敛。如果一个行业的知识吸收能力很低，那么就不能有效地利用与科技前沿技术的差距，以借鉴前沿技术来实现快速的技术创新，技术创新的速度可能较其他行业慢，从而与前沿技术的差距会越来越大。因此，提出以下假设：

假设 5：劳动力的技能素质对行业劳动生产率具有积极的效应，一个行业中劳动力的技能素质越高，行业劳动生产率的收敛速度就越快。

3.4　本章小结

本章依据新古典增长理论和内生增长理论的收敛性假说，扩展出了劳动生产率收敛的数理模型，并对劳动生产率收敛机制进行了分析，然后从一般整体、分区域和分行业三个方面分析了劳动生产率收敛性的影响因素，并对各因素对区域收敛和行业收敛的影响机理进行理论设计并进行了详细解析，在此基础上提出了相应的五个研究假说，揭示了缩小区域发展差距、实现行业协调发展的理论路径，目的在于为后文的实证分析奠定理论基础，并为实证检验提供依据。

（1）劳动生产率收敛机制与生产要素在行业间和区域间的重新配置密切相关。从生产要素在行业间的配置来看，劳动生产率的收敛主要是由于行业间要素边际生产率存在很大的差异，可以从产业结构变迁中获得巨大的收益。从企业层面来说，如果市场存在竞争，资源配置是有效的，那么劳动生产率结构变化的路径往往是将资源向高效企业流动，而低效企业的退出将降低劳动生产率差异，并提升整个行业的平均生产率。从生产要素的区域间配置来看，由于资本从发达区域流向落后区域，而劳动力从收益较低的落后区域流向了收益较高的发达区域，这种落后区域劳动力的减少而资本数量的逐渐增多就引起了劳动边际生产率的提高，因此区域间劳动生产率将出现收敛。正是由于生产要素在不同行业和区域间的收益不同，促使生产要素向回报率较高的行业和区域流动，劳动生产率出现收敛趋势。

（2）政策因素和人力资本对区域劳动生产率收敛的影响机理。政策因素主要包括交通基础设施改善和工资增长。交通基础设施促进区域劳动生产率收敛的机理在于，发达区域凭借自身的优越条件和区位优势吸引生产要素快速地集聚，造成区域发展的差异，当经济发展到一定条件时会产生扩散效应，进而促使生产要素流入周边区域，该正溢出效应越强，周边区域发展就越快，区域差距得到缓解，从而促进了区域的收敛。工资增长促进区域劳动生产率收敛的机理在于，工资上涨会促进区域总量劳动生产率的增长，它允许更有效率的企业取代生产效率较低的企业，迫使现有企业加强自身的竞争力，这两种机制共同推动经济效率的改善，缩小区域发展差距，促进区域收敛。人力资本促进区域收敛的机理是落后地区通过优惠政策吸引高素质人才，以相较于发达地区更低的成本获得简单知识，而人力资本的外溢效应可以促进落后区域人力资本的较快增长。由于人力资本报酬具有递增的特点，人力资本一般是从落后的区域流向劳动生产率和工资水平高的区域，这样落后区域劳动力减少而物质资本增多，人力资本水平提高速度加快，劳动边际生产率将会提高，结果各区域间劳动生产率将出现收敛。

（3）R&D投入和劳动力的技能素质对行业劳动生产率收敛的影响机理。企业通过R&D活动可以带来劳动生产率的增长，R&D活动是促进行业劳动生产率提升的重要因素。落后行业通过R&D进行技术创新和外溢效应，提高了技术水平进而提高劳动生产率，促进行业向技术前沿追赶。虽然技术本身具有一定的公共物品的性质，但是技术创新存在边际递减效应，技术水平提高后等量的研发投入不能带来等量的创新，因此能够从技术创新这一角度来解释落后行业增长率要高于发达行业增长率这一收敛趋势。想从更高的资源禀赋（如R&D投资）中获得收益，只有通过受过良好教育的劳动力的技能素质中获得。劳动力的技能素质被认为对劳动生产率具有积极的效应，具有更良好的教育和更高资格的劳动力的劳动生产率会更高。知识吸收能力高的行业能够大量借鉴前沿技术并取得较其他行业快速的技术创新速度，缩小与科技前沿的技术水平及人均收入水平的差距，从而实现行业收敛。反之，知识吸收能力低的行业就不能有效地利用与科技前沿的技术差距并借鉴前沿技术来实现快速的技术创新，技术创新的速度可能较其他行业慢，从而与前沿技术的差距会越来越大。

4 中国工业劳动生产率收敛性的
描述性统计分析

第 3 章的理论框架分析了劳动生产率的收敛机制和影响因素。本章将对劳动生产率收敛性进行描述性统计分析，考察中国工业一般整体、分区域和分行业劳动生产率的变动特征及收敛趋势。

4.1 中国工业劳动生产率收敛性的一般分析

基于数据的可获得性，本书收集和整理了中国 1999～2019 年除西藏以外 30 个省份的 25 个二位码工业行业和 100 个四位码工业行业的省份—行业数据。之所以从 1999 年开始研究，是因为 1998 年以后国家统计局的统计口径发生了重大变化，1999 年是统计口径变化后数据可得的最早年份。为了保证数据的连续性，由于 2000～2007 年的《中国工业统计年鉴》只连续报告了 25 个二位码工业行业的数据，因此本书按照《国民经济行业分类与代码》（GB/T4754—2011），将这 25 个工业行业作为研究样本，包括 20 个制造业行业、4 个采矿业行业和 1 个公用事业行业。根据工业增加值、就业人数、工业品出厂价格指数等，我们可以计算出中国各省份和各行业的劳动生产率及其增长率。具体做法是：将各年工业品出厂价格指数（数据来源于《中国统计年鉴》）换算成以 1999 年为基期的平减指数，然后分别用工业增加值除以平减指数，从而得到各变量的实际值，如表 4－1 所示。为了更加便于理解，我们描述了中国工业 1999～2019 年的工业增加值、就业人数和劳动生产率的变动趋势，如图 4－1

所示。

表 4 - 1　1999 ~ 2019 年中国工业劳动生产率及其增长率

年份	工业增加值 （亿元，1999 年为不变价格）	工业就业人数 （万人）	劳动生产率	
			水平值（万元/人）	增长率（%）
1999	34135.33	5805.05	5.88	—
2000	37527.81	5559.36	6.75	14.80
2001	41489.01	5441.43	7.62	12.89
2002	47116.01	5520.66	8.53	11.94
2003	55409.06	5748.57	9.64	13.01
2004	64864.46	6059.99	10.70	11.00
2005	75858.91	6895.96	11.00	2.80
2006	88135.45	7358.43	11.98	8.91
2007	102929.51	7875.20	13.07	9.10
2008	115770.39	8837.63	13.10	0.23
2009	129805.47	8831.22	14.70	12.21
2010	150881.81	9544.71	15.81	7.55
2011	170618.73	9167.29	18.61	17.71
2012	187399.01	9516.15	19.69	5.80
2013	204449.29	9791.46	20.88	6.04
2014	216064.22	10582.53	20.42	-2.20
2015	234968.91	10678.23	22.01	7.78
2016	234994.93	11089.12	22.13	0.54
2017	245405.32	11678.92	23.56	6.46
2018	275114.24	12598.23	23.89	1.41
2019	301088.46	12863.92	24.12	1.47

资料来源：根据 2000 ~ 2020 年《中国工业统计年鉴》计算所得。

表 4 - 1 和图 4 - 1 意在初步观察 1999 ~ 2019 年及不同时期的中国工业劳动生产率增长情况。从表 4 - 1 的统计数据和图 4 - 1 的变化趋势来看，中国工业整体劳动生产率经历了持续稳定的增长。1999 ~ 2004 年，中国工业的劳动生产率呈持续稳定增长，由 1999 年的 5.88 稳定增长到 2004 年的 10.70，之后增长速度放缓，到 2009 年上升到 14.70，2009 年之后增长加速，到 2019 年劳

动生产率达到 24.12。在这 20 年的时间里，中国工业整体劳动生产率增长了
224.28%。分时期来看，1999~2019 年劳动生产率的平均增长率为 5.91%，
2007 年后增速放缓，增长速度由 1999~2012 年的 10.55% 下降到 2012~2019
年的 7.06%。从工业增加值数据来看，1999~2019 年工业增加值的平均增长
率为 13.14%，增长速度由 1999~2012 年的 14.83% 下降到 2012~2019 年的
11.91%。与此同时，我们注意到工业的就业人数在整个考察期间出现缓慢的
增长，1999~2012 年每年以 4.02% 的速度增长，继续上升到 2012~2019 年的
4.75%。降低了的工业增加值速度与工业劳动力的增长一起导致了 2012~
2019 年工业劳动生产率增长速度的放缓。

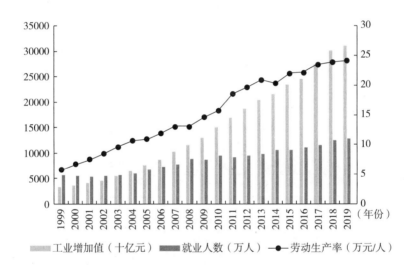

图 4 - 1　1999~2019 年中国工业宏观绩效变化趋势

　　利用中国 1999~2019 年 30 个省份的 25 个二位码工业行业数据计算出省
份—行业组合的劳动生产率，通过对中国工业劳动生产率进行统计描述，如
表 4 - 2 所示，并在此基础上计算了两个表示收敛性的指标（见图 4 - 2）来考
察中国工业劳动生产率整体是否存在收敛趋势。第一个指标是变异系数，用标
准差除以平均值计算得来，第二个指标是用劳动生产率的最大值与最小值的差
除以均值计算得来。如果中国工业整体劳动生产率呈收敛趋势，那么各省份—
行业组合的劳动生产率之间的差距或者离差随着时间的推移要逐渐减少，表 4 -
2 的两个收敛指标即变异系数和（最大值 - 最小值）/均值的变化趋势就证实了

中国工业劳动生产率收敛性研究

这一点。为了更加清晰地描绘中国工业整体劳动生产率的收敛趋势，我们绘制了中国 1999～2019 年工业劳动生产率的两个收敛指标的变化趋势（见图 4 - 2）。结合表 4 - 2 和图 4 - 2 可以看出，1999～2019 年两个收敛指标均呈现显著下降的趋势，变异系数从 1999 年的 0.83 下降到 2004 年的 0.38，下降了一半还多，之后持续下降，除了 2012 年该指标稍有增加之外，其余年份均呈下降趋势，2019 年劳动生产率的变异系数下降到了 0.13。从（最大值 – 最小值）/均值的变化趋势来看，同样可以明显发现中国工业整体劳动生产率的收敛趋势。（最大值 – 最小值）/均值从 1999 年的 5.98 下降到 2004 年的 2.45、到 2009 年的 1.80，再到 2019 年的 1.32。总的来说，1999～2019 年，劳动生产率的两项收敛指标均呈显著的下降趋势，可以发现中国工业劳动生产率的收敛特征。

表 4 - 2　1999～2019 年中国工业省份—行业劳动生产率统计描述

年份	均值 （水平值）	均值 （对数值）	标准差	最小值	最大值	变异系数	（最大值 – 最小值）/ 均值
1999	4.47	1.07	0.88	– 1.83	4.54	0.83	5.98
2000	5.66	1.33	0.82	– 1.11	4.61	0.62	4.31
2001	6.91	1.51	0.84	– 0.76	4.69	0.56	3.61
2002	8.21	1.70	0.81	– 0.60	4.81	0.48	3.17
2003	9.54	1.84	0.82	– 0.51	4.92	0.45	2.95
2004	12.35	2.11	0.81	– 0.07	5.09	0.38	2.45
2005	14.62	2.30	0.79	– 0.24	5.22	0.34	2.37
2006	17.72	2.50	0.78	– 1.11	5.37	0.31	2.59
2007	21.86	2.74	0.76	– 0.69	5.50	0.28	2.26
2008	25.08	2.87	0.75	– 0.48	5.64	0.26	2.13
2009	26.40	2.95	0.72	0.36	5.66	0.25	1.80
2010	31.56	3.13	0.72	0.29	5.79	0.23	1.75
2011	39.57	3.38	0.70	1.52	5.95	0.21	1.31
2012	41.71	3.38	0.79	– 0.78	6.18	0.23	2.06
2013	46.01	3.51	0.71	0.62	6.20	0.20	1.59
2014	48.33	3.57	0.71	0.54	6.21	0.20	1.58
2015	49.25	3.59	0.69	0.52	6.20	0.19	1.57

· 76 ·

续表

年份	均值 （水平值）	均值 （对数值）	标准差	最小值	最大值	变异系数	（最大值－最小值）/ 均值
2016	51.35	3.64	0.65	0.48	6.04	0.18	1.53
2017	54.13	3.86	0.63	0.15	7.02	0.16	1.52
2018	56.22	2.98	0.67	0.11	7.23	0.14	1.34
2019	59.23	3.16	0.71	0.23	7.15	0.13	1.32

资料来源：根据 2000～2020 年《中国工业统计年鉴》计算所得。

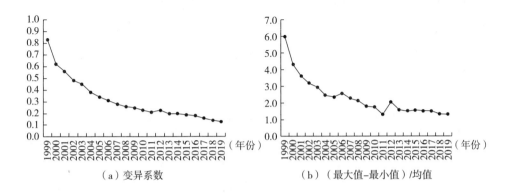

（a）变异系数　　　　　　　　　　（b）（最大值-最小值）/均值

图 4 - 2　1999～2019 年中国工业劳动生产率收敛指标变化趋势

　　衡量收敛性的另一种方式是检测初始劳动生产率水平与其增长率之间的关系。根据收敛性假说，初始劳动生产率相对较低的省份将会经历更高的增长率，这样就会缩小与发达省份之间的差距。表 4 - 3 是 1999～2019 年中国 30 个省份的劳动生产率统计描述。表 4 - 3 最后两栏统计了劳动生产率增长率指标：一个是年均增长率；另一个是全部增长率。可以看出，1999～2019 年中国 30 个省份均经历了稳定的增长。一些省份的增长倍数是相当惊人的，如吉林的劳动生产率增长了 8 倍，天津、内蒙古和青海增长了 7 倍。可以更加直观地看到，初始劳动生产率水平与增长率之间存在显著的负相关关系。1999 年劳动生产率最高的浙江却经历了最低的增长率，2019 年浙江的劳动生产率仅为 1999 年的 2 倍。相反，1999 年劳动生产率排在末位的青海和宁夏却经历了最快的增长，2019 年的劳动生产率分别是 1999 年的 7.11 倍和 5.26 倍。

　　图 4 - 3 和图 4 - 4 是中国 30 个省份的 25 个二位码工业行业和 100 个四位

码工业行业的省份—行业组合的散点图，考察初始劳动生产率（1999 年）与平均增长率之间的关系。横坐标为每个省份—行业的初始劳动生产率的对数，纵坐标为平均增长率的对数。图 4-3 和图 4-4 上显示的两条高度显著的负斜率阐述了中心结论，即中国工业劳动生产率呈绝对收敛的特征，那些初始劳动生产率水平相对较低的省份—行业，劳动生产率的增长率就相对较高；反之，初始劳动生产率水平相对较高的省份—行业，其劳动生产率增长率就较低。图 4-3 和图 4-4 虽然直观地显示出中国工业行业的劳动生产率存在收敛性，但是不能看出单个子行业的劳动生产率是否存在收敛，也无法看出不同子行业收敛性的差异。为了严格检验中国工业劳动生产率的收敛性，我们在下文中会采用计量方法进行检验。通过计量检验我们将会看到，当把省份固定效应和其他影响因素控制之后，这两条反映中国工业劳动生产率收敛特征的直线会变得更加陡峭。

表 4-3　1999~2019 年中国 30 个省份的劳动生产率统计描述

省份	1999 年	2005 年	2012 年	2019 年	年均增长率（%）	2019 年/1999 年
北京	5.83	14.00	19.05	30.58	12.15	5.25
天津	5.34	15.87	26.66	40.62	14.72	7.60
河北	6.76	12.34	17.07	22.39	8.47	3.31
山西	3.63	6.60	9.07	14.19	9.79	3.91
内蒙古	4.68	15.16	29.72	36.56	15.23	7.81
辽宁	5.75	10.05	12.92	19.75	8.86	3.43
吉林	3.76	11.48	18.14	31.78	15.57	8.46
黑龙江	6.41	11.57	12.52	14.08	5.94	2.20
上海	8.18	15.23	19.11	27.56	8.64	3.37
江苏	6.16	12.26	14.16	17.25	7.49	2.80
浙江	8.75	9.25	12.20	18.58	5.51	2.12
安徽	4.79	10.51	14.48	19.61	10.21	4.10
福建	8.32	9.73	13.83	22.68	7.13	2.73
江西	4.20	10.72	13.08	15.29	9.48	3.64
山东	5.98	10.77	14.26	19.20	8.31	3.21

续表

省份	1999 年	2005 年	2012 年	2019 年	年均增长率（%）	2019 年/1999 年
河南	4.83	10.67	14.93	14.31	7.89	2.96
湖北	4.54	11.65	15.53	21.84	11.46	4.82
湖南	5.68	10.85	14.67	18.95	8.56	3.34
广东	6.92	9.59	12.33	17.24	6.46	2.49
广西	5.86	10.93	15.74	17.59	8.08	3.00
海南	5.14	14.96	26.16	35.59	14.49	6.93
重庆	5.87	13.85	19.68	25.73	10.71	4.38
四川	4.78	10.89	15.39	21.30	10.94	4.46
贵州	4.18	8.55	11.75	21.09	11.57	5.05
云南	8.64	14.83	20.24	26.34	7.85	3.05
陕西	4.03	10.80	16.84	25.45	13.27	6.31
甘肃	3.57	7.02	11.07	19.44	12.47	5.44
青海	3.66	11.37	18.44	26.02	14.63	7.11
宁夏	3.32	7.10	12.99	17.48	12.02	5.26
新疆	5.15	10.87	11.65	14.76	7.69	2.86

资料来源：根据 2000～2020 年《中国工业统计年鉴》计算所得。

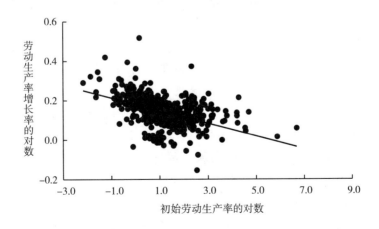

图 4-3 中国工业二位码行业的省份—行业劳动生产率及其增长率关系

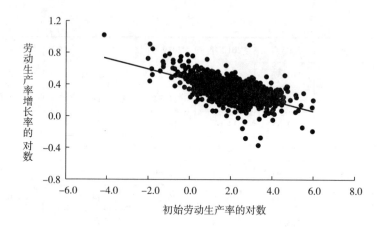

图 4-4　中国工业四位码行业的省份—行业劳动生产率及其增长率关系

4.2　分区域中国工业劳动生产率收敛性分析

1999 年以来，为了促进区域经济的协调发展，在区域发展总体战略（沿海地区率先发展战略、振兴东北地区等老工业基地战略、西部大开发战略和促进中部地区崛起战略）的部署下，中国区域的调整由原来的沿海—内陆二元论转变为东部区域、中部区域、西部区域和东北区域。其中，东部区域包括北京、河北、天津、山东、江苏、上海、福建、广东、海南和浙江；东北区域包括吉林、辽宁和黑龙江；中部区域包括湖南、湖北、安徽、江西和河南；西部区域包括陕西、山西、内蒙古、宁夏、新疆、青海、甘肃、重庆、四川、云南、广西和贵州。东北、中部和西部统属于内陆区域。由于各区域的地理位置、资源禀赋、经济条件、市场容量、技术水平和制度环境等不同，中国工业发展存在着巨大的区域差异，不同区域劳动生产率增长也会不同，本节我们将考察不同区域劳动生产率的变动特征及收敛趋势。

图 4-5 为中国四大区域样本年份工业增加值和工业销售产值的份额变动趋势。1999 年东部区域工业增加值为 1948 亿元，东北区域工业增加值为 1249 亿元，中部区域工业增加值为 1049 亿元，西部区域工业增加值为 474 亿元。由图 4-5（a）可以看出，四大区域工业增加值比重分别为：东部区域 41%、

东北区域27%、中部区域22%、西部区域10%，可见沿海工业增加值所占份额是最大的。1999～2004年，沿海和内陆的差距越来越大，沿海区域工业增加值稳定上升，2004年沿海区域工业增加值为3993亿元，比重上升到48.55%，几乎占了全部工业增加值的一半。之后沿海与内陆差距逐渐缩小，沿海工业增加值增幅缓慢，所占比重出现下降趋势，到2019年沿海工业增加值为12071亿元，所占份额为44%，中部区域和西部区域工业增加值份额继续缓慢上升，2019年中部区域和西部区域工业增加值分别为7213亿元和3282亿元，所占份额分别上升为26%和12%，东北区域工业增加值先缓慢上升后缓慢下降，到2019年工业增加值为5024亿元，所占份额保持在18%。总的来说，中国内陆区域相对沿海区域的工业产出份额在逐渐增长。图4-5（b）是以工业销售产值来衡量四大区域工业生产的分布，同样证实了2007～2009年是沿海区域和内陆区域相对份额变化的转折点。值得注意的是，在以工业销售产值衡量的四大区域工业产值份额中，沿海区域所占的份额更大，这是因为相对于内陆区域来说，沿海区域工业包含有低附加值活动，包括国际分包和组装业务等，因此沿海区域的工业销售产值份额比内陆区域工业增加值份额大。

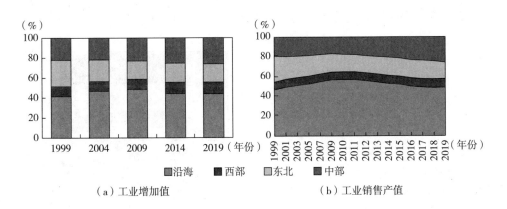

图4-5 1999～2019中国四大区域工业增加值和工业销售产值区域分布

图4-6反映了中国四大区域工业就业人数的分布情况。1999～2019年全国工业从业人员由1999年的5805万人增加到2019年的10582万人，增长了82.29%。但是，工业从业人员在区域间的分布却不均衡。1999～2019年，沿海工业就业人数呈增长趋势，由1999年的286万人增长到2004年的363万

人，所占份额由1999年的35%上升到2004年的46%。而中部、东北和西部的工业就业人数在这期间却呈现下降趋势。1999年东北和中部工业就业人数为226万和216万，分别占全国的27%和26%，西部就业人数最少，只有99万，仅占全国的12%，到2004年，东北、中部和西部的就业人数缓慢下降到156万、187万和87万，占全国份额分别为20%、24%和11%。可见四大区域就业人数差距在1999~2004年是逐渐扩大的。2004~2009年，四大区域的就业人数均呈上涨趋势，到2009年沿海区域的就业人数为543万，占全国份额的47%，东北、中部和西部就业人数为223万、274万和114万，占全国份额分别为19%、24%和10%，可见四大区域差距在2004~2009年是逐渐缩小的。2009年后，四大区域差距仍然呈下降趋势，沿海区域工业就业人数呈下降后缓慢上升趋势，所占份额逐渐减少，到2019年沿海工业就业人数为606万，占全国份额的43%；中部区域就业人数呈明显增长趋势，2019年中部就业人数达到410万，所占份额逐渐上升至29%；东北区域就业份额仍然在逐渐减少，2019年工业就业人数为237万，就业份额为17%；西部区域工业就业人数缓慢增长，2019年工业就业人数为149万，就业份额仅为11%。总的来说，沿海区域工业就业人数增长放缓，内陆区域就业人数增长加速，内陆区域正在追赶沿海区域。

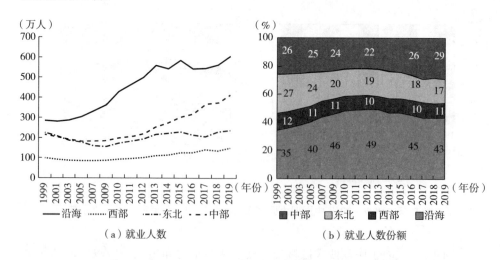

图4-6 1999~2019年中国四大区域就业人数分布情况

为了比较中国四大区域劳动生产率的分布特征并考察跨区域劳动生产率差距是否缩小，我们利用省份数据计算了1999~2019年中国四大区域的工业劳动生产率及其增长率水平，如表4-4所示。表4-4描述了1999~2019年中国不同区域工业劳动生产率水平和增长率的差异。从描述性统计分析结果可以看出：①从劳动生产率的水平值来看，1999~2019年，中国四大区域工业劳动生产率均呈显著的增长趋势，但是四个区域间存在显著的差异。其中沿海区域劳动生产率在样本期间均高于全国水平，处于领先的地位。例如，1999年，沿海区域劳动生产率为6.74，而全国平均水平为5.88，内陆区域劳动生产率相对落后，其中东北区域劳动生产率为5.31，中部区域为4.81，西部区域劳动生产率最低，只有4.78。之后四大区域劳动生产率均经历了持续稳定的增长。到2019年，沿海区域劳动生产率增长到25.17，仍高于全国水平的20.42，其次是西部区域和东北区域，劳动生产率水平分别为22.16和21.87，均高于全国水平，最后是中部区域，劳动生产率为18，低于全国平均水平，这可能是由于中部区域的就业人数增长最快导致人均产出低造成的。②从相对劳动生产率来看，随着时间的推移，跨区域劳动生产率呈现逐渐收敛的趋势。以1999年为例，东北区域、中部区域和西部区域相对沿海区域劳动生产率分别为0.79、0.71和0.71，这意味着沿海区域的劳动生产率是东北区域的1.27倍、中部区域的1.41倍和西部区域的1.41倍。随着时间的推移，跨区域劳动生产率差距在随后的年份逐渐缩小。2019年，东北区域、中部区域和西部区域的相对劳动生产率分别上升到0.87、0.72和0.88，与沿海区域之间的差距缩小了，可见落后的内陆省份正在向发达沿海省份追赶。③从劳动生产率水平值与平均增长率来看，四大区域劳动生产率的收敛具有不对称的特征，落后区域的劳动生产率经历了更快的增长。表4-4的最后三行报告了1999~2005年、2005~2012年和2012~2019年这三个时期的劳动生产率增长率，可以看出，相对落后的内陆区域的平均增长率要高于发达沿海区域的平均增长率。随着时间的推移，四大区域的增长速度在逐渐放缓。

表4-4　1999~2019年四大区域劳动生产率及相对劳动生产率水平

年份	劳动生产率（万元/人）				相对劳动生产率（沿海=1）		
	沿海	东北	中部	西部	东北	中部	西部
1999	6.74	5.31	4.81	4.78	0.79	0.71	0.71
2001	7.64	5.91	5.54	5.54	0.77	0.73	0.73
2003	8.54	6.99	6.63	6.43	0.82	0.78	0.75

年份	劳动生产率（万元/人）				相对劳动生产率（沿海＝1）		
	沿海	东北	中部	西部	东北	中部	西部
2005	9.37	8.04	7.57	7.46	0.86	0.81	0.80
2007	10.62	9.75	8.57	8.55	0.92	0.81	0.81
2009	12.07	10.82	9.54	9.83	0.90	0.79	0.81
2010	12.40	11.04	10.88	10.66	0.89	0.88	0.86
2011	13.92	11.78	12.20	12.24	0.85	0.88	0.88
2012	15.20	13.11	13.47	13.85	0.86	0.89	0.91
2013	15.39	13.12	13.14	14.69	0.85	0.85	0.95
2014	17.48	14.53	14.54	16.05	0.83	0.83	0.92
2015	18.91	16.58	15.63	17.23	0.88	0.83	0.91
2016	22.27	19.86	17.71	20.39	0.89	0.80	0.92
2017	24.23	22.18	17.61	21.14	0.92	0.73	0.87
2018	25.38	21.65	18.72	23.09	0.85	0.74	0.91
2019	25.17	21.87	18.00	22.16	0.87	0.72	0.88
1999~2005 增长率	12.38	15.39	14.73	15.51	—	—	—
2005~2012 增长率	7.8	6.16	8.95	10.34	—	—	—
2012~2019 增长率	7.73	8.84	4.55	6.92	—	—	—

资料来源：根据 2000~2020 年《中国工业统计年鉴》和各省份的统计年鉴计算所得。

为了考察四大区域内部的收敛性，我们利用省份—行业数据对四大区域 1999~2019 年的劳动生产率进行统计描述，通过计算收敛指标来考察各个区域内劳动生产率的收敛趋势。表 4-5 是沿海区域劳动生产率的统计描述。从表 4-5 可以看出，1999~2019 年沿海区域内省份—行业的劳动生产率均值呈显著增长的态势，由 1999 年的 6.11 平稳增长到 2009 年的 15.47、2014 年的 30.84 和 2019 年的 53.27。为了更加清晰地描绘沿海区域劳动生产率的收敛趋势，我们绘制了 1999~2019 年沿海区域劳动生产率的两个收敛指标即变异系数和（最大值-最小值）/均值的变化趋势（见图 4-7）。结合表 4-5 和图 4-7 可以看出，1999~2019 年两个收敛指标均呈显著下降趋势，变异系数从 1999 年的 0.58 下降到 2009 年的 0.31，下降了几乎一半，之后下降速度放缓，到 2019 年变异系数下降到 0.23。（最大值－最小值）/均值从 1999 年的 4.00 下降到 2009 年的 1.80，下降了一半还多，除在 2011 年和 2017 年出现小幅增加以外，其余年份均呈显著下降趋势，到 2019 年（最大值－最小值）/均值为 1.59，仅为 1999 年的 40%。总的来说，1999～2019 年沿海区域劳动生产率的两项收敛指标均呈显著的下降趋势，可以发现沿海区域工业劳动生产率的收敛特征。

表 4－5　沿海区域劳动生产率统计描述

年份	均值（水平值）	均值（对数值）	标准差	最小值	最大值	变异系数	（最大值－最小值）/均值
1999	6.11	1.45	0.84	－1.61	4.19	0.58	4.00
2001	7.59	1.72	0.72	－0.20	4.26	0.42	2.59
2003	9.29	1.90	0.73	0.10	4.40	0.39	2.26
2005	10.93	2.09	0.70	0.36	4.58	0.34	2.01
2007	12.63	2.22	0.72	0.07	4.78	0.32	2.12
2009	15.47	2.41	0.74	0.67	5.00	0.31	1.80
2010	18.52	2.57	0.76	0.49	5.17	0.29	1.82
2011	21.69	2.71	0.78	－1.11	5.37	0.29	2.39
2012	26.07	2.90	0.78	－0.69	5.50	0.27	2.14
2013	29.89	3.01	0.79	－0.48	5.64	0.26	2.03
2014	30.84	3.07	0.74	0.55	5.66	0.24	1.66
2015	37.53	3.25	0.77	0.92	5.79	0.24	1.50
2016	45.78	3.45	0.77	1.72	5.95	0.22	1.23
2017	46.96	3.42	0.86	－0.67	6.02	0.25	1.96
2018	50.39	3.52	0.79	0.62	6.20	0.22	1.58
2019	53.27	3.57	0.82	0.54	6.21	0.23	1.59

资料来源：根据 2000～2020 年《中国工业统计年鉴》和沿海 10 个省份的统计年鉴计算所得。

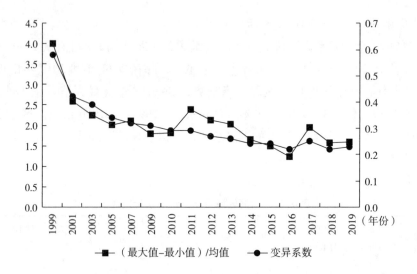

图 4 - 7　1999～2019 年沿海区域劳动生产率收敛指标变化趋势

　　表 4 - 6 是中部区域劳动生产率的统计描述。从表 4 - 6 可以看出，1999～2019 年中部区域内省份—行业的劳动生产率均值呈显著增长态势，由 1999 年的 4.00 平稳增长到 2009 年的 12.63、2014 年的 25.25 和 2019 年的 46.67，历年劳动生产率均值要小于沿海区域。为了更加清晰地描绘中部劳动生产率的收敛趋势，我们绘制了 1999～2019 年中部区域劳动生产率的两个收敛指标即变异系数和（最大值－最小值）/均值的变化趋势（见图 4 - 8）。结合表 4 - 6 和图 4 - 8 可以看出，1999～2019 年两个收敛指标均呈显著平稳下降的趋势，变异系数从 1999 年的 0.70 下降到 2009 年的 0.34、2014 年的 0.20，之后持续下降至 2019 年的 0.16，仅为 1999 年的 23%。（最大值－最小值）/均值从 1999 年的 4.02 下降到 2009 年的 1.98、2014 年的 1.20，之后下降速度放缓，到 2019 年（最大值－最小值）/均值为 1.06，仅为 1999 年的 26%。总的来说，1999～2019 年中部区域劳动生产率的两项收敛指标均呈显著下降趋势，从中可以发现中部区域工业劳动生产率的收敛特征。

表4-6 中部区域劳动生产率统计描述

年份	均值（水平值）	均值（对数值）	标准差	最小值	最大值	变异系数	（最大值-最小值）/均值
1999	4.00	1.04	0.73	-0.40	3.78	0.70	4.02
2001	4.82	1.25	0.72	-0.24	3.95	0.58	3.36
2003	5.65	1.40	0.72	-0.08	4.10	0.52	2.98
2005	7.10	1.62	0.72	0.09	4.41	0.45	2.67
2007	8.56	1.78	0.73	0.34	4.64	0.41	2.42
2009	12.63	2.15	0.72	0.84	5.09	0.34	1.98
2010	13.47	2.30	0.64	0.99	5.22	0.28	1.84
2011	16.58	2.50	0.68	0.51	5.24	0.27	1.89
2012	20.88	2.78	0.64	1.20	5.01	0.23	1.37
2013	23.53	2.91	0.63	1.75	5.15	0.22	1.17
2014	25.25	2.98	0.60	1.81	5.40	0.20	1.20
2015	30.42	3.19	0.58	2.03	5.37	0.18	1.05
2016	37.91	3.45	0.56	2.20	5.41	0.16	0.93
2017	40.80	3.45	0.65	1.76	5.64	0.19	1.12
2018	45.68	3.58	0.59	2.18	5.99	0.17	1.07
2019	46.67	3.63	0.57	2.21	6.04	0.16	1.06

资料来源：根据2000~2020年《中国工业统计年鉴》和中部区域5个省份的统计年鉴计算所得。

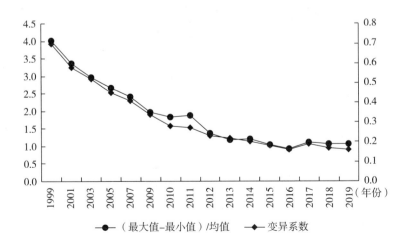

图4-8 1999~2019年中部区域劳动生产率收敛指标变化趋势

表4-7是东北区域劳动生产率的统计描述。从表4-7可以看出,1999~
2019年东北区域内省份—行业的劳动生产率均值呈显著增长态势,由1999年
的3.79平稳增长到2009年的10.89、2014年的22.66和2019年的43.64,历
年劳动生产率均值要小于沿海区域和中部区域。为了更加清晰地描绘东北区域
劳动生产率的收敛趋势,我们绘制了1999~2019年东北区域劳动生产率的两
个收敛指标即变异系数和(最大值-最小值)/均值的变化趋势(见图4-9)。
结合表4-7和图4-9可以看出,1999~2019年两个收敛指标均呈显著平稳下
降趋势,变异系数从1999年的0.98迅速下降到2009年的0.43、2014年的
0.22,之后持续下降至2019年的0.19,仅为1999年的19%。(最大值-最小
值)/均值从1999年的4.88下降到2009年的2.42、2014年的1.19,到2019年
(最大值-最小值)/均值为0.96,仅为1999年的20%。总的来说,1999~2019
年东北区域劳动生产率的两项收敛指标均呈显著的下降趋势,从中可以发现东
北区域工业劳动生产率的收敛特征。

表4-7　东北区域劳动生产率统计描述

年份	均值 (水平值)	均值 (对数值)	标准差	最小值	最大值	变异系数	(最大值-最小值)/ 均值
1999	3.79	0.90	0.89	-0.80	3.61	0.98	4.88
2001	5.08	1.16	0.89	-0.48	4.12	0.77	3.97
2003	6.38	1.35	0.91	-0.25	4.46	0.68	3.50
2005	7.25	1.54	0.86	-0.14	4.43	0.56	2.96
2007	8.13	1.68	0.86	-0.51	4.40	0.51	2.92
2009	10.89	1.97	0.85	-0.07	4.69	0.43	2.42
2010	13.12	2.22	0.76	0.73	4.68	0.34	1.78
2011	15.77	2.43	0.74	0.96	4.82	0.30	1.59
2012	19.43	2.68	0.69	1.21	4.86	0.26	1.36
2013	21.67	2.82	0.67	1.20	4.69	0.24	1.24
2014	22.66	2.90	0.64	1.30	4.76	0.22	1.19
2015	27.32	3.10	0.64	1.56	4.84	0.21	1.06
2016	35.99	3.37	0.65	1.84	5.08	0.19	0.96
2017	39.28	3.43	0.71	1.68	5.23	0.19	1.04
2018	43.06	3.52	0.73	0.82	5.33	0.21	1.28
2019	43.64	3.55	0.67	1.91	5.32	0.19	0.96

资料来源:根据2000~2020年《中国工业统计年鉴》和东北3个省份的统计年鉴计算所得。

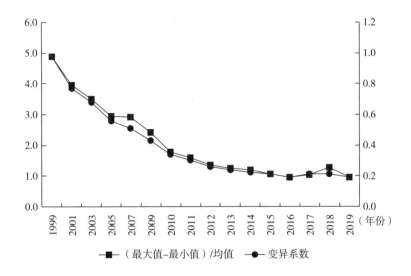

图 4 - 9 1999 ~ 2019 年东北区域劳动生产率收敛指标变化趋势

表4 - 8是西部区域劳动生产率的统计描述。从表4 - 8可以看出，1999 ~ 2019年西部区域内省份—行业的劳动生产率均值呈显著增长态势，由1999年的3.50平稳增长到2009年的10.04、2014年的24.22和2019年的46.20。1999 ~ 2009年，西部区域劳动生产率处于四大区域中的最末，2010年后赶超东北区域，排在区域第三，可见落后的西部区域经历了更快的劳动生产率增长。为了更加清晰地描绘西部区域劳动生产率的收敛趋势，我们绘制了1999 ~ 2019年西部区域劳动生产率的两个收敛指标即变异系数和（最大值 - 最小值）/均值的变化趋势（见图4 - 10）。结合表4 - 8和图4 - 10可以看出，1999 ~ 2019年两个收敛指标均呈显著下降趋势，变异系数从1999年的1.07迅速下降到2009年的0.43、2014年的0.27，之后持续下降至2019年的0.19，仅为1999年的18%。（最大值 - 最小值）/均值从1999年的7.96下降到2009年的2.71、2014年的1.80，到2019年（最大值 - 最小值）/均值为1.33，仅为1999年的17%。总的来说，1999 ~ 2019年西部区域劳动生产率的两项收敛指标均呈显著下降趋势，从中可以发现西部区域工业劳动生产率的收敛特征。

表4-8　西部区域劳动生产率统计描述

年份	均值（水平值）	均值（对数值）	标准差	最小值	最大值	变异系数	（最大值－最小值）/均值
1999	3.50	0.80	0.86	-1.83	4.54	1.07	7.96
2001	4.57	1.09	0.81	-1.11	4.61	0.75	5.27
2003	5.65	1.27	0.83	-0.76	4.69	0.66	4.29
2005	6.70	1.46	0.81	-0.60	4.81	0.55	3.70
2007	7.79	1.60	0.82	-0.51	4.92	0.51	3.40
2009	10.04	1.89	0.81	-0.05	5.05	0.43	2.71
2010	12.29	2.09	0.82	-0.24	4.95	0.39	2.47
2011	15.44	2.35	0.79	0.43	5.10	0.34	1.99
2012	19.44	2.60	0.78	0.49	5.24	0.30	1.82
2013	22.69	2.77	0.77	0.71	5.35	0.28	1.68
2014	24.22	2.84	0.76	0.36	5.47	0.27	1.80
2015	28.24	3.02	0.74	0.29	5.48	0.25	1.72
2016	36.10	3.29	0.71	1.52	5.86	0.22	1.32
2017	38.41	3.30	0.80	-0.78	6.18	0.24	2.11
2018	43.32	3.48	0.69	1.25	5.95	0.20	1.35
2019	46.20	3.55	0.68	1.33	6.05	0.19	1.33

资料来源：根据2000~2020年《中国工业统计年鉴》和西部12个省份的统计年鉴计算所得。

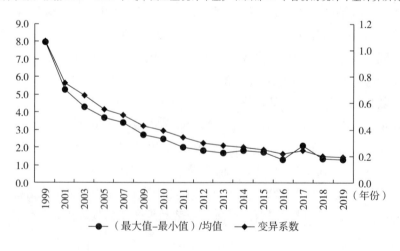

图4-10　1999~2019年西部区域劳动生产率收敛指标变化趋势

在上述统计性描述的基础上，我们利用 Kruskal - Wallis 检验（单因素非参数方差分析）的统计分析方法来说明四大区域间的劳动生产率是否具有显著差异，检验结果如表 4 – 9 所示。为了具体分析哪两个区域的劳动生产率的差别最显著，还需做多重比较，即在 Kruskal – Wallis 检验的基础上，再进行多重比较来检验出劳动生产率存在显著差别的区域，检验结果如表 4 – 10 所示。由表 4 – 9 的 Kruskal – Wallis 检验结果的 p 值（p = 0.002 < 0.05）可以看出，在显著性水平 0.05 下，Kruskal – Wallis 检验拒绝原假设，认为四大区域间的劳动生产率存在显著的差别。表 4 – 10 是多重比较检验结果，可以看出，在四大区域中，沿海区域和西部区域的劳动生产率存在显著的差异，其余组所对应的劳动生产率的差异不显著。这就与上述统计性描述中得到的沿海区域劳动生产率最高，其次是东北区域和中部区域，而西部区域劳动生产率相对最低的结论相符，说明该结论具有统计性意义，意味着内陆三个区域与沿海区域之间的差距缩小了，落后的内陆省份正在向发达沿海省份追赶，而西部区域由于自然资源禀赋、人力资源等条件的落后，在向沿海区域追赶的过程中存在更大的困难，因此西部区域与沿海区域劳动生产率的差距相对于东北区域和中部区域来说更显著。

表 4 – 9　四大区域 Kruskal – Wallis 检验结果

区域	观测值	RankSum	RankMean	Prob
沿海	232	90153	388.59	
中部	122	44755	366.84	0.002
东北	75	26998	359.97	
西部	280	89789	320.68	

资料来源：根据 2000 ~ 2020 年《中国工业统计年鉴》数据利用 Stata 软件计算所得。

表 4 – 10　不同区域间的多重比较 Kruskal – Wallis 检验结果

组别	RankMeans difference	Critical value	Prob
沿海和中部	21.75	60.43	0.171
沿海和东北	28.62	71.78	0.146
沿海和西部	67.92	47.97	0.000
中部和东北	6.87	79.29	0.409
中部和西部	46.17	58.62	0.018
西部和东北	39.30	70.26	0.070

资料来源：根据 2000 ~ 2020 年《中国工业统计年鉴》数据利用 Stata 软件计算所得。

综上所述，我们发现沿海区域由于独特的地理位置、优惠政策等因素处于经济发达的领先地位，1999～2019 年沿海区域的劳动生产率均高于中部区域、东北区域和西部区域。这是因为在 1978 年中国实行对外开放政策，目标是最大限度地实行经济增长和加速国家的现代化建设。这需要从国家层面实现资源配置来更好地利用资源，引导国家逐步过渡到市场机制和对外开放。邓小平提出了要加快沿海省份对外开放水平促使沿海省份较快地先发展起来，当沿海省份发展到一定时期后，再实现对中西部省份的全面加快发展。在这个新概念下，各个区域发挥其比较优势实现区域专业化，因此改革伴随着深远的财政和经济权力下放的政策。沿海各省份是 20 世纪 80 年代对外开放的先锋，这个新的战略政策明确规定了新的区域优先事项，包括沿海省份在进口和出口货物时免除税费，这为国际分包和装配业务的发展以及将沿海工业纳入国际分工劳动奠定了基础。沿海省份拥有丰富和廉价的劳动力、地理位置接近世界市场和外国金融中心等比较优势奠定了沿海省份工业现代化的基础，因此沿海省份的发展要远远超过内陆省份。但是，随着时间的推移，沿海省份在比较优势下专门从事现代工业、新技术部门、消费品生产和出口导向工业，内陆省份则向它们提供必需的投入品。鉴于两大区域之间的互补性，沿海省份的发展开始对内陆省份起到连锁反应（Andersson et al.，2013）[2]，使得沿海省份和内陆省份经济发展差距越来越小。这主要包括两个原因：①20 世纪 90 年代，中国全面实行对外开放政策，全面融入世界经济，来自世界各地的跨国公司由于受到低生产成本和潜在中国国内市场的吸引纷纷进入中国市场（Arenas et al.，2020）[133]。沿海省份比其他省份更早建立了与世界经济密切的联系，而内陆省份由于交通基础设施差等因素阻碍了区域贸易，使得内陆省份发展落后于沿海省份。沿海省份与内陆省份发展不平衡与日益增大的差距成为中国经济发展的主要问题。因此，1999 年之后中国推出了"西部大开发"战略、"振兴东北地区等老工业基地"战略和"促进中部地区崛起"战略，其中包括财政转移、税收优惠和政策银行增加区域贷款等措施，旨在加强内陆省份的发展。②人口逆转也是内陆区域追赶沿海区域的一个重要因素。2005 年沿海各省份发生了地方劳动力的短缺，那里的出口行业严重依赖于移民。但是，由于低技术工人的工资近 10 年来停滞不前，并且移民不能享受城市公民的福利（社会保障和住房），因此吸引的劳动力越来越少。随着最低工资增长的加速，沿海区域工业的竞争力逐渐下降，迫使它们搬迁到了工资较低的中西部区域，使得这些工业化和城市化较低的城市具有更多的劳动力储备，增加了人力资本，从而促使内陆省份加速发展，缩小与沿海省份劳动生产率的差距。

4.3 分行业中国工业劳动生产率收敛性分析

工业是国民经济的主导，是经济现代化的核心和基础，工业各行业的发展水平和效率的高低决定着整个工业乃至整个国民经济发展的水平与效率的高低。通过考察中国工业分行业劳动生产率的变动特征可以发现，各工业行业发展的异质性和经济运行中存在的问题对于各工业行业制定发展规划、科学布局和可持续发展具有十分重要的指导意义。

按照国民经济行业分类（GB/T 4754—2011），工业分为采矿业、制造业和公用事业行业。为了数据的连续性，我们选择 25 个二位码工业行业作为考察样本，其中包括煤炭开采和洗选业、石油和天然气开采业、黑色金属矿采选业和有色金属矿采选业 4 个采矿业行业；农副食品加工业，食品制造业，饮料制造业，烟草制品业，纺织业，造纸和纸制品业，石油加工、炼焦和核燃料加工业，非金属矿物制品业，黑色金属冶炼和压延加工业，有色金属冶炼和压延加工业，金属制品业，化学原料和化学制品制造业，医药制造业，化学纤维制造业，通用设备制造业，专用设备制造业，铁路、船舶、航空航天和其他运输设备制造业，电气机械和器材制造业，计算机、通信和其他电子设备制造业，仪器仪表制造业 20 个制造业以及电力、热力生产和供应业这 1 个公用事业行业。由于工业各行业之间的性质不同，资本密集度、技术含量及行业规模都不尽相同，为了进一步的行业对比，本书参考联合国制定并审议通过的《国际标准产业分类》（ISIC Rew 3.0）的分类，按照 OECD 按技术划分产品的标准和世界银行的分类方法将工业行业划分为高技术行业和中低技术行业。其中，高技术行业包括化学原料和化学品制造业，医药制造业，化学纤维制造业，通用设备制造业，专用设备制造业，铁路、船舶、航空航天和其他运输设备制造业，电气机械和器材制造业，计算机、通信和其他电子设备制造业及仪器仪表制造业 9 个行业；其他工业行业为中低技术行业。

表 4 – 11 是 1999～2019 年样本年份中国工业各行业的工业增加值的变动

情况，从中可以看出，25 个工业行业的工业增加值随着年份的增加均呈显著增长的态势，但是行业间工业增加值的贡献是具有较大差异的。具体来看，工业增加值均值排名前六的行业是计算机、通信和其他电子设备制造业，铁路、船舶、航空航天和其他运输设备，电气机械和器材制造业，化学原料和化学制品制造业，通用设备制造，这些行业均属于高技术行业，这前六个行业占全部工业增加值的 55.61%，这意味着工业增加值在高技术行业中的分布密集度较高。而工业增加值排名后六名的是石油和天然气开采业，黑色金属矿采选业，有色金属矿采选业，石油加工、炼焦和核燃料加工业，煤炭开采和洗选业，食品制造业，这些行业均属于中低技术行业，这六个行业的工业增加值仅占全国的 4.9%，这意味着高技术行业的工业增加值要远大于中低技术行业。

表 4 – 11　1999～2019 年样本年份中国工业各行业的工业增加值变动情况

单位：亿元

行业名称　　　　　　年份	1999	2003	2007	2011	2015	2019	均值
煤炭开采和洗选业	318	370	671	874	1293	1555	842
石油和天然气开采业	204	175	224	212	233	232	215
黑色金属矿采选业	52	65	142	250	453	748	274
有色金属矿采选业	144	132	209	399	614	799	375
农副食品加工业	567	744	1325	1997	3037	3708	1852
食品制造业	254	367	637	1027	1581	2466	996
饮料制造业	495	560	837	1471	2297	2975	1396
烟草制品业	584	830	1225	2028	2765	3619	1799
纺织业	936	1241	2204	3530	4629	5908	3007
造纸和纸制品业	289	425	759	1177	1732	2394	1089
石油加工、炼焦和核燃料加工业	211	236	279	366	454	527	344
化学原料和化学制品制造业	952	1347	2375	4144	6291	7804	3712
医药制造业	453	801	1470	2501	3900	6358	2395
化学纤维制造业	315	292	453	911	1238	1602	782
非金属矿物制品业	1006	1146	1917	3209	5243	6766	3132
黑色金属冶炼和压延加工业	630	944	2050	3151	4240	5826	2752
有色金属冶炼和压延加工业	305	443	918	2004	2907	4128	1712

续表

行业名称 \ 年份	1999	2003	2007	2011	2015	2019	均值
金属制品业	558	770	1188	2112	3257	4394	1974
通用设备制造业	734	1007	2147	3853	6111	7787	3478
专用设备制造业	402	608	1216	2511	4099	5478	2272
铁路、船舶、航空航天和其他运输设备制造业	847	1577	2778	6300	10226	13264	5614
电气机械和器材制造业	922	1535	3180	5706	8686	11843	5010
计算机、通信和其他电子设备制造业	1618	3472	8986	14867	21210	35763	13142
仪器仪表制造业	221	276	665	1219	1729	2409	1048
电力、热力生产和供应业	655	871	1420	2491	3227	4166	2087

资料来源：根据 2000～2020 年《中国工业统计年鉴》计算所得。

为了更清晰地描述高技术行业和中低技术行业的工业增加值情况，我们绘制了 1999～2019 年这两类行业的工业增加值变动情况（见图 4-11）。从图 4-11 可以看出，高技术行业的工业增加值所占份额随着年份的增长逐渐呈上升趋势。1999 年，高技术行业的平均工业增加值为 718 亿元，占全国工业增加值的份额为 61%，随后该份额持续上升，到 2019 年高技术行业平均工业增加值为 10256 亿元，占全国份额为 76%；而中低技术行业的工业增加值份额呈逐年下降趋势，1999～2012 年下降趋势明显，1999 年中低技术行业的平均工业增加值为 450 亿元，占全国份额为 39%，到 2012 年中低技术行业的平均工业增加值增长到 1463 亿元，而全国工业行业平均工业增加值为 4010 亿元，所占份额下降到 27%，之后该份额下降幅度放缓，2019 年中低技术行业的平均工业增加值为 3138 亿元，占全国份额为 23%。

图 4-12 反映了中国工业高技术行业和中低技术行业就业人数的分布情况。由图 4-12（a）的就业人数变化趋势可以看出，1999～2019 年中国高技术行业和中低技术行业的就业人数均呈显著增长的趋势，高技术行业的就业人数始终大于中低技术行业的就业人数，并且两类行业就业人数差距随着时间的推移呈扩大的趋势。其中，高技术行业就业人数由 1999 年的 203 万人增长到 2009 年的 244 万人和 2014 年的 360 万人，2019 年就业人数达到了 384 万人，共增长了 89%。中低技术行业就业人数由 1999 年的 183 万人增加到 2009 年的

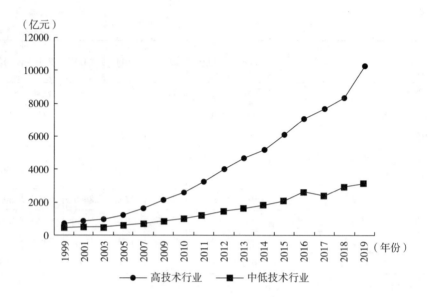

图 4 - 11　1999～2019 年中国高技术行业和中低技术行业的工业增加值变动情况

196 万人和 2014 年的 238 万人，2019 年就业人数为 257 万人，共增长了 40%，可见从就业人数全部增长率来看，高技术行业要显著高于中低技术行业。由图 4 - 12 (b) 可以看出，高技术行业就业人数所占份额由 1999 年的 52.3% 上升到了 2009 年的 53% 和 2019 年的 60.2%，与中低技术行业的差距逐渐拉大，2010 年后，高技术行业就业人数所占份额略呈下降趋势，2019 年所占份额为 59.9%，所占份额仍高于中低技术行业。可见，中国工业从业人员在高技术行业和中低技术行业的分布是不均衡的，高技术行业就业人数始终要高于中低技术行业就业人数，1999～2015 年高技术行业与中低技术行业的就业人数差距逐渐拉大，2015 年后差距略呈减小趋势，中低技术行业的就业人数正在向高技术行业缓慢靠近。

　　为了比较中国工业分行业劳动生产率的分布特征，我们计算了 25 个二位码工业行业的劳动生产率及其增长率水平（见表 4 - 12）。从表 4 - 12 可以看出，1999～2019 年，中国工业分行业劳动生产率均存在显著增长的趋势，但是行业间存在显著的差异。其中，年均劳动生产率最高的行业是烟草制品业，年均劳动生产率高达 89.92，远高于其他工业行业。由于该行业是国家垄断行业，中国的烟草行业 97% 由政府垄断（中国烟草总公司），因此存在很大的制约因素，与其他行业可比性不高。接下来年均劳动生产率排名前五的是计算机、

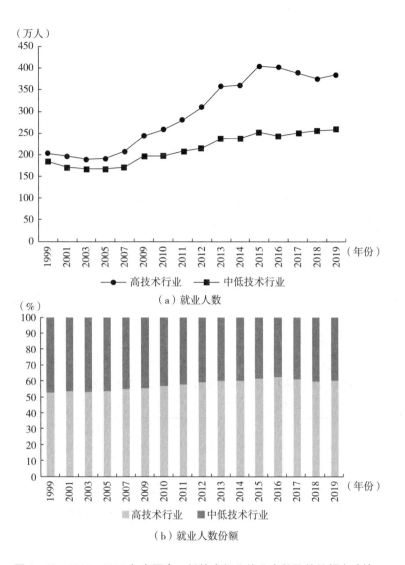

（a）就业人数

（b）就业人数份额

图 4-12 1999~2019 年中国高、低技术行业就业人数及其份额变动情况

通信和其他电子设备制造业（21.56），铁路、船舶、航空航天和其他运输设备制造业（18.31），化学纤维制造业（18.06），医药制造业（14.95）及饮料制造业（11.58），这些行业的劳动生产率都在劳动生产率总均值（8.58）之上。劳动生产率最低的行业为煤炭开采和洗选业（1.78），石油和天然气开采业（2.56），石油加工、炼焦和核燃料加工业（4.30），非金属矿物制品业（6.40）等，这些行业的劳动生产率均低于总均值（8.58）。年均劳动生产率增长率最高的是铁路、船舶、航空航天和其他运输设备制造业，其劳动生产率年均增长率为165%，增长率排在第二到第六位的分别是专用设备制造业（49%）、烟草制品业（47%）、造纸和纸制品业（41%）、有色金属冶炼及压延加工业（40%）、通用设备制造业（37%）。根据收敛性假说，如果收敛性存在，那么期初劳动生产率相对较低的行业将会经历更高的增长率，这样就会缩小与先进行业之间的差距。表4-12的最后两栏统计了劳动生产率增长率指标：一个是年均增长率；另一个是全部增长率。可以发现，除了垄断性行业如烟草制品业及石油和天然气开采业外，大部分行业的期初劳动生产率水平与增长率之间存在显著的负相关关系。1999年劳动生产率较高的行业如计算机、通信和其他电子设备制造业（8.69）和饮料制造业（4.66），这两个行业的全部增长率却是最低的，2019年劳动生产率仅为1999年的4.54倍和3.93倍。相反，1999年劳动生产率排在末位的纺织业（1.83）和专用设备制造业（1.84）等却经历了较快的劳动生产率增长，2019年的劳动生产率分别是1999年的6.58倍和8.39倍。

表4-12　1999～2019年工业细分行业劳动生产率及其增长率

单位：万元/人

行业名称		1999年	2006年	2013年	2019年	1999～2019年平均值	平均增长率（%）	2019年/1999年
A 采矿业	总体	2.79	5.71	9.59	17.11	8.58	13.96	6.12
	煤炭开采和洗选业	0.74	1.33	1.87	3.18	1.78	11.39	4.27
	石油和天然气开采业	1.84	2.52	2.17	3.02	2.56	6.18	1.64
	黑色金属矿采选业	2.15	3.43	5.45	10.95	5.09	13.18	5.08
	有色金属矿采选业	2.73	4.15	9.55	14.84	7.47	13.60	5.43
B 制造业	农副食品加工业	3.14	5.46	6.85	8.44	6.21	7.63	2.69
	食品制造业	2.63	4.71	7.20	11.94	6.49	11.70	4.54
	饮料制造业	4.66	8.15	14.16	18.33	11.58	10.57	3.93
	烟草制品业	20.78	53.64	109.55	167.32	89.92	16.54	8.05
	纺织业	1.83	3.31	6.21	12.05	5.56	14.57	6.58
	造纸和纸制品业	2.42	5.09	8.54	17.33	8.02	15.30	7.15

续表

	行业名称	1999 年	2006 年	2013 年	2019 年	1999 ~ 2019 年平均值	平均增长率（%）	2019 年/1999 年
B 制造业	石油加工、炼焦和核燃料加工业	2.95	4.00	4.53	5.44	4.30	4.91	1.85
	化学原料及化学制品制造业	2.57	6.19	10.78	15.64	8.89	14.12	6.10
	医药制造业	4.54	10.24	17.89	28.59	14.95	14.46	6.30
	化学纤维制造业	6.81	10.03	24.22	34.05	18.06	12.75	5.00
	非金属矿物制品业	2.32	4.04	7.23	11.37	6.40	12.37	4.90
	黑色金属冶炼及压延加工业	2.27	6.11	10.72	14.40	8.45	14.68	6.33
	有色金属冶炼及压延加工业	2.82	6.30	12.73	19.76	10.12	15.16	7.02
	金属制品业	3.36	5.11	7.28	11.56	6.93	9.48	3.44
	通用设备制造业	2.43	5.36	8.79	15.90	8.07	14.65	6.55
	专用设备制造业	1.84	4.66	9.18	15.43	7.81	16.95	8.39
	铁路、船舶、航空航天和其他运输设备制造业	2.67	7.32	14.97	68.61	18.31	28.74	25.71
	电气机械和器材制造业	4.03	8.06	11.95	18.57	10.41	11.76	4.60
	计算机、通信和其他电子设备制造业	8.69	19.45	23.59	39.45	21.56	11.95	4.54
	仪器仪表制造业	3.82	6.81	11.04	22.53	10.49	13.74	5.90
C 公共事业	电力、热力生产和供应业	2.94	4.84	9.51	14.67	8.08	12.63	4.99

资料来源：根据 2000 ~ 2020 年《中国工业统计年鉴》计算所得。

为了考察不同区域细分行业劳动生产率的分布特征，我们计算了每个二位码工业行业在四大区域的劳动生产率，并以发达沿海区域的劳动生产率为基准，计算了内陆省份相对沿海省份的劳动生产率，来考察内陆省份各细分行业劳动生产率是否在追赶发达沿海省份，如表 4 - 13 和表 4 - 14 所示。表 4 - 13 分区域报告了 25 个二位码工业行业的劳动生产率及其增长率。从全国范围来看，1999 ~ 2019 年，年均劳动生产率增长率排名前三位的行业均属于高技术行业，分别是专用设备制造业（20.69%），铁路、船舶、航空航天和其他运输设备制造业（19.21%）及黑色金属冶炼和压延加工业（16.34%）。劳动生产率增长最慢的则是石油和天然气开采业（5.19%），农副产品加工业（8.85%）及石油加工、炼焦和核燃料加工业（5.92%），这三个行业均属于垄断型行业和中低技术行业。从工业细分行业的区域结构来看，期初劳动生产率较低的内陆区域的大部分工业行业的增长速度要快于期初劳动生产率较高的沿海区域，这说明落后省份在追赶发达省份。从表 4 - 14 的相对劳动生产率来看，在高技术行业中，通用设备制造业的相对劳动生产率分别从 1999 年的 0.49 上升到 2006 年的 0.69 和 2013 年的 0.76，之后仍继续增长，到 2019 年内陆省份通用设备制造业的劳动生产率已经达到沿海省份的 78%。铁路、船舶、航空航天和其他运输设备制造业相对劳动生产率在 1999 年、2006 年、2013 年和 2019 年的相对劳动生产率分别为 0.42、0.59、0.74 和 0.68，除了 2014 年相对劳动生产率出现小幅度下降外，其他年份均呈递增趋势。在中低技术工业行业中，同样可以看出相对劳动生产率的递增趋势。如煤炭开采和洗选业在 1999 年、2006 年、2013 年和 2019 年的相对劳动生产率分别为 0.35、0.31、0.52 和 0.60，黑色金属矿采选业的相对劳动生产率由 1999 年的 0.77 逐渐上升到 2019 年的 0.91，而内陆省份有色金属矿采选业、食品制造业、有色金属冶炼和压延加工业等行业的劳动生产率在 2013 年之后均超越了沿海省份，说明这些行业的发展重心已经向内陆省份转移。总的来说，1999 ~ 2019 年中国各工业细分行业的相对劳动生产率均呈逐年增长的趋势，内陆省份的工业行业正在追赶沿海省份。

表 4 - 13　1999 ~ 2019 年中国工业细分行业分区域劳动生产率及其增长率

行业名称	年均劳动生产率增长率（%）				期初劳动生产率（万元/人）			
	沿海	中部	东北	西部	沿海	中部	东北	西部
煤炭开采和洗选业	55.59	30.18	24.24	48.58	2.98	1.01	0.86	1.09
石油和天然气开采业	17.25	7.44	18.57	33.72	185.2	5.94	19.48	7.74
黑色金属矿采选业	35.82	31.76	41.10	35.73	2.44	1.87	0.97	2.18
有色金属矿采选业	26.45	32.64	36.35	39.71	3.48	2.13	1.35	2.21
农副产品加工业	15.41	19.29	22.71	29.17	4.66	4.09	3.42	2.42
食品制造业	17.32	19.30	17.83	34.85	4.05	2.56	3.55	2.32

续表

行业名称	年均劳动生产率增长率（%）				期初劳动生产率（万元/人）			
	沿海	中部	东北	西部	沿海	中部	东北	西部
饮料制造业	12.23	17.18	17.64	18.75	7.55	4.18	4.22	4.73
烟草制品业	24.88	24.68	28.99	22.39	45.43	22.61	9.36	21.46
纺织业	73.26	26.45	39.95	59.13	0.66	1.13	0.48	0.47
造纸和纸制品业	19.08	23.3	22.04	22.44	3.52	2.49	1.45	1.92
石油加工、炼焦和核燃料加工业	26.65	15.35	20.26	33.30	17.64	11.05	10.12	4.59
化学原料和化学制品制造业	25.58	30.14	27.37	20.75	4.84	2.17	2.18	2.89
医药制造业	16.03	19.19	13.86	20.94	6.30	3.58	5.20	5.91
化学纤维制造业	14.71	23.99	16.37	13.83	6.49	2.31	3.28	6.54
非金属矿物制品业	21.01	26.83	23.11	25.29	2.66	1.87	1.74	1.81
黑色金属冶炼和压延加工业	23.67	32.41	32.89	39.19	5.54	3.12	2.21	2.62
有色金属冶炼和压延加工业	21.63	37.96	27.36	29.31	4.49	3.51	2.19	3.41
金属制品业	16.69	24.41	23.95	27.6	3.61	2.24	1.96	1.83
通用设备制造业	21.04	30.57	32.98	26.77	2.88	1.58	1.29	1.36
专用设备制造业	21.52	27.49	28.91	35.92	2.71	2.01	1.28	1.2
铁路、船舶、航空航天和其他运输设备制造业	22.09	29.17	22.53	46.48	5.51	2.80	3.53	1.57
电气机械和器材制造业	15.88	20.89	25.92	31.81	4.89	3.79	1.98	1.82
计算机、通信和其他电子设备制造业	11.11	19.46	17.04	31.08	84.01	4.10	4.30	2.44
仪器仪表制造业	20.85	41.61	30.75	30.91	3.32	1.99	1.44	1.59
电力、热力生产和供应业	14.94	30.06	8.90	24.09	16.14	7.02	7.28	6.31

资料来源：根据 2000~2020 年《中国工业统计年鉴》计算所得。

表 4-14 1999~2019 年样本年份内陆 25 个工业行业的相对劳动生产率

行业名称	相对平均劳动生产率（沿海=1）			
	1999 年	2006 年	2013 年	2019 年
煤炭开采和洗选业	0.35	0.31	0.52	0.60
石油和天然气开采业	0.06	0.06	0.11	0.14
黑色金属矿采选业	0.77	0.61	0.69	0.91

行业名称	相对平均劳动生产率（沿海 = 1）			
	1999 年	2006 年	2013 年	2019 年
有色金属矿采选业	0.60	0.98	1.09	1.04
农副食品加工业	0.65	0.91	0.99	1.31
食品制造业	0.65	0.92	0.99	1.55
饮料制造业	0.55	0.64	0.82	1.24
烟草制品业	0.44	0.42	0.47	0.45
纺织业	1.01	0.78	0.83	1.11
造纸和纸制品业	0.58	0.56	0.68	0.79
石油加工、炼焦和核燃料加工业	0.41	0.51	0.50	0.37
化学原料和化学制品制造业	0.48	0.46	0.55	0.53
医药制造业	0.73	0.76	0.74	1.14
化学纤维制造业	0.81	1.20	1.01	0.57
非金属矿物制品业	0.66	0.62	0.95	1.03
黑色金属冶炼和压延加工业	0.48	0.50	0.74	1.01
有色金属冶炼和压延加工业	0.68	0.88	1.02	1.17
金属制品业	0.54	0.74	0.86	1.05
通用设备制造业	0.49	0.69	0.76	0.78
专用设备制造业	0.52	0.67	0.97	1.20
铁路、船舶、航空航天和其他运输设备制造业	0.42	0.59	0.74	0.68
电气机械和器材制造业	0.47	0.65	0.88	1.23
计算机、通信和其他电子设备制造业	0.39	0.69	0.80	0.90
仪器仪表制造业	0.47	0.70	1.04	1.92
电力、热力生产和供应业	0.41	0.44	0.52	0.58

资料来源：根据 2000 ~ 2020 年《中国工业统计年鉴》计算所得。

为了考察高技术行业和中低技术行业内部的收敛性，我们利用省份—行业数据对两类行业 1999 ~ 2019 年的劳动生产率进行统计描述，通过计算收敛指标来考察高技术行业和中低技术行业劳动生产率的收敛趋势（见表 4 - 15 和表 4 - 16）。表 4 - 15 是 1999 ~ 2019 年中国高技术行业内部各行业—省份组合劳动生产率的统计描述，在此基础上我们计算了两个表示收敛性的指标：第一个指标是变异系数，用标准差除以平均值计算得来；第二个指标是用劳动生产率最大值与最小值的差除以均值计算得来。如果中国高技术行业劳动生产率呈收敛趋势，那么各省份—行业组合的劳动生产率之间的差距或者离差随着时间的推移会逐渐减少，表4-15中的变异系数和（最大值－最小值）/均值两个收敛指标的变动就证实了这一点。从表4-15可以看出，1999~2019年，高技术行业经历了持续稳定的增长，劳动生产率由1999年的3.51增长到了2006年的9.80、2013年的16.27、2019年的31.72。

结合表4-15和图4-13可以看出，1999~2019年高技术行业劳动生产率的两个收敛指标均呈显著下降的趋势。变异系数从1999年的0.79下降到了2009年的0.35，下降了一半还多，之后持续下降，除了2017年该指标稍有增加外，其余年份均呈下降趋势，到2019年劳动生产率的变异系数下降到0.17。从（最大值－最小值）/均值的变化趋势来看，我们同样可以发现中国高技术行业劳动生产率的收敛趋势。（最大值－最小值）/均值从1999年的5.34下降到2009年的2.55、2014年的1.70、2019年的1.45。总的来说，1999~2019年，高技术行业劳动生产率的两项收敛指标均呈显著的下降趋势，我们可以发现高技术行业劳动生产率存在显著的收敛特征。

表4-15　1999~2019年中国高技术行业劳动生产率统计描述（行业—省份）

年份	均值（水平值）	均值（对数值）	标准差	最小值	最大值	变异系数	（最大值－最小值）/均值
1999	3.51	0.96	0.76	-1.56	3.57	0.79	5.34
2001	4.45	1.25	0.69	-0.51	3.62	0.55	3.32
2003	5.40	1.43	0.70	-0.19	3.67	0.49	2.70
2005	6.12	1.61	0.64	-0.60	3.54	0.40	2.58
2007	6.85	1.72	0.64	-0.51	3.66	0.37	2.42
2009	9.80	1.99	0.69	-0.07	5.00	0.35	2.55
2010	10.10	2.13	0.61	-0.24	4.83	0.29	2.38
2011	11.95	2.32	0.57	-1.11	4.81	0.25	2.55
2012	14.94	2.56	0.55	-0.69	4.89	0.22	2.18
2013	16.27	2.65	0.52	-0.48	4.97	0.20	2.05
2014	18.09	2.75	0.53	0.36	5.04	0.19	1.70
2015	20.98	2.91	0.52	0.29	5.07	0.18	1.64
2016	26.24	3.14	0.49	1.72	5.11	0.16	1.08

续表

年份	均值 （水平值）	均值 （对数值）	标准差	最小值	最大值	变异系数	（最大值－最小值）/ 均值
2017	24.98	3.03	0.70	－0.78	5.00	0.23	1.91
2018	29.76	3.26	0.55	0.62	4.98	0.17	1.34
2019	31.72	3.32	0.55	0.54	5.35	0.17	1.45

资料来源：根据 2000~2020 年《中国工业统计年鉴》计算所得。

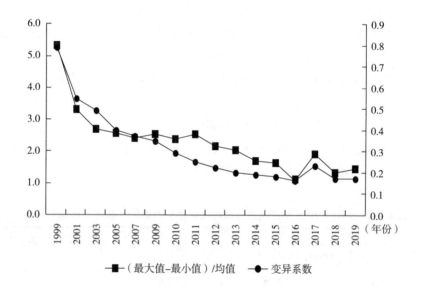

图 4-13　1999~2019 年高技术行业劳动生产率的收敛指标变化趋势

表 4-16 是 1999~2019 年中低技术内部行业—省份劳动生产率的统计描述，从中可以看出，1999~2019 年，中低技术行业同样经历了稳定持续的增长，劳动生产率由 1999 年的 5.04 增长到了 2009 年的 13.85、2014 年的 31.27、2019 年的 58.06。由于中低技术行业中包含了烟草制品业、石油和天然气开采业等垄断性行业，这些垄断性行业的劳动生产率远远高于其他行业，因此加大了中低技术行业劳动生产率的均值，使其高于高技术行业。如果中低技术行业内行业—省份的劳动生产率呈收敛趋势，那么各行业—省份组合的劳动生产率之间的差距或者离差随着时间的推移要逐渐减少。为了更加清晰地描绘中低技术行业劳动生产率的收敛趋势，我们绘制了 1999~2019 年中低技术

行业劳动生产率的两个收敛指标即变异系数和（最大值－最小值）/均值指标的变化趋势（见图4－14）。结合表4－16和图4－14可以看出，1999～2019年中低技术行业劳动生产率的两个收敛指标均呈显著下降的趋势。变异系数从1999年的0.83下降到2009年的0.39，下降了一半还多，之后持续下降，到2019年劳动生产率的变异系数下降到0.20。从（最大值－最小值）/均值的变化趋势来看，同样可以明显发现中国工业中低技术行业劳动生产率的收敛趋势。（最大值－最小值）/均值从1999年的5.66下降到2009年的2.36、2014年的1.63，再到2019年的1.31。总的来说，1999～2019年，中低技术行业劳动生产率的两项收敛指标均呈显著的下降趋势，我们可以发现中低技术行业劳动生产率存在显著的收敛特征。

表4－16　1999～2019年中国中低技术行业劳动生产率统计描述（行业—省份）

年份	均值（水平值）	均值（对数值）	标准差	最小值	最大值	变异系数	（最大值－最小值）/均值
1999	5.04	1.13	0.94	－1.83	4.54	0.83	5.66
2001	6.36	1.38	0.89	－1.11	4.61	0.65	4.16
2003	7.80	1.55	0.91	－0.76	4.69	0.58	3.50
2005	9.44	1.76	0.89	－0.46	4.81	0.51	2.99
2007	11.12	1.91	0.91	－0.51	4.92	0.47	2.84
2009	13.85	2.18	0.86	－0.05	5.09	0.39	2.36
2010	17.27	2.40	0.87	0.00	5.22	0.36	2.18
2011	21.10	2.61	0.86	0.43	5.37	0.33	1.90
2012	25.91	2.84	0.84	0.64	5.50	0.29	1.71
2013	30.25	3.00	0.83	0.73	5.64	0.28	1.64
2014	31.27	3.06	0.80	0.66	5.66	0.26	1.63
2015	37.75	3.26	0.79	0.97	5.79	0.24	1.48
2016	47.38	3.51	0.77	1.52	5.95	0.22	1.26
2017	51.52	3.58	0.77	1.34	6.18	0.22	1.35
2018	55.54	3.67	0.75	1.93	6.20	0.20	1.16
2019	58.06	3.72	0.75	1.33	6.21	0.20	1.31

资料来源：根据2000～2020年《中国工业统计年鉴》计算所得。

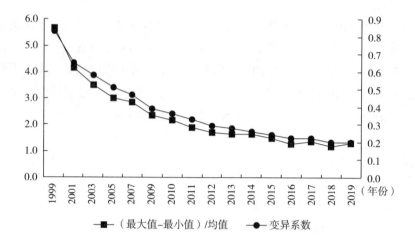

图 4 – 14　1999～2019 年中低技术行业劳动生产率收敛指标的变化趋势

在上述统计性描述的基础上，我们利用 Kruskal – Wallis 检验（单因素非参数方差分析）的统计分析方法来说明高技术行业和中低技术行业的劳动生产率是否具有显著的差异，检验结果如表 4 – 17 所示。由表 4 – 17 中的 p 值（p = 0.000 < 0.05）可以看出，在显著性水平 0.05 下，Kruskal – Wallis 检验拒绝原假设，认为高技术行业和中低技术行业的劳动生产率存在显著的差别，上述统计性描述具有统计上的意义。

表 4 – 17　两类行业的 Kruskal – Wallis 检验结果

行业类型	观测值	RankSum	RankMean	Prob
高技术行业	262	77439	295.57	0.000
中低技术行业	447	174256	389.83	
行业类型	观测值	RankMeans difference	Critical value	Prob
高技术行业和中低技术行业	709	94.27	31.23	0.000

资料来源：根据 2000～2020 年《中国工业统计年鉴》利用 Stata 软件计算所得。

为了考察中国工业劳动生产率的收敛特征是否在工业各细分行业中存在，我们利用省份—行业数据计算了 1999～2019 年 25 个二位码工业行业的劳动生产率及其增长率，并在此基础上计算了变异系数和（最大值 – 最小值）/均值两个收敛指标，如果中国工业细分行业的劳动生产率同样存在收敛特征，那么各行业的省份—行业劳动生产率之间的差距或者离差随着时间的推移会逐渐减少，结果如表4-18所示。可以看出，25个二位码工业细分行业劳动生产率的变异系数和（最大值-最小值）/均值在1999~2019年均呈明显的下降趋势。以规模最大的四个样本行业为例，电气机械和器材制造业的劳动生产率的变异系数从1999年的0.73下降到了2006年的0.24、2013年的0.14，之后稳定下降到2019年的0.11，（最大值-最小值）/均值从1999年的3.67下降到2006年的1.19、2013年的0.59，再到2019年的仅0.47。纺织业劳动生产率的变异系数从1999年的0.66下降到2006年的0.49、2013年的0.28，之后稳定下降到2019年的0.20，（最大值-最小值）/均值从1999年的4.09下降到2006年的2.50、2013年的1.26，再到2019年的0.94。计算机、通信和其他电子设备制造业劳动生产率的变异系数从1999年的0.59下降到2006年的0.25、2013年的0.21，之后稳定下降到2019年的0.15，（最大值-最小值）/均值从1999年的2.50下降到2006年的1.05、2013年的1.02，再到2019年的0.76。铁路、船舶、航空航天和其他运输设备制造业变异系数从1999年的1.00下降到2006年的0.31、2013年的0.19、2019年的0.18，（最大值-最小值）/均值从1999年的4.67下降到2006年的1.35、2013年的0.83，再到2019年的0.77。以上事实表明，1999~2019年中国工业细分行业同样存在显著的收敛特征。

表4-18 1999~2019年样本年份工业行业劳动生产率的
变异系数和（最大值-最小值）/均值

行业	变异系数				（最大值-最小值）/均值			
	1999年	2006年	2013年	2019年	1999年	2006年	2013年	2019年
煤炭开采和洗选业	0.66	0.44	0.28	0.22	3.20	2.22	1.18	0.89
石油和天然气开采业	0.44	0.33	0.23	0.22	1.91	1.40	0.97	0.89
黑色金属矿采选业	0.89	0.28	0.15	0.13	2.68	1.37	0.52	0.53
有色金属矿采选业	0.71	0.34	0.15	0.12	2.51	1.50	0.55	0.51
农副产品加工业	0.40	0.15	0.13	0.10	1.60	0.48	0.52	0.43
食品制造业	0.30	0.19	0.13	0.10	1.11	0.95	0.58	0.47
饮料制造业	0.26	0.18	0.09	0.09	1.06	0.76	0.40	0.52
烟草制品业	0.26	0.16	0.12	0.10	0.83	0.68	0.52	0.49

续表

行业	变异系数				（最大值－最小值）/均值			
	1999 年	2006 年	2013 年	2019 年	1999 年	2006 年	2013 年	2019 年
纺织业	0.66	0.49	0.28	0.20	4.09	2.50	1.26	0.94
造纸和纸制品业	0.44	0.24	0.17	0.12	1.55	0.98	0.71	0.52
石油加工、炼焦和核燃料加工业	0.39	0.23	0.17	0.16	1.65	0.90	0.74	0.72
化学原料和化学制品制造业	0.43	0.24	0.16	0.13	1.64	1.28	0.84	0.69
医药制造业	0.23	0.12	0.09	0.09	0.96	0.51	0.37	0.34
化学纤维制造业	0.82	0.43	0.32	0.23	3.54	2.22	1.75	1.01
非金属矿物制品业	0.64	0.24	0.12	0.08	3.16	0.98	0.58	0.38
黑色金属冶炼和压延加工业	0.42	0.22	0.13	0.11	2.12	1.17	0.64	0.48
有色金属冶炼和压延加工业	0.31	0.17	0.17	0.13	1.31	0.87	0.84	0.66
金属制品业	0.54	0.25	0.14	0.12	2.26	1.03	0.60	0.45
通用设备制造业	1.16	0.29	0.15	0.13	5.34	1.32	0.53	0.74
专用设备制造业	1.11	0.30	0.15	0.13	4.37	1.01	0.61	0.69
铁路、船舶、航空航天和其他运输设备制造业	1.00	0.31	0.19	0.18	4.67	1.35	0.83	0.77
电气机械和器材制造业	0.73	0.24	0.14	0.11	3.67	1.19	0.59	0.47
计算机、通信和其他电子设备制造业	0.59	0.25	0.21	0.15	2.50	1.05	1.02	0.76
仪器仪表机械制造业	0.84	0.62	0.22	0.22	3.71	2.50	1.07	1.05
电力、热力生产和供应业	0.24	0.18	0.16	0.12	1.06	0.76	0.77	0.54

资料来源：根据 2000~2020 年《中国工业统计年鉴》计算所得。

4.4 本章小结

本章主要从中国工业一般整体、分区域和分行业三个层次对劳动生产率收敛性做了描述性统计分析，通过使用变异系数、（最大值－最小值）/均值、初始劳动生产率水平与增长率之间的负相关关系和相对劳动生产率等统计指标来考察其收敛特征。

通过对中国工业劳动生产率的整体描述性统计分析我们发现：①1999～2019年，中国工业整体劳动生产率呈现稳定增长的态势，增长了247.28%。分时期来看，1999～2019年劳动生产率的平均增长率为8.79%，增长速度由1999～2012年的10.55%下降到2012～2019年的7.06%。2012～2019年工业劳动生产率增长的放缓是由工业增加值增长速度的降低与工业就业人数的增长一起导致的。②变异系数和（最大值－最小值）/均值这两项收敛指标在1999～2019年总体呈下降趋势，我们可以发现中国工业劳动生产率存在收敛特征。③通过检测初始劳动生产率水平与劳动生产率增长率之间的关系，发现期初劳动生产率相对较低的省份经历了更高的增长率，说明落后省份缩小了与发达省份之间的差距，这同样表明了中国工业劳动生产率存在收敛特征。

通过对中国工业劳动生产率的分区域描述性统计分析发现：①从劳动生产率的水平值来看，1999～2019年，中国四大区域工业劳动生产率呈显著的增长趋势，但是四个区域间存在显著的差异，其中沿海区域劳动生产率最高，其次是东北区域和中部区域，西部区域劳动生产率最低。②用内陆区域的劳动生产率均值除以沿海区域的劳动生产率均值来表示收敛性指标时，该指标从1999年的0.72逐渐上升到2019年的0.84，说明随着时间的推移，沿海省份和内陆省份的劳动生产率差距逐渐缩小，跨区域劳动生产率呈逐渐收敛的趋势，落后省份的劳动生产率经历了更快的增长。③中国工业劳动生产率在四大区域内部同样存在收敛趋势。通过考察四大区域劳动生产率的变异系数和（最大值－最小值）/均值的变化趋势，发现1999～2019年两项收敛指标总体呈现下降趋势，说明四大区域内各省份—行业组合的劳动生产率之间的差距或者离差随着时间的推移逐渐减小，证实了四大区域内劳动生产率的收敛特征。

通过对中国工业劳动生产率的分行业描述性统计分析发现：①1999～2019年，中国工业分行业劳动生产率均存在显著增长的趋势，但是行业间存在显著的差异。具体来看，年均劳动生产率最高的行业是垄断程度最高的烟草制品业，接下来是计算机、通信和其他电子设备制造业，铁路、船舶、航空航天和其他运输设备制造业，化学纤维制造业及医药制造业，这些行业都是高技术行业，劳动生产率都在均值之上。劳动生产率最低的行业为煤炭开采和洗选业，石油和天然气开采业，石油加工、炼焦和核燃料加工业及非金属矿物制品业等，这些行业均属于中低技术行业，劳动生产率均低于总均值。②从工业细分行业的区域结构看，期初劳动生产率较低的内陆区域的大部分工业行业的增长速度要快于期初劳动生产率较高的沿海区域，这说明落后省份的工业正在追赶发达省份。③通过计算1999～2019年高技术行业和中低技术行业劳动生产率的变异系数和（最大值－最小值）/均值，我们发现这两个收敛均呈现明显的下降趋势，说明高技术行业和中低技术行业的劳动生产率均呈现收敛特征。④除垄断性行业如烟草制品业及石油和天然气开采业外，大部分行业的期初劳动生产率水平与增长率之间存在显著的负相关关系，期初劳动生产率相对较低的行业经历了更高的增长率，并通过计算1999～2019年25个二位码工业细分行业劳动生产率的变异系数和（最大值－最小值）/均值，同样发现在绝大部分的细分行业中这两个收敛指标均呈现明显的下降趋势，进一步证实了中国工业劳动生产率在细分行业中同样存在收敛特征。

5 中国工业劳动生产率收敛性的计量检验

第 3 章的理论分析和第 4 章的描述性统计分析表明，中国工业整体、分区域和分行业三个层次上的劳动生产率均呈现收敛特征。为了严格检验中国工业劳动生产率的收敛性，本章则利用中国 30 个省份的 25 个二位码工业行业数据和 100 个四位码工业行业数据，采用双向固定效应模型分析法，从计量的角度对工业整体、分区域和分行业的劳动生产率收敛性进行计量检验。

5.1 中国工业劳动生产率收敛性的一般检验

5.1.1 模型设定与变量界定

本书第 3 章劳动生产率收敛的数理模型给出了劳动生产率的增长率与其初始水平之间的负相关关系，由于现实生活中变量均为名义变量，在此基础上，借鉴 Rodrik（2013）[6] 研究制造业劳动生产率收敛性所采用的 β 回归分析方法中处理名义劳动生产率和实际劳动生产率之间关系的方法，来研究中国工业劳动生产率的收敛性，具体计量模型设定如下：

$$\ln \dot{v}_{jit} = \ln \dot{y}_{jit} - \pi_{jit} \tag{5-1}$$

其中，j 为省份，i 为行业，t 为时间。v_{jit} 为 j 省份 i 行业在 t 年的实际劳动生产率，$\ln \dot{v}_{jit}$ 为实际劳动生产率增长率对数，它等于名义劳动生产率增长率对数 $\ln \dot{y}_{jit}$ 与通货膨胀率 π_{jit} 之差。通过将劳动生产率增长率和劳动生产率指标数据进行对数调整，可以提高实证检验的有效性并消除可能的异方差问题。根据新古典增长模型，实际劳动生产率的增长率可表示为当前劳动生产率与该行业技术前沿的差距，这与 Rodrik（2013）[6] 假定每个行业实际劳动生产率的增长率是收敛效应和特定地区自身条件的函数一致，其中特定地区自身条件就是指新古典增长理论中的条件收敛假说，即实际劳动生产率的增长率还取决于地理因素、开放程度、规模、投资环境等地区自身特征以及地区政策。收敛效应与每个行业的最初劳动生产率（用对数表示为 $\ln v_{jit}$）和它的前沿技术 $\ln v_{it}^*$ 之间的差距成比例，即：

$$\ln \dot{v}_{jit} = \beta(\ln v_{it}^* - \ln y_{jit}) + D_j \tag{5-2}$$

其中，D_j 是一个虚拟变量，表示所有不随时间和行业变化的地区因素，β 为要估计的收敛系数。控制 D_j 与不控制 D_j 在新古典增长模型的文献中被称为"条件收敛"和"绝对收敛"。注意：绝对收敛是比较强的收敛概念，意味着不管各省份的特征及政策存在怎样的差异，当前劳动生产率较低的省份都会比劳动生产率较高的省份具有更快的增长率。由于工业具有可贸易和面对共同世界价格的特点，并且分省份分行业的通货膨胀率 π_{jit} 通常难以获取，我们就按照 Rodrik（2013）[6] 行业通货膨胀率的均值在各省份是相同的假设，那么各省份的每个行业的通货膨胀率取决于一个异质性的随机误差项，即

$$\pi_{jit} = \pi_{it} + \varepsilon_{jit} \tag{5-3}$$

其中，ε_{jit} 为 j 省份在 i 行业的通货膨胀率偏离该行业的程度，是一个随机误差项，它与其他解释变量不相关，并能捕捉影响劳动生产率增长率的所有其他异质性的因素。那么将式（5-2）代入式（5-1）与式（5-3）可以得出名义劳动生产率增长率对数：

$$\ln \dot{y}_{jit} = -\beta \ln y_{jit} + (\beta \ln v_{it}^* + \pi_{it}) + D_j + \varepsilon_{jit} \tag{5-4}$$

式（5-4）可以写成：

$$\ln \dot{y}_{jit} = -\beta \ln y_{jit} + D_{it} + D_j + \varepsilon_{jit} \tag{5-5}$$

其中，D_{it} 代表的就是（$\beta \ln v_{it}^* + \pi_{it}$），表示行业和时间固定效应。方程（5-5）反映了初始劳动生产率对劳动生产率增长率的回归关系。当实证研究仅使用初始年份和期末年份的数据进行横截面回归分析时，变量中的时间下标可以省略。二元变量 D_{it} 可以简化为行业层面的固定效应 D_i。这样，方程（5-5）可以被重新写作：

$$\ln \dot{y}_{ji} = -\beta \ln y_{ji} + D_i + D_j + \varepsilon_{ji} \tag{5-6}$$

式（5-6）是一个横截面计量模型，可能会受到内生性问题的困扰，通过在式（5-6）中加入省份虚拟变量和行业虚拟变量可以大大降低缺失性变量引起内生性的可能性。期初劳动生产率的估计系数 β 即为收敛系数，这是本书关注的焦点。当回归方程中没有加入省份固定效应 D_j 时，如果收敛系数为负且具有统计显著性，那么就存在 β 绝对收敛，即在不考虑各省份特征的情况下，劳动生产率增长率与其初始水平呈负相关关系，落后省份（行业）比发达省份（行业）有着更高的增长速度。当在回归方程中加入反映各省份结构条件的虚拟变量 D_j 时，如果收敛系数为负且具有统计显著性，那么就存在 β 条件收敛，即在考虑了各省份和各行业特征及其他控制变量的因素下，期初劳动生产率水平越低的省份（或行业）增长率就越快。绝对收敛意味着对所有省份来说只有唯一的均衡状态，控制变量前的系数为0。条件收敛不仅考虑劳动生产率增长率与其初始水平有关，还与其他一些影响因素有关，即条件收敛假设放松了后面的限制，允许控制变量的系数不为0。因此在做条件收敛检验时，需要考虑影响劳动生产率增长的因素，在加入这些控制变量的基础上重新估计收敛系数。控制变量用 X 表示，加入这些控制变量的条件收敛模型即为模型（5-7）。

$$\ln\dot{y}_{jit} = -\beta\ln y_{jit} + D_{it} + D_j + \xi X + \varepsilon_{jit} \qquad (5-7)$$

除了考察初始劳动生产率与其增长率之间的线性关系外，本书假设期初劳动生产率与增长率之间也存在非线性关系。为了检验 β 收敛的非线性关系，在模型（5-7）中加入期初劳动生产率的平方项，考察 β 收敛的非线性关系的模型即为模型（5-8）。

$$\ln\dot{y}_{jit} = -\beta\ln y_{jit} + \gamma\ln^2 y_{jit} + D_{it} + D_j + \xi X + \varepsilon_{jit} \qquad (5-8)$$

如果该平方项系数为负且参数具有显著性，那就是说劳动生产率的增长率对期初劳动生产率的二阶导数为负，即随着期初劳动生产率水平的提高，劳动生产率的增长速度就会减慢，这与一般经济理论中的收益递减规律相符；反之，如果该平方项系数为正，则意味着随着期初劳动生产率水平的提高，劳动生产率的增长速度会成比例地增长。

在方程（5-7）中，被解释变量是劳动生产率的增长率对数 $\ln\dot{y}_{jit}$，表示的是第 t 年到第 $t+k$ 年 j 省份 i 行业的劳动生产率年均增长率（$\ln\dot{y}_{jit} = \ln(y_{j,i,t+k}/y_{j,i,t})/k$），主要核心解释变量是初始劳动生产率对数 $\ln y_{jit}$，表示的是 j 省份 i 行业的初始劳动生产率，以控制初始状态的影响。X 表示的是控制变量，包括资本密度（capital）、企业规模（size）、出口份额（export）、国资份额（public）和外资份额（foreign）。资本密度指标用固定资产净值/就业人数来表示。2000～2015 年的《中国工业统计年鉴》中报告了规模以上按地区分组的各工业行业的"固定资产净值（亿元）"，对于没有报告固定资产净值的年份，我们按照固定资产原值减去折旧计算得出。企业规模以各省份各行业的从业人员数指标替代。报告了规模以上按地区分组的各工业行业的"全部从业人员平均人数（万人）"。出口份额指标用以反映地区—行业出口的比重，按照文献通常的做法，通过计算"地区—行业的出口值/地区—行业的工业销售产值"来加以度量。报告了规模以上按地区分组的各工业行业的"出口值（亿元）"和"工业销售产值（亿元）"。国资份额指标用以反映地区—行业的初始国有投资比重，通过计算"地区—行业国有资本/地区—行业实收资本"来加以度量。报告了规模以上按地区分组的各工业行业的"国有资本（亿元）"和"实收资本（亿元）"。外资份额指标用以反映地区—行业的初始外资投资比重，通过计算"地区—行业外商资本/地区—行业实收资本"来加以度量。报告了规模以上按地区分组的各工业行业的"外商资本（亿元）"和"实收资本（亿元）"。本节中主要变量的统计描述特征如表 5－1 所示。

表 5－1　变量的统计描述

变量	变量名称	观测值	均值	标准差	中位数	最小值	最大值	变异系数
劳动生产率增长率	lný	750	0.168	0.053	0.167	−0.124	0.428	0.316
期初劳动生产率	lny	750	1.084	0.920	1.070	−1.860	4.690	0.848
资本密度	capital	750	10.877	13.417	6.482	0.250	148.517	1.234
企业规模	size	750	6.626	9.199	3.610	0.010	90.240	1.388
出口份额	export	750	0.082	0.122	0.041	0.000	0.841	1.488
国资份额	public	750	0.616	0.442	0.578	0.000	3.667	0.718
外资份额	foreign	750	0.083	0.131	0.020	0.000	0.759	1.577

资料来源：根据 2000～2015 年《中国工业统计年鉴》数据计算所得。

　　本书使用的数据包含二位码行业数据和四位码行业数据，四位码行业是中国目前最细的行业分类，行业的同质性最好。二位码行业数据均来自国家统计局编纂的《中国统计年鉴》《中国工业经济统计年鉴》以及各省份的统计年鉴和国务院发展研究中心信息网，四位码行业数据来源于《中国市场年鉴》和国务院发展研究中心信息网。在现实生活中，由于专业化分工的存在，行业划分会越来越细，但是每个省份并不会包括所有的行业，各个省份中包含的四位码行业范围会出现比较大的差异，因此，在下文的基准分析中，将以二位码行业数据作为基准研究，在稳健性检验中将讨论四位码行业细分对检验结果的影响。

5.1.2 计量结果

5.1.2.1 基准结果

为了避免多重共线性对计量结果的影响，我们利用 30 个省份的 25 个二位码工业行业规模以上数据计算了变量间的相关系数（见表 5 - 2），并进行"方差膨胀因子"（VIF）检验，发现各影响因素之间的相关系数均很小，并且各种自变量的膨胀因子 VIF 值均小于 10，因此变量之间不存在多重共线性问题。在考虑方法选择时，我们首先进行 Humsman 检验，检验结果如表 5 - 2 所示。由于 p 值为 0.000，因此强烈拒绝原假设，认为应该使用固定效应模型，而非随机效应模型。同时，从模型拟合度来看，固定效应模型要优于混合估计和随机效应模型，固定效应不需要严格假定未观测效应与等式右边的解释变量不相关，它允许未观测效应与解释变量可以存在任意的相关关系[183 - 184]，故采用固定效应模型。为了减少异方差的影响，我们对估计结果进行 White 标准误差和协方差调整，以降低可能存在又无法识别的异方差，从而能使估计结果更加准确。我们采用固定效应模型对方程（5 - 7）进行检验的估计结果如表 5 - 3 所示。

表 5 - 2　Humsman 检验结果

变量	(b) FE	(B) RE	(b - B) Difference	Sqrt (diag (v_ b - V_ B)) S. E.
期初劳动生产率	- 0.058	- 0.053	- 0.004	0.003
资本密度	- 0.001	- 0.003	0.002	0.001
企业规模	0.016	0.019	- 0.003	0.004
出口份额	- 0.004	- 0.002	- 0.002	0.002
国资份额	0.005	0.002	0.003	0.002
外资份额	0.002	0.000	0.002	0.001

资料来源：根据 2000 ~ 2015 年《中国工业统计年鉴》数据利用 Stata 软件计算所得。

表 5 – 3　变量的相关性检验

变量	资本密度	企业规模	出口份额	国资份额	外资份额
资本密度	1. 000	—	—	—	—
企业规模	− 0. 049	1. 000	—	—	—
出口份额	− 0. 059	0. 039	1. 000	—	—
国资份额	− 0. 051	− 0. 156	− 0. 046	1. 000	—
外资份额	− 0. 030	0. 064	0. 045	− 0. 018	1. 000

资料来源：根据 2000 ~ 2015 年《中国工业统计年鉴》数据计算所得。

表 5 – 4 是利用固定效应模型对方程（5 – 7）进行横截面回归的结果，这里行业和时期的交叉项变为只加入行业虚拟变量。加入省份虚拟变量和行业虚拟变量不仅能够有效控制其他省份和行业特定的影响因素，克服遗漏重要解释变量的困扰，还能够避免线性估计中的模型识别难题，使缺失性变量引起内生性的可能性大大降低。收敛速度 λ 可以根据 Mankiw 等（1992）[22] 的等式计算，即 $-\beta = -\dfrac{1 - (1 - \lambda)^T}{T}$，其中，$T$ 为样本期所包含的年份数（我们的样本中 T 为 16，即 1999 ~ 2014 年）。由此公式可以发现收敛系数绝对值与收敛速度 λ 成正比，因此收敛系数绝对值越大，代表收敛速度越快。（1）栏是没有加入省份虚拟变量的基准结果，期初劳动生产率的系数为负（− 0. 019）且在 1% 水平上显著，说明中国工业劳动生产率存在绝对收敛。（2）栏是加入省份固定效应和控制变量条件收敛的结果，条件收敛表现的比绝对收敛更加强烈，其收敛系数为负并且绝对值增大为 0. 055。在加入省份虚拟变量和引入资本密度、企业规模、出口份额、国资份额和外资份额后，回归方程的解释能力逐渐加强。在控制变量中，资本密度变量显著为正，这与理论预期相同，说明了资本深化加速了工业劳动生产率增长，资本密度越高的省份和行业，它的劳动生产率增长率就越高。规模变量显著为负，说明期初企业规模越大，劳动生产率增长越缓慢，这说明规模的扩大并没有带来规模效应而使得劳动生产率增长率提高。出口份额显著为负，说明了一个省份的某个行业出口份额初始水平越高，那么这个行业劳动生产率的后续增长就会越缓慢，这与我们的直觉相反。这是由于中国各省份和各行业之间存在着自然资源、产业结构、人口规模和地理位置等多方面的差异，使得各省份和各行业的对外开放程度参差不齐，导致出口对劳动生产率效率提高产生的促进作用并没有体现出来。国资份额变量为

负，说明初始国有资本比重越大，劳动生产率增长越缓慢。这与我们的预期相同，并且符合中国各省份经济发展的现实情况。在市场经济转型过程中，国有产权主要集中在国有企业，国有企业管理机制不灵活、适应市场变化的能力较弱、所有者缺位和缺乏有效的激励监督机制，因此生产效率和盈利能力均不如非国有企业，这些因素将会对劳动生产率产生负的效应（孙亚男和杨名彦，2020）[185]。外资份额变量系数在回归模型中为正且显著，说明外商资本比重对劳动生产率增长具有积极的促进作用。（3）栏是增加了期初劳动生产率的平方项以检验 β 的非线性关系，即对方程（5-8）进行估计。收敛系数仍为负且增大为 0.069，意味着随着期初劳动生产率的增加，劳动生产率的增长速度会减慢，与一般经济理论中的收益递减规律相符。而期初劳动生产率平方项的回归系数为正，但是系数值却相对较小，这说明收敛促使的劳动生产率的增长并不会无限制地增加。

表 5-4 1999~2014 年中国工业劳动生产率收敛性的横截面估计结果

	（1） 绝对收敛	（2） 条件收敛	（3） 加入劳动生产率的平方项
期初劳动生产率	-0.019 *** （0.003）	-0.055 *** （0.004）	-0.069 ** （0.006）
期初劳动生产率的平方	—	—	0.006 ** （0.002）
资本密度	—	0.011 ** （0.004）	0.009 ** （0.005）
企业规模	—	-0.005 ** （0.003）	-0.005 ** （0.003）
出口份额	—	-0.001 （0.001）	-0.001 （0.001）
国资份额	—	-0.001 （0.003）	-0.001 （0.003）
外资份额	—	0.002 ** （0.001）	0.002 ** （0.001）
省份虚拟变量	否	是	是
行业虚拟变量	是	是	是

续表

	(1) 绝对收敛	(2) 条件收敛	(3) 加入劳动生产率的平方项
R^2	0.549	0.674	0.688
样本数	750	750	750

注：参数估计值下面括号中的数字表示稳健标准误，＊＊＊、＊＊和＊分别表示在1%、5%和10%的水平上显著。

5.1.2.2 稳健性检验

为了确保中国工业整体劳动生产率存在绝对收敛和条件收敛这一结论的可靠性，我们采用一系列方法对其稳健性进行检验。在表5-5的稳健性检验（1）中，我们检验了样本期限的选择是否会改变之前的结果。我们仍采用1999年作为期初，但对期末的年份进行更换。我们分别考察了样本期为11年（2009年结束）、12年（2010年结束）、13年（2011年结束）、14年（2012年结束）和15年（2013年结束）时的收敛情况。我们同样使用固定效应模型对方程（5-7）进行回归，得出不同期限的中国工业劳动生产率收敛的横截面估计结果，如表5-5所示。可以看到，中国工业劳动生产率的收敛性对于样本期限的选择保持了高度的稳健性。不管期限是11年期、12年期、13年期、14年期还是15年期，绝对收敛系数和条件收敛系数均保持负数且在1%水平上显著。

在表5-6的稳健性检验（2）中，我们考察了使用面板数据是否会改变之前的估计结果。为了在最大程度上使用数据当中的信息，同时避免商业周期波动带来的影响，估计面板数据时一般把整个样本时间段细分为几个较短的时间段，解释变量使用每个时间段的首位观测进行分析。Islam（1995）[186]认为，使用每隔几年的数据作为样本的话，回归方程中的干扰项就会免于商业周期的影响，并且不太可能出现干扰项之间的自相关性很强的情况。时间段的划分没有固定的标准，如Islam（1995）[186]划分为5年一段，Rivera和Currais（2004）[187]划分为4年一段。考虑到不至于使划分后时间段过少和考察时期的长度过短，我们将样本平均划分为三个时间段，即每一时间段长度为6年，具体是1999~2004年、2004~2009年、2009~2014年这三个6年时期（$k=5$）

表 5-5 稳健性检验（1）：不同期限的中国工业劳动生产率收敛的横截面估计结果

解释变量	(1)	(2)	(3)	(4)	(5)	(6)	(7)	(8)	(9)	(10)
	T+10	T+10	T+11	T+11	T+12	T+12	T+13	T+13	T+14	T+14
	绝对收敛	条件收敛	绝对收敛	条件收敛	绝对收敛	条件收敛	绝对收敛	条件收敛	绝对收敛	条件收敛
期初劳动生产率	-0.021***	-0.068***	-0.018***	-0.067***	-0.016***	-0.059***	-0.015***	-0.070***	-0.020***	-0.064***
	(0.004)	(0.004)	(0.004)	(0.004)	(0.004)	(0.004)	(0.003)	(0.004)	(0.003)	(0.004)
常数项	0.206***	0.256***	0.225***	0.236***	0.206***	0.279***	0.194***	0.289***	0.193***	0.268***
	(0.014)	(0.023)	(0.013)	(0.022)	(0.013)	(0.020)	(0.013)	(0.022)	(0.012)	(0.019)
行业虚拟变量	是	是	是	是	是	是	是	是	是	是
省份虚拟变量	否	是	否	是	否	是	否	是	否	是
R^2	0.437	0.651	0.501	0.667	0.551	0.691	0.470	0.702	0.517	0.768
样本数	750	750	750	750	750	750	750	750	750	750

注：参数估计值下面括号中的数字表示稳健标准误，***、**和*分别表示在1%、5%和10%的水平上显著。

组成面板回归，这样就可以兼顾其静态和动态特征并增大样本量，还可以探求不同时间段的收敛性。为了避免遗漏重要解释变量，本书使用双向固定效应模型。双向固定效应能够有效控制其他省份和行业特定的影响因素，这不仅能够克服遗漏重要解释变量的困扰，还能够避免线性估计中的模型识别难题。为了减小异方差对估计结果的影响，我们对估计结果进行 White 标准误差和协方差调整，从而消除了异方差的影响，使估计结果更为可靠。

表 5 - 6　稳健性检验（2）：中国工业劳动生产率收敛的面板数据估计结果

解释变量	(1)	(2)	(3)
	绝对收敛	条件收敛	时期与期初生产率的交互项
期初劳动生产率（1999～2014 年）	-0.156**	-0.166**	-0.131**
	(0.005)	(0.008)	(0.009)
期初劳动生产率×时期（2004～2009 年）	—	—	-0.036**
			(0.006)
期初劳动生产率×时期（2009～2014 年）	—	—	-0.089**
			(0.001)
资本密度	—	0.022**	0.017*
		(0.011)	(0.01)
企业规模	—	-0.029**	-0.012*
		(0.009)	(0.002)
出口份额	—	-0.015**	-0.017**
		(0.005)	(0.004)
国资份额	—	-0.006*	-0.001
		(0.004)	(0.087)
外资份额	—	0.002	0.003
		(0.003)	(0.03)
省份固定效应	否	是	是
行业固定效应	是	是	是
时期固定效应	是	是	是
R^2	0.439	0.453	0.505
样本数	2181	2181	2181

注：参数估计值下面括号中的数字表示稳健标准误，***、**和*分别表示在1%、5%和10%的水平上显著。

表5－6为利用双向固定效应模型对中国工业劳动生产率收敛的面板数据估计结果，可以看出绝对收敛和条件收敛系数仍为负且在5%水平上显著，这同样可得出中国工业劳动生产率存在显著收敛的结果。其中，（1）栏中的绝对 β 系数绝对值（0.156）比横截面回归中绝对 β 系数绝对值（0.019）要大得多。（2）栏中加入一般控制因素和省份虚拟变量后，条件 β 系数绝对值增大到0.166，条件收敛表现得更加显著。（3）栏是将期初劳动生产率与时期虚拟变量的交互项引入回归方程中，通过用时期固定效应控制不同时期的差异性（如短期冲击的影响），来考察三个时期（1999～2004年、2004～2009年、2009～2014年）工业劳动生产率收敛速度差异的结果。具体地，设置1999～2004年为基准组，引入2004～2009年、2009～2014年与初始劳动生产率的交互项，那么初始劳动生产率系数即为1999～2004年的收敛系数，其他两个时期的收敛系数为各自的收敛系数加上基准组的收敛系数计算得出。可以看出，2005年以后，中国工业劳动生产率收敛趋势表现得更加强烈，这与Wei（2014）[4] 和 Anderson 等（2013）[2] 的研究结论相一致。2004～2009年和2009～2014年都呈现出条件收敛，2009～2014年的收敛速度（收敛系数绝对值为0.089）比2004～2009年（收敛系数绝对值为0.03）更快。这与我们的预期一致，因为随着全球化和全球生产网络的扩大，技术溢出效应会日益增多，引起不发达省份向发达省份经济追赶的加速，并且随着人力资本和技术溢出效应的累积，落后省份吸收先进技术和知识的能力日益增强，因而使得收敛速度加快。

　　在表5－7的稳健性检验（3）中，我们将行业进行更细的划分，利用30个省份的四位码工业行业数据重新对方程（5－7）进行估计，看是否会改变之前的估计结果，估计结果如表5－7所示。从表5－7的估计结果可以看出，无论是采用哪种行业细分程度（二位码行业和四位码行业），收敛系数仍然保持负显著，其中以四位码行业数据计算的绝对收敛系数为 -0.001，条件收敛系数为 -0.002，并且均在1%水平上显著。以上的分析表明，中国工业劳动生产率存在较强的绝对收敛特征。我们所得出的中国工业劳动生产率表现出强烈的绝对收敛与以往研究中所得出的中国区域经济差异日益加大的结论形成了鲜明的对比。它确认了 Rodrik（2013）[6] 分析的跨国家制造业收敛性中得出的结论，即当经济整体不会呈现收敛性时，这种强烈的收敛性可能仍会存在于制造业乃至工业行业中。Rodrik 认为，整体经济活动之所以不会呈现绝对收敛的原因是工业的就业份额在相对贫穷的经济体中占的份额更低，但是随着经济的发展该就业份额比重会显著增加。中国的统计数据确认了这个模式，在相对落后的省份如西部的云南和内蒙古，2014年工业就业份额只有16%和27%，而上海、浙江和江苏等相对发达省份的就业份额较高，分别是33%、40%和45%，意味着工业就业份额的提高可以促使经济发展进而驱动经济收敛。

表5-7　稳健性检验（3）：不同行业细分的中国工业劳动生产率的横截面估计结果

	四位码行业		二位码行业	
	（1）	（2）	（1）	（2）
	绝对收敛	条件收敛	绝对收敛	条件收敛
期初劳动生产率	-0.001***	-0.002***	-0.019***	-0.055***
	(0.000)	(0.000)	(0.004)	(0.004)
常数项	0.387***	0.429***	0.195***	0.268***
	(0.017)	(0.021)	(0.013)	(0.019)
省份虚拟变量	否	是	否	是
行业虚拟变量	是	是	是	是
R^2	0.628	0.517	0.549	0.674
样本数	3100	3100	750	750

注：参数估计值下面括号中的数字表示稳健标准误，***、**和*分别表示在1%、5%和10%的水平上显著。

5.2　分区域中国工业劳动生产率收敛性的检验

客观来讲，由于中国各区域的地理位置、资源禀赋、经济条件、市场容量、技术水平和制度环境等不同，中国工业发展存在着巨大的区域差异，不同区域劳动生产率增长也会不同，第4章通过对中国不同区域的劳动生产率进行描述性统计分析后发现，四大区域的劳动生产率及其增长率存在着显著差异，但是区域内的劳动生产率均呈显著的收敛特征，因此本节将对分区域劳动生产率的收敛性进行检验，考察是否会有多重均衡状态问题。

5.2.1 模型设定与变量界定

中国地域广阔，各区域的自然资源禀赋、经济条件以及市场容量都不尽相同。为了控制这些因素，我们将沿海区域作为基准组，依次引入西部区域、中部区域和东北区域与期初劳动生产率的交互项进行回归，这种设定对应于经济收敛文献中的"俱乐部收敛"。Galor（1996）[188]认为，俱乐部收敛指的是初期经济发展水平接近的经济集团各自内部的不同经济系统之间，在具有相似的结构特征前提下趋于收敛，并将这种现象归结于微观层面上劳动要素禀赋的异质性。俱乐部收敛允许控制变量系数在不同区域有所不同，回归方程设计如下：

$$\ln\dot{y}_{jit} = \alpha + \beta\ln y_{jit} + \beta_1\ln y_{jit} \times D_1 + \beta_2\ln y_{jit} \times D_2 + \beta_3\ln y_{jit} \times D_3 + \xi X + D_j + D_i + \varepsilon_{jit} \tag{5-9}$$

其中，j 为省份，i 为行业，t 为时间。$\ln\dot{y}_{jit}$ 为第 t 至第 $t+k$ 年 j 省区 i 行业的劳动生产率年平均增长率对数，$\ln\dot{y}_{jit} = \ln\left(y_{j,i,t+k}/y_{j,i,t}\right)/k$。$\ln y_{jit}$ 为 j 省份 i 行业的初始劳动生产率对数，代表初始的发展水平，β 是收敛系数。D_1、D_2 和 D_3 分别为东北区域、中部区域和西部区域虚拟变量。D_j 为所有不随时间和行业变化的省份固定效应，以控制影响省份中行业增长的省份特征或冲击，D_i 为不随时间和省份变化的行业固定效应，控制具有不同生产技术的行业之间的差异。ε_{jit} 为随机误差项，它与其他解释变量不相关，并能捕捉对劳动生产率增长率影响的所有其他异质性因素。X 表示的是控制变量，包括资本密度（capital）、企业规模（size）、出口份额（export）、国资份额（public）和外资份额（foreign）。这些变量的界定与 5.1.1 节保持一致，这里不再赘述。各区域主要变量的统计特征如表 5-8 所示。

表 5-8 变量的统计描述

区域	变量	观测值	均值	标准差	中位数	最小值	最大值	变异系数
沿海	$\ln\dot{y}$	235	0.143	0.054	0.140	-0.124	0.344	0.375
	$\ln y$	235	1.492	0.925	1.464	-1.629	4.690	0.620
	capital	235	14.222	16.564	8.074	0.898	92.835	1.165
	size	235	9.371	12.292	5.270	0.010	90.240	1.312

区域	变量	观测值	均值	标准差	中位数	最小值	最大值	变异系数
沿海	export	235	0.136	0.164	0.081	0.000	0.841	1.203
	public	235	0.479	0.511	0.323	0.000	3.517	1.067
	foreign	235	0.168	0.169	0.132	0.000	0.759	1.007
中部	$\ln\dot{y}$	122	0.172	0.036	0.178	0.045	0.276	0.211
	lny	122	1.044	0.734	0.957	−0.404	3.776	0.703
	capital	122	8.400	8.675	5.438	1.729	58.466	1.033
	size	122	7.802	8.309	5.020	0.170	48.390	1.065
	export	122	0.057	0.058	0.046	0.000	0.300	1.021
	public	122	0.631	0.312	0.609	0.000	0.988	0.494
	foreign	122	0.048	0.084	0.009	0.000	0.502	1.749
东北	$\ln\dot{y}$	75	0.177	0.053	0.180	0.037	0.298	0.299
	lny	75	0.903	0.887	0.913	−0.801	3.608	0.983
	capital	75	10.086	8.914	7.011	0.250	45.850	0.884
	size	75	7.290	7.579	4.440	0.040	40.570	1.040
	export	75	0.073	0.116	0.024	0.000	0.665	1.600
	public	75	0.637	0.343	0.601	0.000	2.038	0.538
	foreign	75	0.087	0.131	0.026	0.000	0.486	1.497
西部	$\ln\dot{y}$	285	0.184	0.051	0.179	0.013	0.428	0.278
	lny	285	0.814	0.879	0.761	−1.860	4.537	1.080
	capital	285	9.393	12.680	5.812	0.500	48.517	1.350
	size	285	3.695	5.393	1.875	0.010	64.560	1.459
	export	285	0.050	0.080	0.021	0.000	0.582	1.609
	public	285	0.715	0.423	0.671	0.000	3.667	0.592
	foreign	285	0.028	0.056	0.003	0.000	0.601	2.006

资料来源：根据 2000~2015 年《中国工业统计年鉴》数据计算所得。

5.2.2 计量结果

5.2.2.1 基准结果

在方程（5-9）中，设置沿海区域为基准组，通过加入东北区域、中部区域和西部区域与期初劳动生产率的交互项来考察四大区域内是否存在俱乐部收敛。我们仍将 1999 年作为初始年，样本末期设为 2014 年，利用双向固定效应模型对方程（5-9）进行估计，估计结果如表 5-9 所示。

表 5-9 1999~2014 年中国四大区域俱乐部收敛的估计结果

解释变量	劳动生产率的年均增长率（省份—行业）	
	（1）绝对收敛	（2）条件收敛
期初劳动生产率	-0.013 *** (0.003)	-0.014 *** (0.004)
期初劳动生产率×西部	-0.011 ** (0.004)	-0.008 * (0.006)
期初劳动生产率×中部	-0.012 ** (0.007)	-0.011 * (0.005)
期初劳动生产率×东北	-0.018 ** (0.006)	-0.015 * (0.006)
资本密度	—	0.001 (0.000)
企业规模	—	-0.001 ** (0.000)
出口份额	—	-0.032 ** (0.017)
国资份额	—	0.030 * (0.007)
外资份额	—	-0.025 (0.002)
省份固定效应	是	是
行业固定效应	是	是
R^2	0.433	0.676
样本数	750	750

注：参数估计值下面括号中的数字表示稳健标准误，***、**和*分别表示在1%、5%和10%的水平上显著。

表 5-9 是中国四大区域（沿海、中部、西部和东北）工业劳动生产率的俱乐部收敛估计结果。其中沿海区域作为基准组，劳动生产率初期的系数即为

沿海区域的收敛系数，其他三个区域的收敛系数是将各自的系数加上基准组的收敛系数计算得出。表5-9的（1）栏显示，期初劳动生产率和交互项的系数均是负数且显著，这说明中国四大区域内的劳动生产率均呈显著的绝对收敛特征。其中内陆三个区域的收敛系数均大于沿海区域，东北区域的收敛系数（-0.031）绝对值是最大的，说明东北区域收敛速度最快，其次是中部区域和西部区域，收敛系数分别为-0.025和-0.024，而沿海区域收敛速度最慢，收敛系数为-0.013。（2）栏条件收敛中，当资本密度企业规模、出口份额、国资份额和外资份额等指标被控制后，仍然可以发现与绝对收敛速度相同的特征，但是相对落后的西部区域与发达沿海区域的收敛速度差异却变小了，这意味着西部各省份在追赶发达沿海省份的过程中面临着更多的困难，这很可能与落后区域存在有限的人力资本有关。以上结果意味着，中国四大区域内部的收敛迹象均十分显著，均呈现显著的俱乐部收敛特征。同时，由于内陆区域的收敛速度大于沿海区域收敛速度，说明四大区域之间的差距也在逐渐缩小，这意味着内陆省份正在利用其落后优势对沿海省份进行追赶。

5.2.2.2 稳健性检验

为了确保中国工业分区域劳动生产率存在俱乐部收敛这一结论的可靠性，我们采用了一系列方法对其稳健性进行检验。在表5-10稳健性检验（1）中，我们检验了样本期限的选择是否会改变之前的结果。我们仍采用1999年作为期初，但对期末的年份进行了更换。我们分别考察了样本期为11年（2009年结束）、12年（2010年结束）、13年（2011年结束）、14年（2012年结束）和15年（2013年结束）时的收敛情况。我们同样使用双向固定效应模型对方程（5-9）进行回归，得出不同期限的中国四大区域工业劳动生产率俱乐部收敛的估计结果，如表5-10所示。从表5-10的结果可以看到，中国分区域工业劳动生产率的收敛性对于样本期限的选择保持了高度的稳健性。不管样本期限是11年期、12年期、13年期、14年期还是15年期，中国四大区域内劳动生产率的绝对收敛系数和条件收敛系数均保持负数，说明中国四大区域各自内部的收敛特征明显，均呈现俱乐部收敛。我们仍然得出东北区域收敛速度最快，其次是中部区域和西部区域，沿海区域收敛速度最慢。同时可以看出，中部在以2009年和2010年为末期的绝对收敛和条件收敛中，交互项系数为负但是并没有通过显著性检验，说明中部区域在2010年之前收敛迹象并不显著，但是在以2011年、2012年以及2013年为末期的绝对收敛和条件收敛

表5-10 稳健性检验（1）：不同期限的中国工业四大区域劳动生产率收敛的横截面估计结果

解释变量	(1)	(2)	(3)	(4)	(5)	(6)	(7)	(8)	(9)	(10)
	T+10	T+10	T+11	T+11	T+12	T+12	T+13	T+13	T+14	T+14
	绝对收敛	条件收敛	绝对收敛	条件收敛	绝对收敛	条件收敛	绝对收敛	条件收敛	绝对收敛	条件收敛
期初劳动生产率	-0.013*** (0.004)	-0.015*** (0.005)	-0.010*** (0.004)	-0.012*** (0.005)	-0.008** (0.004)	-0.009*** (0.005)	-0.008** (0.004)	-0.010** (0.005)	-0.013*** (0.004)	-0.014*** (0.005)
期初劳动生产率×西部	-0.013* (0.005)	-0.008* (0.023)	-0.013** (0.005)	-0.008* (0.022)	-0.014** (0.005)	-0.009* (0.023)	-0.012* (0.005)	-0.008 (0.005)	-0.013** (0.005)	-0.009* (0.023)
期初劳动生产率×中部	-0.013 (0.008)	-0.012 (0.009)	-0.013 (0.009)	-0.012 (0.008)	-0.019** (0.008)	-0.018** (0.009)	-0.016** (0.008)	-0.016** (0.008)	-0.011* (0.0078)	-0.011* (0.009)
期初劳动生产率×东北	-0.029** (0.008)	-0.024** (0.008)	-0.033*** (0.008)	-0.029** (0.008)	-0.025** (0.008)	-0.021** (0.008)	-0.026** (0.008)	-0.023** (0.008)	-0.021** (0.008)	-0.017** (0.008)
行业虚拟变量	是	是	是	是	是	是	是	是	是	是
省份虚拟变量	是	是	是	是	是	是	是	是	是	是
R^2	0.428	0.536	0.428	0.667	0.551	0.691	0.470	0.702	0.517	0.768
样本数	750	750	750	750	750	750	750	750	750	750

注：参数估计值下面括号中的数字表示稳健标准误，***，**和*分别表示在1%，5%和10%的水平上显著。

中，中部交互项系数为负且均通过了显著性检验，说明中部区域的俱乐部收敛特征在 2011 年之后才变得显著。

在表 5 - 11 稳健性检验（2）中，我们使用面板数据进行分组回归来看是否改变俱乐部收敛的结果。面板数据具体划分和 5.1.3 节一样，同样利用 1999 ~ 2004 年、2004 ~ 2009 年、2009 ~ 2014 这三个 6 年时期（$k = 5$）组成的面板数据，这不仅可以避免商业周期波动带来的影响，还可以兼顾其静态和动态特征并增大样本量，结果如表 5 - 11 所示。表 5 - 11 是对中国沿海区域、中部区域、东北区域和西部区域四大区域内各省份—行业的劳动生产率收敛的分组回归结果。每组回归估计的（1）栏显示，四大区域劳动生产率的初始水平的系数均为负值，并通过了 1% 的显著性水平检验，说明四大区域内劳动生产率均存在绝对收敛。（2）栏是加入控制变量后的条件收敛估计结果，发现收敛系数均比绝对收敛系数大，说明条件收敛速度更快。具体地，东北区域的绝对收敛系数和条件收敛系数的绝对值均是四大区域中最大的，分别是 0.115 和 0.329，说明东北区域在四大区域中收敛速度最快，其次是沿海区域和中部区域，绝对收敛系数绝对值分别为 0.078 和 0.064，条件收敛系数绝对值分别为 0.136 和 0.131，而西部区域收敛速度相对较慢，绝对收敛和条件收敛系数绝对值仅为 0.055 和 0.093。

表 5 - 11　稳健性检验（2）：中国工业四大区域劳动生产率俱乐部收敛的面板估计结果

解释变量	沿海		中部		东北		西部	
	(1)	(2)	(1)	(2)	(1)	(2)	(1)	(2)
	绝对收敛	条件收敛	绝对收敛	条件收敛	绝对收敛	条件收敛	绝对收敛	条件收敛
期初劳动生产率	- 0.078 **	- 0.136 ***	- 0.064 **	- 0.131 ***	- 0.115 ***	- 0.329 ***	- 0.055 ***	- 0.093 ***
	(0.004)	(0.011)	(0.004)	(0.014)	(0.012)	(0.043)	(0.004)	(0.009)
资本密度	—	0.013		- 0.032 **		0.021 **		0.060 ***
		(0.013)		(0.006)		(0.053)		(0.015)
企业规模		- 0.003		- 0.027 **		- 0.143 ***		0.003
		(0.010)		(0.010)		(0.046)		(0.015)
出口份额	—	- 0.015 **		0.007		- 0.046 **		- 0.018 **
		(0.008)		(0.006)		(0.022)		(0.005)
国资份额		- 0.003		- 0.004		- 0.003 *		- 0.014 **
		(0.005)		(0.006)		(0.019)		(0.006)

续表

解释变量	沿海		中部		东北		西部	
	(1)	(2)	(1)	(2)	(1)	(2)	(1)	(2)
	绝对收敛	条件收敛	绝对收敛	条件收敛	绝对收敛	条件收敛	绝对收敛	条件收敛
外资份额	—	−0.001 (0.004)	—	−0.006*** (0.003)	—	0.007 (0.014)	—	0.002 (0.004)
省份固定效应	否	是	否	是	否	是	否	是
行业固定效应	是	是	是	是	是	是	是	是
R^2	0.456	0.546	0.551	0.692	0.449	0.603	0.451	0.523
样本数	715	715	366	366	160	160	878	878

注：参数估计值下面括号中的数字表示稳健标准误，***、**和*分别表示在1%、5%和10%的水平上显著。

在表5-12稳健性检验（3）中，我们将行业进行更细程度的划分，利用30个省份的100个四位码行业数据采用固定效应模型重新对每个区域进行方程（5-9）收敛估计，如表5-12所示。结果同样发现，四大区域均存在俱乐部收敛，并且东北区域、中部区域和西部区域的收敛速度均比沿海区域快，其中东北区域和中部区域的收敛速度相对较快，绝对收敛系数绝对值均为0.006，条件收敛系数绝对值分别为0.006和0.007，西部区域的绝对收敛和条件收敛系数绝对值均为0.003，而沿海区域的绝对收敛和条件收敛相对最慢，收敛系数绝对值均为0.001。

表5-12　稳健性检验（3）：四位码行业中四大区域工业劳动
生产率收敛的横截面估计结果

区域	沿海		中部	
	(1)	(2)	(1)	(2)
	绝对收敛	条件收敛	绝对收敛	条件收敛
期初劳动生产率	−0.001*** (0.000)	−0.001*** (0.000)	−0.006*** (0.001)	−0.007*** (0.001)
常数项	0.367*** (0.034)	0.355*** (0.035)	0.384*** (0.028)	0.378*** (0.038)
行业虚拟变量	是	是	是	是
省份虚拟变量	否	是	否	是
观测值	1001	1001	499	499
R^2	0.563	0.527	0.574	0.608

续表

区域	东北		西部	
	(1)	(2)	(1)	(2)
	绝对收敛	条件收敛	绝对收敛	条件收敛
期初劳动生产率	-0.006***	-0.006***	-0.003***	-0.003***
	(0.001)	(0.001)	(0.000)	(0.000)
常数项	0.385***	0.408***	0.406***	0.418***
	(0.045)	(0.071)	(0.025)	(0.030)
行业虚拟变量	是	是	是	是
省份虚拟变量	否	是	否	是
观测值	300	300	1199	1199
R^2	0.661	0.689	0.527	0.583

注: 参数估计值下面括号中的数字表示稳健标准误, ***、**和*分别表示在1%、5%和10%的水平上显著。

上述结果意味着中国不同区域不仅存在着俱乐部收敛, 跨区域间的差异也在不断缩小, 这说明内陆区域正在利用其"落后优势"追赶沿海区域, 究其原因包括以下三个方面: ①2000年之后, 随着国家经济实力的增强, 政府为了缩小沿海区域与内陆区域的经济发展差距, 提出了"西部大开发"等可持续发展战略, 越来越多的政府投资(包括资金和技术)转向内陆区域, 使得内陆区域的工业增加值不断上升, 而沿海区域的工业增加值份额开始下降, 2011年沿海区域对中国工业增加值的贡献几乎与1999年一样, 之后才缓慢上升。②随着人口发展趋势和城市化进程的加快, 沿海区域劳动力成本逐渐加大, 资源相对短缺, 使得沿海区域失去了传统工业行业的优势。劳动力成本和土地成本的加大将继续使工业行业的优势从沿海区域转移到内陆区域, 加速内陆各省份的工业发展。③从区域专业化发展趋势来看, 由于自然资源的禀赋差异, 内陆区域的主导行业是矿业和能源领域, 该领域占国民生产的60%。2004年之前, 内陆区域该行业的产出相比沿海区域要低得多, 之后开始上升, 从2004年的31%上升到2014年的45%。而在大部分的工业细分行业中, 内陆区域的产出贡献在2004年之后呈上升趋势, 这意味着沿海区域的部分行业向内陆区域实施阶梯式转移, 实现了资源的再分配, 这使得接受沿海区域行业转移的内陆区域的经济增长速度可能超过沿海区域。我们得到的中国工业分区域劳动生产率存在收敛特征与以往文献中得出的区域人均 GDP 差距扩大呈鲜明的对比。这是因为，中国不同区域的人均 GDP 之所以没有出现绝对收敛并不是由于工业行业发展差距导致的；相反，我们得到中国工业分省份的劳动生产率差异在不断缩小，呈收敛的趋势。中国区域人均 GDP 之所以没有呈现绝对收敛，主要原因在于两个方面：①劳动生产率效应可以分解为产业纯生产率效应、产业结构效应和产业配置效应，区域的经济发展差距不仅取决于产业的纯生产率效应，而产业结构效应和配置效应的发展趋势也会影响到区域人均 GDP 的收敛性。目前，中国还处于经济转型时期，存在着各项制度并不完善和要素流动的不合理，这使得产业结构效应和配置效应是发散的。如果这种发散效应大于收敛效应，那么整个经济的人均 GDP 就会是发散的。②随着技术水平的不断提高，与技术相配套的物质资本的技术含量也会随之提升，即存在物化型的技术进步。劳动生产率的提高有可能使劳均资本存量对人均 GDP 的贡献是发散的。这是因为，不同劳动生产率水平区域的劳均资本对于人均 GDP 贡献的增加值是不一样的。劳动生产率越高的区域劳均资本对产出贡献的增加值要大于劳动生产率越低的区域，即劳动生产率的提高有可能使劳均资本存量对产出的贡献发散。因此，即使中国发达沿海区域和落后内陆区域的劳动生产率均存在收敛，但是如果技术创新效率提高所带来的物化型技术进步对劳动生产率收敛的影响小于其对劳均资本存量对产出贡献发散的影响，进而就会使经济整体增长趋于发散。

5.3　分行业中国工业劳动生产率收敛性的检验

5.2 节分析了中国工业分区域劳动生产率收敛的异质性，本节则是考察整体经济之下各工业行业劳动生产率收敛性质的差异。通过对第 4 章的 4.3 节考察中国工业不同行业劳动生产率的变动特征发现，中国工业不同细分行业的劳动生产率及其增长率存在着显著差异。由于中国不同工业行业之间存在技术投入等差距，不同行业劳动生产率增长也会不同，故需要对单个行业分别进行收敛性检验。

5.3.1 模型设定与变量界定

由于工业各行业之间的性质、规模、资本密集度及技术含量都不尽相同，为了进行进一步的行业对比，本书参考联合国制定并审议通过的《国际标准产业分类》（ISIC Rew 3.0）的分类，按照 OECD 技术划分产品的标准和世界银行的分类方法将工业行业划分为高技术行业和中低技术行业。其中高技术行业包括化学原料及化学品制造业，医药制造业，化学纤维制造业，通用设备制造业，专用设备制造业，铁路、船舶、航空航天和其他运输设备制造业，电气机械和器材制造业，计算机通信和其他电子设备制造业及仪器仪表机械制造业9 个行业；其他工业行业为中低技术行业。为了比较高技术行业和中低技术行业劳动生产率收敛的差异，我们在 Rodrik（2013）[6] 方法的基础上构造以下计量方程：

$$\ln \dot{y}_{jit} = \alpha + \beta \ln y_{jit} + \beta_1 \ln y_{jit} \times D_1 + \xi X + D_j + D_i + \varepsilon_{jit} \qquad (5-10)$$

其中，j 为省份，i 为行业，t 为时间。$\ln \dot{y}_{jit}$ 为第 t 至第 $t+k$ 年 j 省份 i 行业的劳动生产率年平均增长率对数，$\ln \dot{y}_{jit} = \ln (y_{j,i,t+k} / y_{j,i,t}) / k$。$\ln y_{jit}$ 为 j 省份 i 行业的初始劳动生产率对数，代表初始的发展水平，β 为收敛系数。我们将中低技术行业设为基准组，引入高技术行业与期初劳动生产率的交互项来考察不同行业类型劳动生产率的收敛特征。D_1 为高技术行业虚拟变量。D_j 为所有不随时间和行业变化的省份固定效应，以控制影响省份中行业增长的省份特征或冲击，D_i 为不随时间和省份变化的行业固定效应，控制具有不同生产技术的行业之间的差异。ε_{jit} 为随机误差项，它与其他解释变量不相关，并能捕捉对劳动生产率增长率影响的所有其他异质性因素。X 表示的是控制变量，包括资本密度（capital）、企业规模（size）、出口份额（export）、国资份额（public）和外资份额（foreign）。变量的界定与 5.1.1 节保持一致，这里不再赘述。高技术行业和中低技术行业主要变量的统计描述如表 5-13 所示。

表 5-13　变量的统计描述

行业类型	变量	观测值	均值	标准差	中位数	最小值	最大值	变异系数
高技术行业	$\ln \dot{y}$	270	0.131	0.078	0.132	-0.155	0.517	0.591
	$\ln y$	270	0.924	0.796	0.935	-1.730	3.570	0.862
	capital	270	8.075	7.510	5.740	0.500	59.670	0.930

续表

行业类型	变量	观测值	均值	标准差	中位数	最小值	最大值	变异系数
高技术行业	size	270	6.769	8.492	3.840	0.010	61.960	1.255
	export	270	0.122	0.154	0.065	0.000	0.841	1.266
	public	270	0.700	0.607	0.582	0.000	3.667	0.867
	foreign	270	0.112	0.144	0.051	0.000	0.759	1.286
中低技术行业	$\ln \dot{y}$	480	0.164	0.060	0.167	0.025	0.386	0.365
	lny	480	1.140	1.036	1.099	−1.860	6.685	0.909
	capital	480	12.040	15.505	6.930	0.250	148.517	1.288
	size	480	6.127	9.425	3.160	0.010	90.240	1.538
	export	480	0.054	0.087	0.017	0.000	0.582	1.599
	public	480	0.549	0.310	0.560	0.000	1.000	0.565
	foreign	480	0.062	0.118	0.007	0.000	0.751	1.899

资料来源：根据 2000～2015 年《中国工业统计年鉴》利用 Stata 软件计算所得。

5.3.2 计量结果

5.3.2.1 基准结果

在方程（5－10）中，通过设置中低技术行业为基准组，加入高技术行业与期初劳动生产率的交互项来考察高技术行业和中低技术行业的收敛特征。我们仍将 1999 年作为初始年，样本末期设为 2014 年，利用双向固定效应模型对方程（5－10）进行估计，估计结果如表 5－14 所示。

表 5－14　1999～2014 年中国分行业类型劳动生产率收敛性的横截面估计结果

解释变量	劳动生产率的年均增长率（省份—行业）	
	（1）绝对收敛	（2）条件收敛
期初劳动生产率	−0.015 ***	−0.052 ***
	(0.003)	(0.005)
期初劳动生产率 × 高技术行业	−0.035 **	−0.015 *
	(0.004)	(0.005)
资本密度	—	0.002
		(0.004)

解释变量	劳动生产率的年均增长率（省份—行业）	
	（1）绝对收敛	（2）条件收敛
企业规模	—	0.001 （0.002）
出口份额	—	−0.003** （0.001）
国资份额	—	0.000 （0.007）
外资份额	—	0.001* （0.001）
省份固定效应	是	是
行业固定效应	是	是
R^2	0.678	0.716
样本数	750	750

注：参数估计值下面括号中的数字表示稳健标准误，***、**和*分别表示在1%、5%和10%的水平上显著。

表5－14是中国高技术行业和中低技术行业劳动生产率收敛性的横截面估计结果，其中将中低技术行业作为基准组，期初劳动生产率的系数即中低技术行业的收敛系数，高技术行业的收敛系数是将交互项的系数加上基准组的收敛系数计算得出。表5－14的（1）栏显示，期初劳动生产率的系数和交互项的系数均是负数且显著，说明中国高技术行业和中低技术行业的劳动生产率均呈显著的绝对收敛特征。高技术行业的收敛系数绝对值（0.050）要比中低技术行业的收敛系数绝对值（0.015）大，这意味着高技术行业的收敛速度明显要大于中低技术行业的收敛速度。（2）栏是加入省份固定效应的条件收敛结果，当资本密度、企业规模、出口份额、国资份额和外资份额等指标被控制后，仍然可以发现相同的特征，但是高技术行业和中低技术行业的收敛速度差异缩小了。同时，与以工业整体为考察样本时得出的条件收敛系数绝对值（0.055）相比，高技术行业的收敛系数绝对值（0.067）要大于以工业整体为考察样本时得出的条件收敛系数绝对值（0.055），中低技术行业的收敛系数绝对值（0.052）要小于工业整体的收敛系数绝对值（0.055）。以上结果意味着高技

术行业的收敛速度要大于中低技术行业的收敛速度，这是由于高技术行业内经济的同质性会比中低技术行业之间表现得更强，技术扩散也会更加容易，所以收敛速度会更快。

5.3.2.2　稳健性检验

为了确保中国工业分行业劳动生产率存在绝对收敛和条件收敛这一结论的可靠性，我们采用一系列方法对其稳健性进行检验。在表 5 - 15 的稳健性检验（1）中，我们检验了样本期限的选择是否会改变之前的结果。我们仍采用 1999 年作为期初，但对期末的年份进行更换。我们分别考察了样本期为 11 年（2009 年结束）、12 年（2010 年结束）、13 年（2011 年结束）、14 年（2012 年结束）和 15 年（2013 年结束）时的收敛情况，估计结果如表 5 - 15 所示。从表 5 - 15 可以看到，中国工业分行业类型劳动生产率的收敛性对于期限的选择保持了高度的稳健性。不管考察期限是 11 年期、12 年期、13 年期、14 年期还是 15 年期，高技术行业和中低技术行业劳动生产率均存在显著的绝对收敛和条件收敛，其中高技术行业的收敛速度快于中低技术行业的收敛速度。

在表 5 - 16 的稳健性检验（2）中，我们使用面板数据进行分组回归来看是否改变之前的结果。面板数据具体划分和 5.1.3 节一样，同样利用 1999 ~ 2004 年、2004 ~ 2009 年、2009 ~ 2014 年这三个时期（$k = 5$）组成的面板数据，估计结果如表 5 - 16 所示。通过比较表 5 - 16 高技术行业和中低技术行业中（1）栏的绝对 β 系数可以看出，在高技术行业面板数据中计算的 β 系数（ - 0.066）绝对值要大于中低技术行业回归中 β 系数（ - 0.052）绝对值。同样地，当加入省份虚拟变量时，两类行业中（2）栏中条件 β 系数值分别为 - 0.090 和 - 0.070，条件收敛表现得更加显著。（3）栏检验了不同时期收敛系数的差异。具体地，设置 1999 ~ 2004 年为基准组，引入 2004 ~ 2009 年、2009 ~ 2014 年与期初劳动生产率的交互项，那么期初劳动生产率系数即为 1999 ~ 2004 年的收敛系数，其他两个时期的收敛系数为各自的收敛系数加上基准组的收敛系数计算得出。可以看出，2004 年后中国高技术行业劳动生产率的收敛趋势表现得更加强烈。2004 ~ 2009 年和 2009 ~ 2014 年都呈现条件收敛，2009 ~ 2014 年收敛系数的绝对值比 2004 ~ 2009 年收敛系数的绝对值更大，表明收敛速度更快。这与我们预期的一致，随着全球化和全球生产网络的扩大，技术溢出效应会日益增多，引起了劳动生产率相对较低的行业向发达技术前沿行业追赶的加速，并且随着人力资本和技术溢出效应的

表5-15 稳健性检验（1）：不同期限的中国不同类型工业劳动生产率收敛的横截面估计结果

	(1)	(2)	(3)	(4)	(5)	(6)	(7)	(8)	(9)	(10)
	T+10	T+10	T+11	T+11	T+12	T+12	T+13	T+13	T+14	T+14
	绝对收敛	条件收敛	绝对收敛	条件收敛	绝对收敛	条件收敛	绝对收敛	条件收敛	绝对收敛	条件收敛
期初劳动生产率	-0.015*** (0.004)	-0.064*** (0.006)	-0.013*** (0.004)	-0.063*** (0.006)	-0.012*** (0.004)	-0.056*** (0.005)	-0.011*** (0.004)	-0.059*** (0.006)	-0.013*** (0.004)	-0.056*** (0.005)
期初劳动生产率× 高技术行业	-0.041*** (0.007)	-0.006** (0.006)	-0.036*** (0.007)	-0.012** (0.006)	-0.039*** (0.006)	-0.011*** (0.006)	-0.040*** (0.006)	-0.028*** (0.006)	-0.042*** (0.006)	-0.019*** (0.005)
行业虚拟变量	是	是	是	是	是	是	是	是	是	是
省份虚拟变量	否	是	否	是	否	是	否	是	否	是
R^2	0.537	0.773	0.501	0.667	0.508	0.539	0.593	0.541	0.599	0.603
样本数	750	750	750	750	750	750	750	750	750	750

注：参数估计值下面括号中的数字表示示稳健标准误，***、**和*分别表示在1%、5%和10%的水平上显著。

累积，远离技术前沿的行业吸收先进技术和知识的能力日益增强，因而使得收敛速度加快。而中低技术行业在 2004～2009 年收敛系数（0.002）的绝对值比 1999～2004 年收敛系数（-0.084）的绝对值略小，说明该时期收敛速度放缓，但是 2009 年后随着技术效应的不断扩散，中低技术行业利用落后优势加速了劳动生产率的增长，收敛速度明显增大，收敛系数为 -0.033，但是与高技术行业该时期的收敛系数（-0.114）相比，收敛速度仍然较慢。

表 5-16　稳健性检验（2）：高技术行业和中低技术行业劳动生产率收敛的面板估计结果

行业类型	高技术行业			中低技术行业		
	（1）	（2）	（3）	（1）	（2）	（3）
	绝对收敛	条件收敛	时期与期初生产率的交互项	绝对收敛	条件收敛	时期与期初生产率的交互项
期初劳动生产率（1999～2014 年）	-0.066 *** (0.006)	-0.090 *** (0.007)	-0.086 *** (0.011)	-0.052 *** (0.003)	-0.070 *** (0.009)	-0.084 *** (0.014)
期初劳动生产率×时期（2004～2009 年）	—	—	-0.039 *** (0.014)	—	—	0.002 (0.007)
期初劳动生产率×时期（2009～2014 年）	—	—	-0.114 *** (0.016)	—	—	-0.033 ** (0.009)
资本密度	—	0.026 ** (0.012)	0.023 ** (0.012)	—	0.011 * (0.009)	0.026 ** (0.009)
企业规模	—	-0.010 ** (0.005)	-0.016 ** (0.007)	—	-0.001 (0.003)	-0.006 * (0.005)
出口份额	—	-0.017 *** (0.004)	-0.017 *** (0.005)	—	-0.007 ** (0.002)	-0.002 (0.002)
国资份额	—	-0.013 ** (0.003)	-0.002 (0.006)	—	-0.007 *** (0.003)	-0.004 (0.004)
外资份额	—	0.009 ** (0.005)	0.011 ** (0.003)	—	0.001 (0.002)	0.000 (0.002)
省份固定效应	否	是	是	否	是	是
行业固定效应	是	是	是	是	是	是

续表

行业类型	高技术行业			中低技术行业		
	（1）	（2）	（3）	（1）	（2）	（3）
	绝对收敛	条件收敛	时期与期初生产率的交互项	绝对收敛	条件收敛	时期与期初生产率的交互项
时期固定效应	是	是	是	是	是	是
R^2	0.657	0.672	0.622	0.676	0.634	0.654
样本数	778	778	778	1405	1405	1405

注：参数估计值下面括号中的数字表示稳健标准误，＊＊＊、＊＊和＊分别表示在1%、5%和10%的水平上显著。

在表5－17的稳健性检验（3）中，通过对行业进行更细程度的划分，利用中国30个省份的100个四位码工业行业数据对高技术行业和中低技术行业的劳动生产率收敛性重新进行估计，结果如表5－17所示。从表5－17的估计结果中同样可以看出，四位码行业的高技术行业和中低技术行业的（1）栏和（2）栏期初劳动生产率系数都为负，均在1%水平上显著，说明这两类行业均存在显著的绝对收敛和条件收敛特征。通过比较两类行业的收敛系数的大小，仍然发现高技术行业的收敛速度要大于中低技术行业的收敛速度，其中高技术行业的绝对收敛和条件收敛系数均为－0.002，中低技术行业的绝对收敛和条件收敛系数均为－0.001，并且都在1%水平上显著。

表5－17　稳健性检验（3）：四位码行业中分行业类型劳动
生产率收敛的横截面估计结果

行业类型	高技术行业		中低技术行业	
	（1）	（2）	（1）	（2）
	绝对收敛	条件收敛	绝对收敛	条件收敛
期初劳动生产率	－ 0.002 ＊＊＊	－ 0.002 ＊＊＊	－ 0.001 ＊＊＊	－ 0.001 ＊＊＊
	（0.000）	（0.000）	（0.000）	（0.000）
常数项	0.386 ＊＊＊	0.409 ＊＊＊	0.386 ＊＊＊	0.431 ＊＊＊
	（0.016）	（0.020）	（0.174）	（0.023）
行业虚拟变量	是	是	是	是

续表

行业类型	高技术行业		中低技术行业	
	（1）	（2）	（1）	（2）
	绝对收敛	条件收敛	绝对收敛	条件收敛
省份虚拟变量	否	是	否	是
观测值	1261	1261	1839	1839
R^2	0.624	0.651	0.629	0.636

注：参数估计值下面括号中的数字表示稳健标准误，＊＊＊、＊＊和＊分别表示在1%、5%和10%的水平上显著。

为了进一步验证收敛是否普遍存在于各个工业子行业中，我们将每个二位码行业的子样本进行估计（不加入行业和省份虚拟变量），具体模型为：

$$\ln \dot{y}_{jit} = \alpha + \beta \ln y_{jit} + \varepsilon_{jit} \tag{5-11}$$

其中，j 为省份，i 为行业，t 为时间。$\ln \dot{y}_{jit}$ 为第 t 至第 $t+k$ 年 j 省份 i 行业的劳动生产率年平均增长率，$\ln \dot{y}_{jit} = \ln (y_{j,i,t+k}/y_{j,i,t})/k$。$\ln y_{jit}$ 为 j 省份 i 行业的期初劳动生产率的自然对数，代表初始的发展水平。ε_{jit} 为随机误差项，它与其他解释变量不相关，并能捕捉对劳动生产率增长率影响的所有其他异质性因素。我们在这里主要是验证工业各细分行业是否存在绝对收敛现象，至于条件收敛性不是本节的考察重点。这里使用的是 1999~2014 年 30 个省份的 25 个二位码工业行业的面板数据，需要对被解释变量和解释变量的长期关联性进行检验。为了确保检验结果的可靠性，我们分别进行面板单位根 LLC 检验和 IPS 检验，结果如表 5 - 18 和表 5 - 19 所示。表 5 - 18 的 LLC 检验结果中检验变量的统计量均小于 5% 的临界值，故可在 5% 水平上拒绝"存在单位根"的原假设，即所有变量均不存在单位根。但是在表 5 - 19 的 IPS 检验中变量没有通过显著性检验，我们对其进行一阶差分后重新检验发现水平系列的一阶差分值是平稳的。

表 5 - 18　LLC 的检验结果

检验变量	统计量	P 值
$\ln \dot{y}$	43.012	0.000
$\ln y$	20.339	0.000

资料来源：根据 2000~2015 年《中国工业统计年鉴》计算所得。

表 5 - 19　IPS 的检验结果

检验变量	检验值		一阶差分值	
	统计量	P 值	统计量	P 值
lnẏ	21.346	1.000	-40.065	0.000
lny	20.339	1.000	40.294	0.000

资料来源：根据 2000～2015 年《中国工业统计年鉴》计算所得。

图 5 - 1 显示了样本行业中规模最大的四个行业（电气机械和器材制造业，纺织业，计算机通信和其他电子设备制造业以及铁路、船舶、航空航天和其他运输设备制造业）的期初劳动生产率水平与增长率之间的关系，可以看到四个代表性行业的期初劳动生产率与其增长率之间均表现出明显的负相关关系。为了进一步验证收敛是否普遍存在于各个工业子行业中，我们利用 1999～2014 年省份—行业的历年面板数据分别对每个二位码行业进行方程（5 - 11）的收敛性估计，估计结果如表 5 - 20 所示。

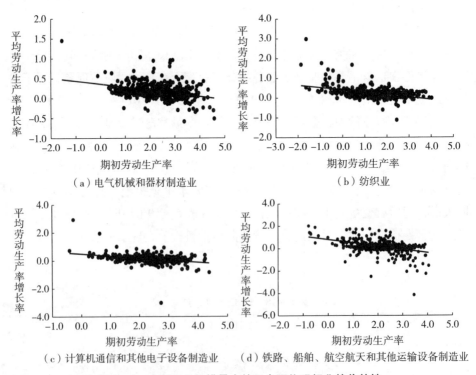

（a）电气机械和器材制造业　　　　　（b）纺织业

（c）计算机通信和其他电子设备制造业　　（d）铁路、船舶、航空航天和其他运输设备制造业

图 5 - 1　中国工业规模最大的四个两位码行业的收敛性

表 5-20 显示了中国工业 25 个细分行业劳动生产率的收敛系数及 t 统计值。在我们考察的 25 个二位码工业行业中，其中有 24 个工业行业的收敛系数为负且通过了统计量显著性检验。收敛速度最快的是铁路、船舶、航空航天和其他运输设备制造业，收敛系数为 -0.388，之后是仪器仪表制造业（-0.227）及计算机、通信和其他电子设备制造业（-0.225），收敛系数绝对值都在 0.2 以上，这些行业都属于高技术行业，而收敛速度最小的是非金属矿物制品业，收敛系数仅有 -0.024，接着是饮料制造业（-0.040）、食品制造业（-0.046）及电力、热力生产和供应业（-0.049），收敛系数绝对值都在 0.050 以下，这些行业都属于中低技术行业，可以看出高技术行业比中低技术行业收敛速度快。烟草制品业是唯一没有通过显著性水平的行业，但是收敛系数仍是负数。这个受到高度管制行业的劳动生产率比工业平均劳动生产率要高出许多，之所以没有呈现出收敛的特征与该行业劳动强度低而行政定价却很高有关。中国的烟草行业 97% 由政府垄断（中国烟草总公司），因此烟草行业受到市场力量的影响有限。同时，烟草行业缺乏技术外溢效应和追赶的激励也使该行业没有呈现收敛的特性。

表 5-20　中国工业 25 个二位码行业的劳动生产率收敛性

行业名称	收敛系数	t 值
煤炭开采和洗选业	-0.075***	-6.52
石油和天然气开采业	-0.087***	-7.42
黑色金属矿采选业	-0.072***	-5.39
有色金属矿采选业	-0.080***	-4.55
农副产品加工业	-0.065***	-6.86
食品制造业	-0.046***	-5.23
饮料制造业	-0.040***	-4.08
烟草制品业	-0.089	-1.63
纺织业	-0.158***	-12.95
造纸和纸制品业	-0.040***	-4.17
石油加工、炼焦和核燃料加工业	-0.158***	-7.41
化学原料和化学制品制造业	-0.065***	-6.87
医药制造业	-0.138***	-4.49
化学纤维制造业	-0.184***	-6.61

续表

行业名称	收敛系数	t 值
非金属矿物制品业	−0.024 ***	−3.78
黑色金属冶炼及压延加工业	−0.115 ***	−5.39
有色金属冶炼及压延加工业	−0.086 ***	−4.55
金属制品业	−0.065 ***	−5.48
通用设备制造业	−0.063 ***	−6.96
专用设备制造业	−0.059 ***	−5.37
铁路、船舶、航空航天和其他运输设备制造业	−0.388 ***	−11.91
电气机械和器材制造业	−0.082 ***	−8.36
计算机、通信和其他电子设备制造业	−0.225 ***	−9.57
仪器仪表制造业	−0.227 ***	−8.12
电力、热力生产和供应业	−0.049 ***	−4.41

注：*** 、** 和 * 分别表示在 1% 、5% 和 10% 的水平上显著。

为了验证收敛是否在更细程度划分的四位码行业中也普遍存在，我们对每个四位码行业的子样本进行了式（5−6）的估计（不加入省份和行业虚拟变量），收敛系数估计结果如表 5−21 所示，并将收敛系数的核密度分布绘于图 5−2。从图 5−2 可以看到，在所考察的 100 个四位码工业行业中，收敛系数均是负数且停留于（−0.3，−0.05）区间，其中，−0.1 周围最为集中。因此，无论是对于单个二位码工业行业还是对于四位码工业行业，劳动生产率收敛的现象都普遍存在。

表 5−21　中国工业 100 个四位码行业的劳动生产率收敛性

代码	行业	收敛系数	代码	行业	收敛系数
0610	烟煤和无烟煤开采洗选	−0.008 *	0620	褐煤开采洗选	−0.001 ***
0710	石油开采	−0.001 ***	0810	铁矿采选	−0.025 ***
0890	其他黑色金属矿采选	−0.102 ***	0911	铜矿采选	−0.016 ***
0912	铅锌矿采选	−0.014 ***	1310	谷物磨制	−0.005 **
1320	饲料加工	−0.003 ***	1331	食用植物油加工	−0.001 ***
1340	制糖	−0.001 ***	1350	屠宰及肉类加工	−0.011 ***
1360	水产品加工	−0.011 ***	1411	糕点、面包制造	−0.023 ***

续表

代码	行业	收敛系数	代码	行业	收敛系数
1419	饼干及其他焙烤食品制造	− 0.011 ***	1420	糖果、巧克力及蜜饯制造	− 0.013 ***
1430	方便食品制造	− 0.010 ***	1440	乳制品制造	− 0.007 ***
1453	罐头食品制造	− 0.017 ***	1460	调味品、发酵制品制造	− 0.016 ***
1490	其他食品制造	− 0.013 ***	1511	酒精制造	− 0.021 ***
1513	啤酒制造	− 0.009 ***	1515	葡萄酒制造	− 0.007 ***
1530	精制茶加工	− 0.013 ***	1610	烟叶复烤	− 0.009 *
1620	卷烟制造	− 0.004 *	1630	其他烟草制品制造	− 0.008 *
1720	毛纺织及染整精加工	− 0.015 ***	1740	丝绢纺织及印染精加工	− 0.027 ***
2210	纸浆制造	− 0.021 ***	2220	造纸	− 0.007 ***
2230	纸制品制造	− 0.019 **	2511	原油加工及石油制品制造	− 0.001 ***
2520	炼焦	− 0.006 ***	2610	基础化学原料制造	− 0.006 ***
2620	肥料制造	− 0.002 ***	2630	农药制造	− 0.005 ***
2640	涂料、油墨、颜料及类似产品制造	− 0.023 ***	2650	合成材料制造	− 0.002 ***
2660	专用化学产品制造	− 0.008 ***	2680	日用化学产品制造	− 0.006 ***
3024	轻质建筑材料制造	− 0.013 ***	3030	砖瓦、石材等建筑材料制造	− 0.021 ***
3070	陶瓷制品制造	− 0.031 ***	3080	耐火材料制品制造	− 0.015 ***
3110	炼铁	− 0.003 ***	3120	炼钢	− 0.003 ***
3011	水泥制造	− 0.011 ***	3021	水泥制品制造	− 0.013 ***
3140	钢压延加工	− 0.003 ***	3150	铁合金冶炼	− 0.013 ***
3211	铜冶炼	− 0.003 ***	3212	铅锌冶炼	− 0.004 ***
3216	铝冶炼	− 0.001 ***	3240	有色金属合金制造	− 0.008 ***
3260	有色金属压延加工	− 0.009 ***	3310	结构性金属制品制造	− 0.017 ***
3320	金属工具制造	− 0.009 **	3330	集装箱及金属包装容器制造	− 0.006 ***
3410	锅炉及原动设备制造	− 0.016 ***	3420	金属加工机械制造	− 0.017 ***
3440	泵、阀门、压缩机及类似机械制造	− 0.019 ***	3462	风机、风扇制造	− 0.013 ***
3464	制冷、空调设备制造	− 0.005 ***	3467	衡器制造	− 0.019 ***
3468	包装专用设备制造	− 0.008 ***	3510	采矿、冶金、建筑专用设备制造	− 0.017 ***
3710	铁路运输设备制造	− 0.005 ***	3810	电机制造	− 0.017 ***

续表

代码	行业	收敛系数	代码	行业	收敛系数
3820	输配电及控制设备制造	-0.011***	3830	电线、电缆、光缆及电工器材制造	-0.010***
3851	家用制冷电器具制造	-0.006***	3852	家用空气调节器制造	-0.002***
3853	家用通风电器具制造	-0.008***	3854	家用厨房电器具制造	-0.009***
3855	家用清洁卫生电器具制造	-0.012***	3856	家用美容、保健电器具制造	-0.002***
3857	家用电力器具专用配件制造	-0.017***	3861	燃气、太阳能及类似能源家用器具制造	-0.020***
3870	照明器具制造	-0.002**	3911	计算机整机制造	-0.006***
3913	计算机外围设备制造	-0.009***	3920	通信设备制造	-0.010***
3930	广播电视设备制造	-0.003***	3951	电视机制造	-0.008***
3952	音响设备制造	-0.009***	3960	电子器件制造	-0.015***
3970	电子元件制造	-0.003***	4010	通用仪器仪表制造	-0.023***
4020	专用仪器仪表制造	-0.059***	4030	钟表与计时仪器制造	-0.021***
4040	光学仪器及眼镜制造	-0.003***	4410	电力生产	-0.012***
4420	电力供应	-0.008***	4430	热力生产和供应	-0.005***

注：***、**和*分别表示在1%、5%和10%水平上显著。

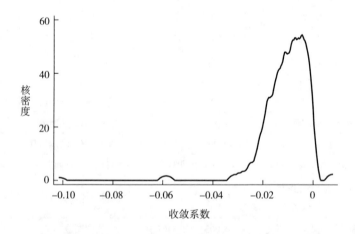

图5-2　中国工业100个四位码行业收敛系数核密度

中国工业劳动生产率之所以普遍存在于单个细分行业中主要是因为工业行

业大都拥有着生产可贸易的商品、能够迅速地融入全球生产网络、促进技术转移和吸收等特点。甚至当这些行业生产的产品只供应本土地区时，它们会在国外那些更有效率的供应商的竞争压力下不得不升级它们的运作方式并保持最高效率。而传统的农业和很多不能够贸易的服务业，尤其是非正式的经济活动却不存在这样的特点。我们得到的中国工业细分行业劳动生产率存在收敛的特征与以往文献中得出的国家或者区域之间整体经济存在发散特征呈现鲜明的对比，Rodrik（2013）[6]将这种国家或者区域之间经济的异质性解释为并不是所有的企业或行业的技术都与全球前沿技术水平相统一，一些企业或行业的技术可能比全球技术前沿更加先进。例如，印度的纸、纸浆和纸板行业的劳动生产率只是美国相对应行业的3%，而机动车辆行业的劳动生产率已经达到美国相对应行业的19%，如果劳动力从造纸行业转移到汽车行业，印度的总体生产率将大幅上升（Rodrik，2011）[10]。在更细致的分析中，Hsieh 和 Klenow（2009）[11]认为，如果印度和中国的制造业企业生产率离差被带到美国相应的水平，它们的生产率差距将会缩小 1/3 ~ 1/2。这些发现与发展经济学中的传统二元论并行运行，都是强调收益是从跨行业的资源转移中获得，即从传统的农业和非正规产业转移到制造业和现代服务业。同时，虽然行业间劳动生产率存在收敛特征，但是行业间的收入差距仍然存在，这是因为行业间的收入差距是由多方面因素导致的，包括行业的垄断程度、人力资本水平和劳动生产率等，它们在不同程度上对行业人均 GDP 有着正向的影响，但是由于这几项指标在各行业间的非等量增长，行业间劳动生产率的收敛并不能导致行业人均 GDP 的收敛。行业垄断是行业人均 GDP 差距扩大的一个主要因素。垄断一般分为自然垄断、行政垄断和市场垄断，其中自然垄断和行政垄断是中国目前存在的两种主要垄断方式。自然垄断主要集中在公共基础设施领域，如供电、供水和交通运输等行业，自然垄断可以带来效率经济从而增加社会总体福利。行政垄断主要包括行业壁垒、地区壁垒、政府限制和强制交易等，行政垄断是一种行政权对行业的过度干预或保护，会造成市场竞争机制的扭曲。垄断性行业在中国国有经济中占有重要地位，从而很容易得到政府的补贴，使国有垄断企业部门存在过度的利润，垄断行业凭借其垄断地位获取与其效率不相符的收入，从而拉大了行业间的收入差距。因此，要从根本上治理"垄断福利"，只有降低垄断水平和创造公平竞争的市场环境，资源才能充分流动起来，才能从根本上缩小行业收入差距。

5.4 本章小结

本书借鉴 Rodrik（2013）[6]研究制造业劳动生产率收敛性的 β 回归分析方法来研究中国工业劳动生产率的收敛性，采用中国 1999~2014 年 30 个省份的 25 个二位码工业行业面板数据和 100 个四位码工业行业的横截面数据，运用双向固定效应模型对中国工业劳动生产率的收敛性进行了计量检验，并对其稳健性进行检验。我们所得出的中国工业劳动生产率表现出强烈的绝对收敛与以往研究中所得出的中国区域经济差异日益加大的结论形成了鲜明的对比。它确认了 Rodrik（2013）[6]分析的跨国家制造业收敛性中得出的结论，即当经济整体不会呈现收敛性时，这种强烈的收敛性可能仍会存在于制造业乃至工业行业中。Rodrik（2013）[6]认为，整体经济活动之所以不会呈现绝对收敛是因为工业的就业份额在相对贫穷的经济体中占的份额更低，但是随着经济的发展，工业就业份额比重会显著增加。中国的统计数据确认了这个模式，在相对落后的省份如云南和内蒙古，2014 年工业就业份额只有 16% 和 27%，而在相对发达的省份如上海、浙江和江苏的就业份额相对较高，分别是 33%、40% 和 45%，这意味着工业就业份额的提高可以促使经济发展进而驱动经济收敛。

中国地域广阔，各区域的自然资源禀赋、经济条件以及市场容量都不尽相同。为了控制这些因素，我们将沿海区域作为基准组，依次引入西部区域、中部区域和东北区域与期初劳动生产率的交互项进行回归，这种设定对应于经济收敛文献中的"俱乐部收敛"，来考察四大区域的收敛性，发现中国工业劳动生产率在四大区域内呈俱乐部收敛，其中东北区域收敛速度最快，其次是中部区域和西部区域，沿海区域收敛速度最慢。这与新古典增长模型的条件收敛假说一致，即不同的经济体收敛于自身的稳态，但是稳态位置并不相同，收敛速度和其与稳态的距离成反比。由于发达省份的技术转让和资本流入，中国经济增长的重心已经由沿海区域转移到了内陆区域，中国不同区域不仅存在着俱乐部收敛，并且不同区域间的差距也在不断缩小，内陆省份正在利用其"落后优势"追赶沿海省份。这种新兴的增长模式可以为权衡中国经济增长不平等提供一条新出路，政府通过鼓励落后省份快速增长政策，可以减少中国区域经济增长的不平等并维持经济整体的高速增长。

由于工业各行业之间的性质、规模、资本密集度和技术含量都存在显著差异，为了进行进一步的行业对比，本书分别对高技术行业和中低技术行业以及25个二位码行业和100个四位码行业进行了收敛性检验，发现中国工业劳动生产率在绝大部分二位码行业和四位码行业中均呈显著的收敛特征。中国工业劳动生产率之所以普遍存在于单个细分行业中，是因为工业行业大都拥有着生产可贸易的商品、能够迅速地融入全球生产网络、促进技术转移和吸收等特点。甚至当这些行业生产的产品只供应本土地区时，它们会在国外那些更有效率的供应商的竞争压力下不得不升级它们的运作方式并保持最高效率。而传统的农业和很多不能够贸易的服务业，尤其是非正式的经济活动却不存在这样的特点。同时，虽然行业间劳动生产率存在收敛特征，但是行业间的收入差距仍然存在，这是因为行业间的收入差距是由多方面因素导致的，包括行业的垄断程度、人力资本水平和劳动生产率等，它们在不同程度上对行业人均 GDP 有着正向的影响，但是由于这几项指标在各行业间的非等量增长，行业间劳动生产率的收敛并不能导致行业人均 GDP 的收敛。

6 中国工业劳动生产率收敛性
影响因素的计量检验

本书第5章对中国工业整体、分区域和分行业的收敛性进行了全面的检验和分析，发现中国工业不同区域和不同行业劳动生产率均存在收敛特征，但是区域间和行业间的收敛速度不同，那么到底是什么因素导致了不同区域和不同行业的劳动生产率收敛速度不同？本章将在上述理论分析和实证检验的基础上，主要检验政策因素和人力资本对区域劳动生产率收敛的影响以及 R&D 和劳动力的技能素质对行业劳动生产率收敛的影响。

6.1 分区域中国工业劳动生产率收敛性
影响因素的检验

对于分区域劳动生产率收敛性的影响因素，除了一般影响因素外，政策因素和人力资本是影响区域劳动生产率收敛最主要的因素。从世界范围来看，许多国家内部都不同程度地存在区域发展差距，运用区域政策手段缩小区域发展差距是经济学家和各国政府所关注的一个重要问题。在中国，政府的优惠政策显然也是导致区域间工业劳动生产率收敛差异的重要因素。改革开放以来，随着教育水平的大幅提高，中国经济实现了多年的持续快速增长，学者们一致认为人力资本的差异是导致中国区域不均衡发展的重要因素。人力资本不仅作为生产要素能够直接提高劳动力生产效率从而促进增长，而且还具有很强的外部性，通过促进技术创新来加快劳动生产率的增长。因此，依靠人力资本的配置与优化来突破区域边界效应，促进区域收敛便成为一个重要的研究视角。中国不同区域间存在显著的人力资本水平差异，这极大地影响了不同区域劳动生产率的收敛。因此，对于分区域劳动生产率收敛性影响因素的研究中，我们主要分析政策因素和人力资本对分区域收敛的影响。

6.1.1 政策因素对区域劳动生产率收敛性影响的检验

6.1.1.1 计量模型的设定与变量的界定

中国工业化进程的推进伴随着区域间的不平衡发展，日益加大的区域发展差距已经引起了政府的高度重视。一方面，政府对贫困区域的基础设施投资每年显著递增。以交通基础设施为先导的"西部大开发"战略促使西部区域的交通基础设施得到了较大的改善，那么加强对落后区域的基础设施建设能否促进区域劳动生产率的收敛进而改善日益扩大的区域差距？另一方面，依靠廉价劳动力的比较优势，中国逐渐发展成为"世界工厂"，经济迅速得到增长。然而这种"世界工厂"显露出的低工资水平造成了中国居民可支配收入较少，人力资本投入不足，进而导致中国劳动生产率水平低下。新古典经济理论认为，工资上涨将促使企业在生产中更多地使用相对廉价的资本进而促进劳动生产率的提升。那么，最低工资的增长能否在不妨碍经济增长的前提下确保落后区域增长加速从而缩小与发达区域的差距？为了观测不同政策因素水平对区域劳动生产率收敛的影响，我们在模型（6-1）的基础上按照政策指标将全部样本分为高和低两组，通过每组的变化来评价政策引进的效果。模型（6-1）具体设定为：

$$\ln \dot{y}_{jit} = \alpha + \beta \ln y_{jit} + \xi X + \phi \text{road} + \psi \text{wage} + \tau \text{human} + D_i + D_j + \varepsilon_{jit} \qquad (6-1)$$

其中，j 为省份，i 为行业，t 为时间。$\ln \dot{y}_{jit}$ 为第 t 至第 $t+k$ 年 j 省份 i 行业的劳动生产率年平均增长率对数，$\ln \dot{y}_{jit} = \ln (y_{j,i,t+k}/y_{j,i,t})/k$。$\ln y_{jit}$ 为 j 省份 i 行业的初始劳动生产率对数，代表初始的发展水平，β 是收敛系数。D_j 和 D_i 为省份和行业固定效应，ε_{jit} 为误差项。由于影响区域劳动生产率收敛性的因素最主要的是政策因素和人力资本，因此控制变量不仅包括一般影响因素 X 即资本密度（capital）、企业规模（size）、出口份额（export）、国资份额（public）和外资份额（foreign），这些一般影响因素与第 5 章中的影响因素保持一致，还包括了人力资本（human）指标和政策因素指标即交通基础设施改善（road）和工资增长（wage）。对于人力资本变量，为了反映不同省份—行业的人力资本影响，我们选取加入省份人力资本和行业人力资本交互项（具体解释见6.1.2节），其中省份人力资本变量我们用各省份受教育水平表示，选取大专及以上受教育人数占各省份学龄以上（6岁及以上）人数的比重来表示，行业人力资本变量我们采用第二次和第三次全国工业普查提供的各行业全部职工关于工作岗位、技术职务、学历及年龄等详尽的结构数据，按照职工的技术职务类型（全部职工可分为高级、中级、初级和无技术职务四类）选取前三类人员即具有技术职务的人员在全部职工中的比重来表示。由于本节主要考察政策因素对不同区域劳动生产率收敛的影响，因此我们主要说明政策因素变量。

（1）交通基础设施改善指标（road）。该指标用"道路密度"的增长来表示。2000~2015年各省份的统计年鉴中报告了道路密度及通达情况，其中道路密度包括以国土面积计算（千米/百平方千米）和以人口计算（千米/万人）两种口径，我们选取以人口计算（千米/万人）的道路密度数据来计算四大区域1999~2014年的道路密度增长，并将全部样本划分为道路密度增长高的组和道路密度增长低的组，进而考察不同道路密度增长组的收敛速度的差异。

（2）工资增长指标（wage）。近年来，有关最低工资标准的调整频率与幅度都较以往有较大程度的提高，已有不少学者（许明和李逸飞，2020[189]；许和连等，2020[190]）证实最低工资标准与区域实际平均工资呈现显著的正相关性。由于最低工资方面数据的限制和不完整性，有关工资水平衡量的指标选取主要根据《中国统计年鉴》中的指标分类与定义，采用就业人员年平均工资。2000~2015年的《中国劳动统计年鉴》报告了年平均工资水平，即企业中的就业人员在一年内平均每人所得到的工资额。我们按照1999~2014年各省份各行业年均实际平均工资的增长将全部样本划分为高、低两组，进而考察不同工资增长组的收敛速度的差异。本节所涉及变量的统计特征如表6-1所示。

表6-1 政策因素对劳动生产率收敛影响涉及变量的统计描述

变量	变量	观测值	均值	标准差	中位数	最小值	最大值	变异系数
劳动生产率增长率	lnẏ	2182	0.124	0.114	0.123	-0.467	1.057	0.920
期初劳动生产率	lny	2182	2.111	1.184	2.178	-2.170	8.004	0.561
资本密度	capital	2182	21.75	49.80	10.890	0.250	398.000	2.287
企业规模	size	2182	7.893	15.07	3.600	0.001	284.680	1.905

续表

变量	变量	观测值	均值	标准差	中位数	最小值	最大值	变异系数
出口份额	export	2182	0.074	0.117	0.032	0.000	1.000	1.586
国资份额	public	2182	0.359	0.473	0.240	0.000	13.880	1.316
外资份额	foreign	2182	0.208	1.239	0.033	0.000	33.254	5.948
道路密度增长	road	2182	20.460	3.598	61.080	4.150	124.000	0.318
平均工资增长	wage	2182	8.620	9.483	2.078	0.254	344.000	11.118
人力资本	human	2182	1.148	0.968	0.890	0.061	10.068	0.843

资料来源：根据2000～2015年《中国统计年鉴》和各省份统计年鉴计算所得。

为了比较中国四大区域道路密度增长和工资增长的分布特点，表6-2给出了四大区域在部分样本时期（1999～2004年、2004～2009年、2009～2014年）和整个样本考察期间（1999～2014年）平均道路密度增长和平均工资增长情况。从道路密度增长和平均工资增长趋势来看，1999～2014年各区域的道路密度和平均工资都呈逐年上升的态势，这主要是由国家加大对交通基础设施投资和提高最低工资水平政策所导致的，但是四大区域的交通基础设施增长和平均工资增长是有差距的，其中沿海区域人均道路增长和平均工资增长都比内陆的三个区域要少。以道路密度为例，1999～2014年，增长最多的是东北区域，年均增长6.78%；其次是中部区域和西部区域，分别增长了5.71%和4.63%；而沿海区域增长最少，只有2.76%。以平均工资增长为例，1999～2014年，沿海区域平均增长了17.24%，为四大区域中增长速度最慢的，而中部区域、西部区域和东北区域的增长速度均在18%以上。

表6-2　1999～2014年中国四大区域平均道路密度增长和工资增长

指标	区域	1999～2004年增长（%）	2004～2009年增长（%）	2009～2014年增长（%）	1999～2014年增长（%）
平均道路密度增长	沿海	3.55	2.48	4.20	2.76
	中部	4.19	7.33	4.63	5.71
	西部	2.94	7.28	5.01	4.63
	东北	3.76	7.93	6.71	6.78

续表

指标	区域	1999~2004年增长（%）	2004~2009年增长（%）	2009~2014年增长（%）	1999~2014年增长（%）
平均工资水平增长	沿海	17.08	16.16	18.49	17.24
	中部	18.84	21.31	19.23	19.79
	西部	19.59	18.65	22.58	20.27
	东北	16.81	18.69	20.08	18.52

资料来源：根据 2000~2015 年《中国统计年鉴》和各省份统计年鉴计算所得。

6.1.1.2 计量结果

（1）基准结果。我们按照 1999~2014 年各省份道路密度增长和各省份各行业平均工资增长将全部样本划分为高、低两组，进而考察不同政策水平下的不同区域劳动生产率收敛差异。为了避免变量多重共线性对计量结果的影响，我们计算了变量间的相关系数（见表6-3），并进行了严格的计量检验，发现变量之间不存在多重共线性。为了减少异方差的影响，我们对估计结果进行White 标准误差和协方差调整，以降低可能存在又无法识别的异方差，从而使得估计结果更加准确。我们采用双向固定效应模型对方程（6-1）进行分组估计，估计结果如表6-4、表6-5所示。

表6-3　政策因素影响劳动生产率收敛涉及变量的相关性检验

变量	资本密度	规模	出口份额	国资份额	外资份额	人力资本	道路密度增长	工资增长
资本密度	1.000	—	—	—	—	—	—	—
企业规模	-0.049	1.000	—	—	—	—	—	—
出口份额	-0.096	0.037	1.000	—	—	—	—	—
国资份额	-0.020	-0.112	-0.140	1.000	—	—	—	—
外资份额	-0.020	0.020	0.069	-0.089	1.000	—	—	—
人力资本	0.079	-0.024	0.084	-0.181	0.020	1.000	—	—
道路密度增长	0.083	0.216	0.036	-0.087	-0.039	-0.065	1.000	—
工资增长	0.003	0.164	-0.088	0.006	-0.011	0.006	0.059	1.000

资料来源：根据 2000~2015 年《中国统计年鉴》和各省份统计年鉴计算所得。

表 6 - 4 按道路密度分组的劳动生产率收敛性估计结果

	道路密度增长高的组		道路密度增长低的组	
	（1）	（2）	（3）	（4）
期初劳动生产率	- 0. 222 ***	- 0. 225 ***	- 0. 136 ***	- 0. 149 ***
	（0. 011）	（0. 011）	（0. 011）	（0. 010）
资本密度	0. 059 ***	0. 045 ***	0. 019 **	- 0. 023 **
	（0. 014）	（0. 014）	（0. 013）	（0. 012）
企业规模	- 0. 029 ***	- 0. 027 ***	- 0. 022 **	- 0. 025 **
	（0. 012）	（0. 011）	（0. 012）	（0. 012）
出口份额	- 0. 005	- 0. 006	0. 002	0. 006
	（0. 009）	（0. 009）	（0. 005）	（0. 005）
国资份额	- 0. 002	- 0. 001	- 0. 004 **	- 0. 004 **
	（0. 006）	（0. 005）	（0. 005）	（0. 004）
外资份额	- 0. 001	- 0. 003	- 0. 004 *	- 0. 005 **
	（0. 004）	（0. 003）	（0. 003）	（0. 003）
人力资本	0. 098 **	0. 106 **	0. 401 ***	0. 414 ***
	（0. 052）	（0. 053）	（0. 076）	（0. 078）
平均工资增长	—	0. 028 **	—	0. 039 **
		（0. 012）		（0. 013）
道路密度增长	—	0. 101 ***	—	0. 096 ***
		（0. 036）		（0. 017）
省份固定效应	是	是	是	是
行业固定效应	是	是	是	是
时期固定效应	是	是	是	是
R^2	0. 654	0. 664	0. 587	0. 626
样本数	1079	1079	1076	1076

注：参数估计值下面括号中的数字表示稳健标准误，*** 、** 和 * 分别表示在1%、5%和10% 水平上显著。

表6-5　按工资分组的劳动生产率收敛性估计结果

	工资增长高的组		工资增长低的组	
	（1）	（2）	（3）	（4）
期初劳动生产率	-0.223**	-0.232***	-0.138***	-0.143***
	(0.020)	(0.019)	(0.012)	(0.012)
资本密度	0.042**	0.031*	-0.007	-0.009
	(0.027)	(0.027)	(0.012)	(0.012)
企业规模	-0.033*	-0.049**	-0.025**	-0.017*
	(0.029)	(0.029)	(0.012)	(0.017)
出口份额	-0.0008	-0.009	-0.001	0.007
	(0.010)	(0.011)	(0.105)	(0.007)
国资份额	-0.015**	-0.012*	0.008	0.005
	(0.008)	(0.008)	(0.007)	(0.005)
外资份额	0.002	0.004	-0.002	-0.002
	(0.008)	(0.008)	(0.002)	(0.003)
人力资本	0.092**	0.094**	0.149**	0.153**
	(0.043)	(0.045)	(0.064)	(0.067)
道路密度增长	—	0.016**	—	0.022**
		(0.010)		(0.013)
平均工资增长	—	0.213***	—	0.137***
		(0.072)		(0.042)
省份固定效应	是	是	是	是
行业固定效应	是	是	是	是
时期固定效应	是	是	是	是
R^2	0.605	0.627	0.645	0.663
样本数	1076	1076	1092	1092

注：参数估计值下面括号中的数字表示稳健标准误，***、**和*分别表示在1%、5%和10%的水平上显著。

　　表6-4和表6-5是按照道路密度增长和平均工资增长的高低划分的高条件组和低条件组的估计结果。表6-4和表6-5的（1）栏和（3）栏分别是

道路密度增长高的组和道路密度增长低的组与工资增长高的组和工资增长低的组加入人力资本变量但没有加入政策因素的条件收敛结果，发现各组的期初劳动生产率系数都为负数，并且在所有模型中都能够在1%、5%或者10%的水平上通过显著性检验，意味着中国那些偏离均衡位置越远的省份（行业）有着更高的劳动生产率增长倾向，这表明中国工业劳动生产率出现了一定的"追赶"现象。道路密度增长高的组收敛系数（-0.222）的绝对值大于道路密度增长低的组收敛系数（-0.136）的绝对值，平均工资增长高的组收敛系数（-0.223）的绝对值大于平均工资增长低的组收敛系数（-0.138）的绝对值。这意味着政府投入的交通基础设施增长和平均劳动报酬增长得越多，工业劳动生产率收敛趋势就越强。表6-4和表6-5不同分组的（2）栏和（4）栏是引入政策因素条件收敛的估计结果，同样可得道路密度增长高的组收敛系数（-0.225）的绝对值大于道路密度增长低的组收敛系数（-0.149）的绝对值，平均工资增长高的组收敛系数（-0.232）的绝对值大于平均工资增长低的组收敛系数（-0.143）的绝对值。通过比较表6-4和表6-5的（1）栏和（2）栏、（3）栏和（4）栏可以发现，加入道路密度增长和平均工资增长后，各组收敛系数绝对值增大，条件收敛变得更加强劲，这表明道路密度增长和平均工资增长可以促进劳动生产率的收敛。同时，道路密度增长高的组道路密度变量对劳动生产率增长的影响（系数为0.101）要大于道路密度增长低的组（系数为0.096）。同样地，工资增长高的组的平均工资增长变量对劳动生产率增长的影响（系数为0.213）要大于工资增长低的组的平均工资增长变量对劳动生产率增长的影响（系数为0.137）。综合结果表明，政府在交通基础设施的提高和工资增长方面的经济政策促进了中国工业不同区域劳动生产率的收敛。

（2）稳健性检验。在稳健性检验中，我们分区域考察政策因素对每个区域收敛性的影响。表6-6是加入政策因素的分区域劳动生产率收敛的面板估计结果。通过比较政策因素对不同区域的影响发现，各个区域加入政策因素后的条件收敛系数同样显著为负但是绝对值增大了，其中，沿海区域由0.079增大到0.084，中部区域由0.132增大到0.174，东北区域由0.329增大到0.331，西部区域由0.161增大到0.176，这说明政策因素可以促进各区域劳动生产率的收敛。道路密度增长对四个区域的劳动生产率增长均具有显著的积极作用，对沿海区域、中部区域和西部区域的作用在1%或者5%水平上显著，对西部区域的作用在 10% 水平上显著，这一实证结果证实了各区域基础设施建设能够对劳动生产率增长产生促进作用。另外，道路密度增长对东北区域劳动生产率增长的驱动作用最大，系数为 0.860；其次是中部区域和西部区域，道路密度增长系数分别为 0.292 和 0.048，最后是沿海区域，道路密度增长系数为 0.035。从前面的分析我们已经知道，中国的交通基础设施增长在区域中的分布是很不均衡的，沿海区域交通基础设施虽然禀赋好，但是每年平均道路密度增长得很慢，内陆省份的交通基础设施禀赋虽然不及沿海省份，但是平均道路密度增长要高于沿海省份。沿海区域劳动生产率增长速度缓慢很显然在某种程度上是受到了交通基础设施增长制约的结果，这就从某种程度上证明了交通基础设施增长的不均衡分布也是中国不同区域收敛速度不同的原因之一。工资增长对四个区域的劳动生产率增长均具有积极的作用，对沿海、东北和西部的作用在 1% 或者 5% 水平上显著，中部区域没有通过显著性检验。其中，东北区域的工资增长系数最大，为 0.378；其次是西部区域，系数为 0.189；最后是沿海区域（系数为 0.159）和中部区域（系数为 0.065），这一实证结果同样证实了工资增长能够促进区域工业劳动生产率的收敛，并且是中国不同区域收敛速度不同的原因之一。

表 6-6　加入政策因素的分区域劳动生产率收敛的面板估计结果

	沿海		中部		东北		西部	
	(1)	(2)	(1)	(2)	(1)	(2)	(1)	(2)
	条件收敛	加入政策因素	条件收敛	加入政策因素	条件收敛	加入政策因素	条件收敛	加入政策因素
期初劳动生产率	-0.079 ***	-0.084 ***	-0.132 ***	-0.174 ***	-0.329 ***	-0.331 ***	-0.161 ***	-0.176 ***
	(0.011)	(0.011)	(0.014)	(0.014)	(0.043)	(0.040)	(0.009)	(0.011)
资本密度	0.013	0.008	-0.032 **	0.019	0.021 **	-0.014	0.060 ***	0.050
	(0.013)	(0.013)	(0.006)	(0.015)	(0.053)	(0.050)	(0.015)	(0.014)
企业规模	-0.003	-0.004	-0.027 **	-0.042 **	-0.143 ***	-0.121 **	0.003	0.027
	(0.010)	(0.010)	(0.010)	(0.014)	(0.046)	(0.045)	(0.015)	(0.012)
出口份额	-0.015 **	-0.014 **	0.007	-0.005 *	-0.046 **	-0.021 *	-0.018 **	-0.016 ***
	(0.008)	(0.008)	(0.006)	(0.008)	(0.022)	(0.021)	(0.005)	(0.011)

续表

	沿海		中部		东北		西部	
	（1）	（2）	（1）	（2）	（1）	（2）	（1）	（2）
	条件收敛	加入政策因素	条件收敛	加入政策因素	条件收敛	加入政策因素	条件收敛	加入政策因素
国资份额	−0.003	−0.0002	−0.004	−0.002	−0.003 *	−0.008	−0.014 **	−0.014 **
	（0.005）	（0.005）	（0.006）	（0.005）	（0.019）	（0.019）	（0.006）	（0.005）
外资份额	−0.001	0.001	−0.006 ***	−0.005 *	0.007	0.011	0.002	0.002
	（0.004）	（0.004）	（0.003）	（0.003）	（0.014）	（0.013）	（0.004）	（0.003）
人力资本	0.081 **	0.086 **	0.089 **	0.078 **	0.085	0.002	0.024 **	0.041 *
	（0.043）	（0.044）	（0.023）	（0.023）	（0.129）	（0.117）	（0.016）	（0.035）
道路密度增长	—	0.035 **	—	0.292 ***	—	0.860 ***	—	0.048 *
		（0.003）		（0.064）		（0.281）		（0.046）
工资上涨	—	0.159 **	—	0.065	—	0.378 **	—	0.189 ***
		（0.007）		（0.038）		（0.163）		（0.036）
省份固定效应	是	是	是	是	是	是	是	是
行业固定效应	是	是	是	是	是	是	是	是
时期固定效应	是	是	是	是	是	是	是	是
R^2	0.546	0.591	0.692	0.710	0.603	0.657	0.523	0.570
样本数	715	715	267	267	160	160	878	878

注：参数估计值下面括号中的数字表示稳健标准误，***、**和*分别表示在1%、5%和10%的水平上显著。

6.1.2 人力资本对区域劳动生产率收敛性影响的检验

内生增长理论重点强调了人力资本对经济发展的推动作用，认为人力资本是经济长期增长的重要源泉。当前学者们研究经济增长收敛理论的应用最广泛的是 Mankiw 等 （1992）[22] 提出的 MRW 模型，该模型将人力资本纳入柯布—道格拉斯生产函数，构建了扩展的经济收敛模型。研究认为，在其他条件不变的情况下，人力资本的加入会提高国家间的收敛速度。当然，也有学者得出了不同的结论，认为人力资本对收敛的影响并不显著。但是，以上方法都采用的是线性模型来研究人力资本与经济收敛的关系，即假定各区域在不同时期的经济发展路径相同，并且人力资本对经济的影响在不同区域和不同时期也完全相同。但是 Kahn 和 Lim（1998）[166] 发现，由于现在发展中国家人力资本的稀缺并对知识产权缺乏有效的保护制度，发达国家对技术越来越存在技术偏向性，即偏向熟练劳动力，技术进步能够相对增进技能劳动力的边际产出。人力资本对劳动生产率增长影响方面取得进展的一个方法就是将重点放在通过这种效果发挥作用的渠道上，也就是说人力资本是通过何种途径来影响工业劳动生产率增长的？经常被认为是高层次的人力资本水平促进了技术的采用。因为 20 世纪 70 年代以后，发达国家的技术进步或前沿技术水平的技能偏向特征越来越明显。熟练劳动力提高技术水平的特征在于他们相对于非熟练工人提高了生产效率。因此，熟练劳动力提高技术水平导致人力资本密集型行业的劳动生产率增长更快。一旦影响劳动生产率增长的其他因素受到控制，那么迅速采用新技术的国家的人力资本密集型行业的劳动生产率应该能够获得快速的增长。如果高水平的人力资本促进技术的采用，人力资本密集型行业的劳动生产率在人力资本水平较高的经济体中应该增长得更快。Nawaz（2019）[168] 的跨国研究进一步证实，一个国家中较高的人力资本水平能够转化为该国技能劳动力密集行业的相对较快增长。中国四大区域（沿海、东北、中部和西部）间劳动生产率存在显著的差异，与此同时，不同区域的人力资本水平也差异悬殊，考虑到人力资本对劳动生产率的重要作用，它可能是导致区域劳动生产率收敛的重要原因。那么对于中国工业来说，人力资本对分区域劳动生产率收敛的推动效果是怎样的呢？在这些研究的基础上，我们将对人力资本对分区域工业劳动生产率收敛的影响进行计量检验。

6.1.2.1 计量模型的设定与变量的界定

本书借鉴 Rajan 和 Zingales（1998）[191] 研究空间因素影响行业发展的途径时采用行业特征和国家特征的交互项（即乘积项）作为关键解释变量的方法来研究人力资本对区域劳动生产率收敛性的影响，模型设定和方程（6−1）类似，只是将人力资本变量具体表示为省份人力资本和行业人力资本的交互项，方程设定为：

$$\ln \dot{y}_{jit} = \alpha + \beta \ln y_{jit} + \tau (\mathrm{HumE}_j \times \mathrm{Skill}_i) + \xi X + \phi \mathrm{road} + \psi \mathrm{wage} + D_i + D_j + \varepsilon_{jit}$$

$$(6-2)$$

其中，j 为省份，i 为行业，t 为时间。$\ln \dot{y}_{jit}$ 为第 t 至第 $t+k$ 年 j 省份 i 行业的劳动生产率年平均增长率对数，$\ln \dot{y}_{jit} = \ln\,(y_{j,i,t+k}/y_{j,i,t})\,/k$。$\ln y_{jit}$ 为 j 省份 i 行业的初始劳动生产率对数，代表初始的发展水平，β 为收敛系数。D_j 和 D_i 为省份和行业固定效应，ε_{jit} 为误差项。由于影响区域劳动生产率收敛性的最主要因素是政策因素和人力资本，因此控制变量不仅包括一般影响因素，X 即资本密度（capital）、企业规模（size）、出口份额（export）、国资份额（pub-lic）和外资份额（foreign），还包括政策因素变量即道路密度增长（road）与工资增长（wage）和人力资本交互项（$\mathrm{HumE}_j \times \mathrm{Skill}_i$）。一般影响因素指标和政策因素指标与 6.1.1 节保持一致，这里不再赘述，本节重点考察不同人力资本水平对区域劳动生产率收敛的影响，主要说明人力资本指标。HumE_j 为各省份期初人力资本发展水平，Skill_i 为各行业的劳动技能投入密度，$\mathrm{HumE}_j \times \mathrm{Skill}_i$ 交互项表示的是如果一个区域的人力资本越发达，那么对本区域工业劳动生产率增长的促进作用就越大，从而那些技术密集型行业在期初人力资本发达的区域就能获得相对较快的增长。

值得注意的是，这里的变量都具有省份和行业两个维度，可以将省份特定特征和行业特定特征都考虑进去。为了避免遗漏重要解释变量，我们使用固定效应模型。从计量经济学的角度，任一省份或行业特定变量都可以表示为虚拟变量的线性组合。如果期初劳动生产率对数的估计系数 β 为负且显著，则表示各省份行业的初始劳动生产率水平越高，后续劳动生产率的增长就越慢；初始水平越低，则劳动生产率增长就越快，就意味着区域工业劳动生产率在考察期内呈收敛趋势。如果初始劳动生产率对数的估计系数 β 为正，则表示区域中工业劳动生产率呈发散趋势，意味着初始发展水平较高（低）省份/行业的地位进一步巩固（削弱）。除了收敛系数 β 外，省份人力资本和行业人力资本的交互项系数 τ 也是我们关注的焦点。如果该系数显著为正，则表示技能密集行业在期初人力资本发达区域比在人力资本落后区域增长更快，从而通过各个行业在技能劳动投入上的差异与区域间的人力资本初始禀赋差异转化为行业后续的增长率差异，期初人力资本具有"增长效应"。具体理解如下：假设存在两个人力资本密集度不同的区域 A_1 和 A_2，其中，A_1 是人力资本较丰富的区域，A_2 是人力资本较贫乏的区域。两个区域均存在两个人力资本投入不同的行业 I_1 和 I_2，其中 I_1 是高人力资本投入行业，I_2 是低人力资本投入行业。如果 τ 的估计系数显著为正，则仅仅根据固定效应和人力资本交互项，模型关于这两个区域中两个行业的增长率预测值如下：

$$\lambda_{A_1} + \mu_{I_1} + \tau(\mathrm{HumE}_{A_1} \times \mathrm{Skill}_{I_1}) = g_{A_1 I_1} \tag{6-3}$$

$$\lambda_{A_1} + \mu_{I_2} + \tau(\mathrm{HumE}_{A_1} \times \mathrm{Skill}_{I_2}) = g_{A_1 I_2} \tag{6-4}$$

$$\lambda_{A_2} + \mu_{I_1} + \tau(\mathrm{HumE}_{A_2} \times \mathrm{Skill}_{I_1}) = g_{A_2 I_1} \tag{6-5}$$

$$\lambda_{A_2} + \mu_{I_2} + \tau(\mathrm{HumE}_{A_2} \times \mathrm{Skill}_{I_2}) = g_{A_2 I_2} \tag{6-6}$$

用式（6-3）减去式（6-4）可得，在人力资本较丰富的 A_1 区域，高人力资本投入行业 I_1 相对低人力资本投入行业 I_2 的预测劳动生产率增长率差异为：

$$(\mu_{I_1} - \mu_{I_2}) + \tau \mathrm{HumE}_{A_1}(Skill_{I_1} - Skill_{I_2}) = g_{A_1 I_1} - g_{A_1 I_2} \tag{6-7}$$

同样地，用式（6-5）减去式（6-6）可得，在人力资本较贫乏的 A_2 区域，高人力资本投入行业 I_1 相对低人力资本投入行业 I_2 的预测劳动生产率增长率差异为：

$$(\mu_{I_1} - \mu_{I_2}) + \tau \mathrm{HumE}_{A_2}(Skill_{I_1} - Skill_{I_2}) = g_{A_2 I_1} - g_{A_2 I_2} \tag{6-8}$$

进一步地，用式（6-7）减去式（6-8）可得人力资本较丰裕的区域 A_1 相对人力资本较贫乏的区域 A_2 在人力资本投入比重不同的两个行业中的预测劳动增长率差异：

$$\tau(\mathrm{HumE}_{A_1} - \mathrm{HumE}_{A_2})(Skill_{I_1} - Skill_{I_2}) = (g_{A_1 I_1} - g_{A_1 I_2}) - (g_{A_2 I_1} - g_{A_2 I_2}) \tag{6-9}$$

这样，通过各个行业在人力资本投入比重上的差异，区域间的人力资本初始禀赋差异就转化为行业的劳动生产率增长率差异。

对于区域人力资本变量，借鉴 Ciccone 和 Papaioannou（2009）[168] 的处理方式，我们用受教育水平表示区域的人力资本发展水平，具体地，用各省份学龄以上（6 岁及以上）人口中各受教育层次人口的比重表示其期初人力资本水平。表 6-7 显示了样本年份中国各省份就业人员受教育程度人口在总人口中的比重。可以看出，在四大区域中，沿海的受教育水平是最高的，1999 年沿海区域高中和大专及以上受教育比重均值分别为 17.35% 和 7.66%，其中北京和上海的受教育水平最高，北京的高中和大专及以上的受教育比重分别为 28.10% 和 23.00%，上海的高中和大专及以上的受教育比重分别为 29.80% 和 15.10%。到 2014 年，沿海区域高中和大专及以上受教育比重分别上升到了 19.74% 和 22.69%，也就是说，到 2014 年沿海区域几乎一半的人口受到了至少高中水平的教育；其次，东北三省受高等教育的人口比重也比较高，大专及以上受教育人口比重从 1999 年的 5.93% 上升到 2014 年的 13.48%；相反，中部区域和西部区域受高等教育的程度是最低的，大专及以上受教育人口比重分别由 1999 年的 3.00% 和 3.98% 上升到 2014 年 11.88% 和 13.19%，其中，云南、广西、贵州和安徽的受教育水平比较低，1999 年这些省份具有大专及以上文化程度的人口在 2% 以下。

表 6-7　中国各省份样本年份就业人员受教育程度人口在总人口中的比重

单位:%

区域	省份	小学			初中			高中			大专及以上		
		1999 年	2007 年	2014 年	1999 年	2007 年	2014 年	1999 年	2007 年	2014 年	1999 年	2007 年	2014 年
沿海	北京	8.10	7.20	3.70	39.40	33.00	22.60	28.10	24.50	21.90	23.00	34.30	51.39
	河北	30.4	25.30	16.10	46.70	56.50	55.50	12.60	10.50	15.10	3.90	4.40	11.06
	天津	19.10	13.10	7.50	41.70	42.80	39.30	25.10	25.20	20.80	11.10	17.40	31.71
	上海	11.30	8.50	5.80	40.60	35.10	34.20	29.80	27.50	24.50	15.10	27.70	35.05
	山东	29.00	24.30	14.80	44.40	53.20	47.50	10.40	11.30	19.60	2.20	5.20	16.08
	江苏	29.40	26.10	15.90	40.10	47.90	46.10	14.00	14.30	19.30	5.00	6.70	16.99
	广东	32.00	20.30	14.00	44.10	52.40	49.30	14.80	17.80	21.80	5.00	8.00	14.21
	浙江	34.90	31.70	19.40	39.40	42.10	41.90	12.40	12.10	17.10	3.00	8.00	19.16
	福建	39.50	35.20	21.80	33.00	38.60	41.80	11.90	12.20	17.50	3.20	7.30	17.04
	海南	28.60	21.40	12.30	40.20	53.50	52.80	14.40	14.20	19.80	5.10	5.30	14.19
	平均值	26.23	21.31	13.13	40.96	45.51	43.10	17.35	17.01	19.74	7.66	12.43	22.69
	标准差	10.15	9.31	5.86	3.72	8.36	9.61	7.32	6.38	2.72	6.74	10.55	12.73
	变异系数	0.39	0.44	0.45	0.09	0.18	0.22	0.42	0.37	0.14	0.88	0.85	0.56
东北	辽宁	26.60	22.40	13.50	50.20	53.00	56.00	13.30	13.40	14.70	7.00	9.70	15.62
	吉林	29.00	26.00	18.50	42.90	49.40	51.20	18.70	15.20	15.20	5.90	7.50	13.88
	黑龙江	27.50	22.90	21.50	48.30	53.40	53.20	14.30	14.50	12.70	4.90	7.50	10.93
	平均值	27.70	23.77	17.83	47.13	51.93	53.47	15.43	14.37	14.20	5.93	8.23	13.48
	标准差	1.21	1.95	4.04	3.79	2.20	2.41	2.87	0.91	1.32	1.05	1.27	2.37
	变异系数	0.04	0.08	0.23	0.08	0.04	0.05	0.19	0.06	0.09	0.18	0.15	0.18
中部	安徽	35.60	30.10	22.80	39.40	44.90	50.00	6.80	7.30	11.40	2.00	3.40	10.11
	江西	43.00	33.00	18.60	33.70	40.50	50.90	11.90	13.60	18.50	3.30	8.80	10.82
	河南	27.00	21.40	15.60	47.70	57.80	54.50	10.60	11.10	17.70	2.30	4.10	10.26
	湖北	32.80	28.40	16.40	39.60	43.60	48.10	12.70	14.50	20.40	4.00	6.80	13.43

区域	省份	小学			初中			高中			大专及以上		
		1999 年	2007 年	2014 年	1999 年	2007 年	2014 年	1999 年	2007 年	2014 年	1999 年	2007 年	2014 年
中部	湖南	36.70	29.90	15.00	39.80	48.20	45.50	13.20	12.90	23.80	3.40	5.60	14.77
	平均值	35.02	28.56	17.68	40.04	47.00	49.80	11.04	11.88	18.36	3.00	5.74	11.88
	标准差	5.83	4.34	3.17	4.99	6.64	3.34	2.57	2.85	4.55	0.83	2.16	2.10
	变异系数	0.17	0.15	0.18	0.12	0.14	0.07	0.23	0.24	0.25	0.28	0.38	0.18
西部	广西	42.50	29.70	19.00	40.20	52.90	57.70	8.20	9.90	13.70	0.90	4.20	8.33
	重庆	44.30	39.20	28.50	33.20	41.80	40.30	9.00	9.50	16.20	2.70	4.10	12.43
	山西	25.80	19.80	10.40	49.70	56.90	53.20	14.10	13.70	20.30	5.10	7.90	15.30
	四川	43.40	41.80	26.60	33.50	38.10	46.70	7.50	7.80	14.10	2.20	4.10	10.65
	贵州	40.70	41.90	31.60	26.00	33.80	47.70	7.80	5.50	7.80	2.70	4.10	9.36
	云南	47.70	46.40	38.70	25.30	30.30	40.10	5.10	5.90	8.20	1.40	3.50	10.00
	陕西	27.40	25.80	11.10	39.30	45.00	50.20	15.10	13.60	18.60	4.20	8.10	18.68
	甘肃	30.90	32.80	24.80	31.10	35.10	40.60	11.30	8.60	14.80	3.20	4.00	13.77
	青海	30.10	35.10	25.20	23.50	28.50	35.90	11.50	9.70	15.00	5.30	9.20	17.45
	内蒙古	29.10	27.60	19.00	36.60	44.30	46.50	16.40	14.00	15.70	5.10	7.90	17.35
	宁夏	26.90	27.50	25.00	35.10	39.60	41.50	11.60	10.70	13.70	4.40	9.30	14.11
	新疆	32.40	31.00	24.80	33.40	44.60	42.70	16.70	10.70	13.50	10.50	10.60	18.11
	平均值	34.59	34.74	26.28	31.61	38.63	43.54	10.34	9.25	13.68	3.98	5.95	13.19
	标准差	7.84	9.31	12.00	10.83	11.59	8.63	4.75	3.73	4.11	2.53	3.04	4.12
	变异系数	0.23	0.27	0.46	0.34	0.30	0.20	0.46	0.40	0.30	0.64	0.51	0.31

资料来源：根据 2000～2015 年《中国统计年鉴》和各省份统计年鉴计算所得。

　　对于行业人力资本变量，我们采用第二次和第三次全国工业普查提供的各行业全部职工关于工作岗位、技术职务、学历及年龄等详尽的结构数据。由于刻画行业人力资本密度的技能劳动投入比重内在地取决于行业本身的技术特征，因此该变量比较稳定。根据本节的研究目的，我们选取如下标准确定行业人力资本的技能劳动密度特征：第一，按照职工的技术职务，全部职工可分为高级、中级、初级和无技术职务四类，我们选取前三类人员即具有技术职务的人员在全部职工中的比重；第二，根据受教育程度，全部职工可分为大专及以上、中专、技工、高中、初中和小学及以下六类，我们选取中专、技校以上文化程度人员在全部职工中的比重。表 6 - 8 是 25 个二位码工业行业中全部职工中各类技能劳动力所占比重,从表6-8中可以看到,具有技术职务人员比重高的行业是"石油和天然气开采业""石油加工、炼焦和核燃料加工业""医药制造业""计算机、通信和其他电子设备制造业""铁路、船舶、航空航天和其他运输设备制造业"和"仪器仪表制造业",这些行业具有技术职务人员的比重均超过了15%,同时这些行业受中专、技校以上教育程度的职工比重也是最高的,其中"石油和天然气开采业"的中专、技校以上文化程度人员在全部职工中的比重最高,达到了42.01%;其次是"石油加工、炼焦和核燃料加工业",比重为33.62%。而"黑色金属矿采选业""食品制造业""纺织业""造纸和纸制品业""非金属矿物制品业"和"金属制品业"的具有技术职务人员比重较低,均在10%以下,其中,"纺织业"和"非金属矿物制品业"的中专、技校以上受教育比重是最低的,仅有9.44%和9.95%。

表6-8 全部职工中各类技能劳动力的比重　　　　单位:%

行业类型	技术职务人员 (劳动分类)	中专技校以上 (受教育程度分类)
煤炭采选业	10.90	14.89
石油和天然气开采业	25.83	42.01
黑色金属矿采选业	9.66	13.93
有色金属矿采选业	10.94	15.06
农副食品加工业	10.65	14.55
食品制造业	8.52	12.41
饮料制造业	10.60	14.87
烟草制品业	12.54	20.86
纺织业	6.73	9.44
造纸和纸制品业	8.19	11.99
石油加工、炼焦和核燃料加工业	19.19	33.62
化学原料和化学制品制造业	13.27	20.28
医药制造业	16.95	25.39
化学纤维制造业	11.75	20.70
非金属矿物制品业	7.48	9.95
黑色金属冶炼和压延加工业	14.02	22.89
有色金属冶炼和压延加工业	14.70	22.77

续表

行业类型	技术职务人员 （劳动分类）	中专技校以上 （受教育程度分类）
金属制品业	9.60	12.59
通用设备制造业	15.54	23.10
专用设备制造业	15.03	23.00
铁路、船舶、航空航天和其他运输设备制造业	16.81	26.59
电气机械和器材制造业	13.33	15.12
计算机、通信和其他电子设备制造业	17.85	13.35
仪器仪表制造业	17.64	22.08
电力、热力生产和供应业	21.51	14.91

资料来源：第二次和第三次全国工业普查。

6.1.2.2 计量结果

（1）基准结果。由于地理位置、基础设施、集聚和政策倾斜等因素，中国四大区域之间存在非常大的差异，沿海省份较早地与世界经济接轨，吸引了大量的外商直接投资，因此人力资本水平也是最高的。落后的内陆省份由于常常在物质资本上投入更大的比例，加上地区财政能力有限，因此对教育部门的投入较低，使得人力资本水平提高缓慢。为了检验人力资本对四大区域劳动生产率收敛的不同促进作用，在基准结果中，使用具有技术职务职工比重作为行业技能密度度量指标。为了避免变量多重共线性对计量结果的影响，计算了变量间的相关系数（见表6-9），发现在技术职务技能密度组中初中与技术职务交互项和高中与技术职务交互项、大专及以上与技术职务交互项之间均显著正相关，在10%水平上显著。因此，在计量检验中，我们将相关性显著的变量分别进行检验。为了结合省份特征和行业特征来考察人力资本对工业劳动生产率收敛的影响，在条件收敛估计方程的基础上，加入省份人力资本和行业人力资本交互项变量，运用固定效应模型对方程（6-2）进行估计，并且从省份特征和行业特征的交互项这一解释变量的符号来验证技能偏向型技术进步是否能够相对提高技能劳动力的生产效率。为了减少异方差的影响，本书对估计结果进行White标准误差和协方差调整，以降低可能存在又无法识别的异方差，横截面估计结果如表6-10所示。

表6-9 技术职务技能密度组涉及变量的相关性检验

变量	资本密度	企业规模	出口份额	国资份额	外资份额	道路密度增长	平均工资增长	初中×技术职务	高中×技术职务	大专及以上×技术职务
资本密度	1.000	—	—	—	—	—	—	—	—	—
企业规模	-0.040	1.000	—	—	—	—	—	—	—	—
出口份额	-0.052	0.024	1.000	—	—	—	—	—	—	—
国资份额	-0.029	-0.100	-0.046	1.000	—	—	—	—	—	—
外资份额	-0.024	0.190	0.045	-0.018	1.000	—	—	—	—	—
道路密度增长	0.046	0.016	-0.053	0.015	-0.086	1.000	—	—	—	—
平均工资增长	0.019	-0.065	-0.062	0.043	-0.066	0.036	1.000	—	—	—
初中×技术职务	0.015	0.065	0.069	-0.014	0.075	0.034	-0.017	1.000	—	—
高中×技术职务	0.026	-0.035	0.089	-0.047	0.103	0.040	0.037	0.691*	1.000	—
大专及以上×技术职务	0.022	-0.056	0.085	-0.041	0.106	0.048	0.050	0.404*	0.876*	1.000

资料来源：2000~2015年《中国工业统计年鉴》和各省份统计年鉴及第二次和第三次全国工业普查。

表6-10 人力资本对分区域收敛性影响的横截面估计结果

区域	行业特征	具有技术职务职工比重					
	省份特征	初中		高中		大专及以上	
		(1)	(2)	(1)	(2)	(1)	(2)
沿海	期初劳动生产率	-0.014** (0.005)	-0.015** (0.009)	-0.014** (0.005)	-0.016** (0.009)	-0.014** (0.005)	-0.015** (0.009)
	交互项	—	0.019 (0.018)	—	0.026** (0.009)	—	0.022** (0.010)
	控制变量	是	是	是	是	是	是
	R^2	0.633	0.649	0.633	0.649	0.633	0.652
	样本数	250	250	250	250	250	250

区域	行业特征	具有技术职务职工比重					
	省份特征	初中		高中		大专及以上	
		(1)	(2)	(1)	(2)	(1)	(2)
东北	期初劳动生产率	-0.050 *** (0.011)	-0.051 *** (0.019)	-0.050 *** (0.011)	-0.051 *** (0.019)	-0.050 *** (0.011)	-0.050 *** (0.019)
	交互项	—	0.013 (0.001)	—	-0.017 (0.002)	—	-0.020 (0.097)
	控制变量	是	是	是	是	是	是
	R^2	0.965	0.966	0.965	0.966	0.965	0.966
	样本数	75	75	75	75	75	75
中部	期初劳动生产率	-0.028 ** (0.009)	-0.030 *** (0.011)	-0.028 ** (0.009)	-0.029 ** (0.009)	-0.028 ** (0.009)	-0.028 ** (0.011)
	交互项	—	0.017 * (0.014)	—	0.007 (0.024)	—	0.041 (0.078)
	控制变量	是	是	是	是	是	是
	R^2	0.745	0.752	0.745	0.745	0.745	0.746
	样本数	125	125	125	125	125	125
西部	期初劳动生产率	-0.017 ** (0.007)	-0.019 *** (0.009)	-0.017 ** (0.007)	-0.019 *** (0.009)	-0.017 ** (0.007)	-0.018 *** (0.008)
	交互项	—	0.196 (0.010)	—	0.051 ** (0.019)	—	0.081 ** (0.035)
	控制变量	是	是	是	是	是	是
	R^2	0.616	0.679	0.616	0.680	0.616	0.679
	样本数	300	300	300	300	300	300

注：括号内是估计系数的稳健标准误。***、**和*分别表示在1%、5%和10%的水平上显著，控制变量为各省份各行业期初的一般控制变量加政策因素变量。

表6-10中各分组（初中、高中、大专及以上）的（1）栏是加入一般影响因素和政策因素变量但是没有加入人力资本变量的条件估计结果，（2）栏是在（1）栏的基础上加入人力资本变量的估计结果。从表6-10各组估计结果可以得出以下结论：①在沿海区域三种层次人力资本组的估计结果中，（1）栏和（2）栏的期初劳动生产率系数均为负数且均通过了显著性检验，即（2）

栏在加入了人力资本交互项后沿海区域仍呈显著的条件收敛，收敛系数分别为 -0.015、-0.016 和 -0.015，并且通过了 5% 水平上的显著性检验，说明人力资本可以促进沿海区域劳动生产率的收敛。通过比较各组交互项系数可以看出，初中层次的人力资本对沿海区域工业劳动生产率增长的作用为正（系数为 0.019）但是不显著，高中和大专及以上层次的人力资本对沿海区域工业劳动生产率增长的作用为正并且通过了 5% 水平上的显著性检验，其中高中层次人口的作用（系数为 0.026）要大于大专及以上人口的作用（系数为 0.022）。结合表 6-7 的中国各省份就业人员受教育程度人口在总人口中的比重可以看出，沿海区域大专及以上教育人口比重从 1999 年的 7.66% 上升到 2007 年的 12.43%，到 2014 年高达 22.69%，比 1999 年增长了近 3 倍，而高中教育人口比重从 1999 年的 14.4% 上升到 2014 年的 19.74%，仅上升了 37%，说明沿海区域的大专及以上教育人口比重增长要大于高中层次的，但是由于该层次人口对工业劳动生产率增长的作用要小于高中层次的，因此使得沿海区域相对于其他三个区域的劳动生产率增长速度放缓。②东北区域各组的收敛系数均显著为负，说明在加入人力资本交互项后东北区域仍存在显著的条件收敛，收敛系数分别为 -0.051、-0.051 和 -0.050，并且均通过了 1% 水平上的统计性检验。通过比较各组交互项系数可以看出，初中层次的人力资本对东北工业劳动生产率增长的作用为正但不显著（系数为 0.013），高中和大专及以上层次的人力资本对东北工业劳动生产率增长的作用为负但不显著（系数分别为 -0.017 和 -0.020），说明东北区域的工业劳动生产率增长主要是由初中层次的人力资本推动的，也就是说，该区域引进先进技术时，对技术消化的吸收对高学历人才的依赖程度不高，主要是由低层次人才推动的。由于初中人口比例是三种层次人口中最大的，由 1999 年的 47.13% 上升到了 2014 年的 53.47%，因此这种人力资本对劳动生产率增长的推动作用可以发挥出来，这加速了东北工业劳动生产率的收敛速度。③中部区域各组的收敛系数均显著为负，在加入了人力资本交互项后中部仍存在显著的条件收敛，收敛系数分别为 -0.030、-0.029 和 -0.028，并且均通过了显著性检验。通过比较各组交互项系数可以看出，三种层次的人力资本在中部工业劳动生产率增长的作用均为正，其中初中层次通过了显著性水平检验，初中层次人力资本交互项系数（0.017）是高中层次人力资本交互项系数（0.007）的两倍。这同样说明，中部由于低层次职业教育偏重知识的应用性，产业特定性也比较强，使得职工能够迅速掌握生产诀窍，因此初中层次对工业劳动生产率增长作用显著。同时，由于初中层次比例明显高于高中和大专及以上水平，因此使得中部工业劳动生产率增长速度加快。④西部各组的收敛系数均显著为负，在加入了人力资本交互项后西部仍存在显著的条件收敛，系数分别为 -0.019、-0.019 和 -0.018，并且均通过了1%水平上的显著性检验。通过比较各组交互项系数可以看出，对于西部区域，初中、高中和大专及以上三种层次与具有技术职务职工比重的行业特征的交互项均为正，系数分别为 0.196、0.051 和 0.081，其中高中层次和大专及以上层次通过了显著性检验，说明三种层次的人力资本对西部工业劳动生产率增长均起到了促进作用，其中高中和大专及以上层次的人力资本对劳动生产率增长的作用显著。而大专及以上层次的作用（交互项系数是 0.081）几乎是高中层次（交互项系数是 0.051）的两倍，说明在西部区域人力资本水平越高的省份，劳动生产率增长率就越快，较高的人力资本对劳动生产率增长起着明显的促进作用。由于西部工业劳动生产率的增长主要依赖于高层次的人力资本，但是由于高层次人力资本的缺乏，使得西部各省份在向发达沿海各省份追赶时遇到的困难更多，从而劳动生产率收敛速度在内陆区域中相对较慢。

（2）稳健性检验。我们使用中等职业教育（中专技校）以上职工的比重作为行业技能密度度量指标，进一步解决了回归估计的稳健性问题。为了避免变量多重共线性对计量结果的影响，我们计算了变量间的相关系数（见表6-11），发现在中等职业教育技能密度组中，初中×中专技校交互项和高中×中专技校交互项、大专及以上×中专技校交互项之间均显著正相关，在10%的水平上显著。因此，在计量检验中，将相关性显著的变量分别进行检验。我们将样本分区域来进行重新估计，估计结果如表6-12所示。

表6-11　中等职业教育技能密度组涉及变量的相关性检验

变量	资本密度	企业规模	出口份额	国资份额	外资份额	道路密度增长	平均工资增长	初中×中专技校	高中×中专技校	大专及以上×中专技校
资本密度	1.000	—	—	—	—	—	—	—	—	—
企业规模	-0.040	1.000	—	—	—	—	—	—	—	—
出口份额	-0.052	0.024	1.000	—	—	—	—	—	—	—
国资份额	-0.029	-0.100	-0.046	1.000	—	—	—	—	—	—
外资份额	-0.024	0.190	0.045	-0.018	1.000	—	—	—	—	—

续表

变量	资本密度	企业规模	出口份额	国资份额	外资份额	道路密度增长	平均工资增长	初中×中专技校	高中×中专技校	大专及以上×中专技校
道路密度增长	0.046	0.016	-0.053	0.015	-0.086	1.000	—	—	—	—
平均工资增长	0.019	-0.065	-0.062	0.043	-0.066	0.036	1.000	—	—	—
初中×中专技校	0.014	0.028	-0.106	0.033	-0.036	0.031	0.029	1.000	—	—
高中×中专技校	0.026	-0.055	0.089	-0.008	0.103	0.036	0.077	0.746*	1.000	—
大专及以上×中专技校	0.023	-0.066	0.046	-0.015	0.106	0.045	0.084	0.461*	0.876*	1.000

资料来源：2000~2015年《中国工业统计年鉴》和各省份统计年鉴及第二次和第三次全国工业普查。

表6-12　人力资本对分区域劳动生产率收敛性影响的横截面估计结果

区域	行业特征	中专技校以上					
	省份特征	初中		高中		大专及以上	
		(1)	(2)	(1)	(2)	(1)	(2)
沿海	期初劳动生产率	-0.014** (0.005)	-0.015** (0.009)	-0.014** (0.005)	-0.014*** (0.009)	-0.014** (0.005)	-0.014*** (0.009)
	交互项	—	0.018** (0.010)	—	0.018** (0.004)	—	0.007* (0.005)
	控制变量	是	是	是	是	是	是
	R^2	0.633	0.650	0.633	0.647	0.633	0.648
	样本数	250	250	250	250	250	250
东北	期初劳动生产率	-0.050*** (0.011)	-0.058*** (0.018)	-0.050*** (0.011)	-0.058*** (0.018)	-0.050*** (0.011)	-0.055*** (0.019)
	交互项	—	0.001 (0.003)	—	-0.002 (0.002)	—	-0.015 (0.003)
	控制变量	是	是	是	是	是	是
	R^2	0.965	0.982	0.965	0.982	0.965	0.981
	样本数	75	75	75	75	75	75

区域	行业特征	中专技校以上					
	省份特征	初中		高中		大专及以上	
		(1)	(2)	(1)	(2)	(1)	(2)
中部	期初劳动生产率	-0.028 **	-0.029 ***	-0.028 **	-0.028 ***	-0.028 **	-0.028 ***
		(0.009)	(0.011)	(0.009)	(0.011)	(0.009)	(0.011)
	交互项	—	0.020 *	—	0.005	—	0.011
			(0.007)		(0.003)		(0.001)
	控制变量	是	是	是	是	是	是
	R^2	0.745	0.848	0.745	0.859	0.745	0.848
	样本数	125	125	125	125	125	125
西部	期初劳动生产率	-0.017 **	-0.018 ***	-0.017 **	-0.019 ***	-0.017 **	-0.018 ***
		(0.007)	(0.009)	(0.007)	(0.009)	(0.007)	(0.009)
	交互项	—	0.015 **	—	0.029 **	—	0.040 **
			(0.006)		(0.011)		(0.019)
	控制变量	是	是	是	是	是	是
	R^2	0.616	0.687	0.616	0.679	0.616	0.679
	样本数	300	300	300	300	300	300

注：括号内是估计系数的稳健标准误。*** 、** 和 * 分别表示在1%、5%和10%的水平上显著，控制变量为各省份各行业期初的一般控制变量加政策因素变量。

从表6-12的估计结果可以得出与基准结果类似的结论。①通过比较沿海区域各组期初劳动生产率的系数，发现收敛系数均为负数且通过了显著性检验，说明在加入了人力资本交互项后，沿海区域仍呈显著的条件收敛。通过比较各组交互项系数可以看出，三种层次人口对沿海区域工业增长的作用为正并均通过了显著性检验，其中初中和高中层次的人口作用（交互项系数分别为0.018和0.018）要大于大专及以上人口的作用（交互项系数为0.007）。②通过比较东北区域各组期初劳动生产率的系数，发现东北区域各组的收敛系数均显著为负，说明在加入人力资本交互项后，东北区域仍存在显著的条件收敛。通过比较各组交互项系数可以看出，初中层次的人口对东北工业劳动生产率增长的作用为正但不显著（交互项系数为0.001），高中和大专及以上层次的人口对东北工业劳动生产率增长的作用为负但不显著（交互项系数分别为-0.002和-0.015）。③通过比较中部区域各组期初劳动生产率的系数，发现中部区域各组的收敛系数均显著为负，说明在加入了人力资本交互项后，中部区域仍存在显著的条件收敛。通过比较各组交互项系数同样可以看出，初中层次对中部区域劳动生产率的促进作用通过了显著性水平检验（交互项系数是0.020），这明显大于高中层次和大专及以上层次人口的作用（交互项系数分别为0.005和0.011）。④通过比较西部区域各组期初劳动生产率的系数，发现西部区域各组的收敛系数均显著为负，说明在加入了人力资本交互项后，西部区域仍存在显著的条件收敛。通过比较各组交互项系数同样可以看出，初中、高中和大专三种层次与中专技校以上行业特征的交互项均为正且通过了显著性检验，交互项系数分别为0.015、0.029和0.040，可见人力资本层次越高对西部区域劳动生产率收敛的促进作用越大。

综上所述，在受教育程度较高的沿海区域，高中和大专及以上层次的人口对沿海工业劳动生产率增长的作用显著为正，但是由于大专及以上层次人口对劳动生产率增长的推动作用并没有完全发挥出来，高中层次人口的作用要大于大专及以上人口的作用。而高中层次人口比重增长缓慢，因此使得沿海区域劳动生产率增长速度放慢，进而收敛速度放缓。东北区域和中部区域的人力资本水平与沿海区域相比相对落后，但是初中层次的人力资本水平对工业劳动生产率增长作用要明显大于高层次人口的作用，由于初中人力资本份额的绝对优势，使得该层次的人力资本明显加速了东北区域和中部区域劳动生产率的收敛速度。对于人力资本水平最为落后的西部区域，三种层次的人力资本在西部工业劳动生产率增长中均起到了显著的作用，其中大专及以上层次的作用是高中的两倍，由于高层次人力资本的缺乏使得西部区域在向沿海区域追赶时遇到的困难更多，因此劳动生产率收敛速度在内陆区域中相对较慢。

6.2　分行业中国工业劳动生产率收敛性影响因素的检验

对于分行业劳动生产率收敛性的影响因素，除了一般影响因素外，R&D投入和劳动力的技能素质是影响行业劳动生产率收敛的最主要因素。中国目前正处于经济转型期，依靠科技进步促进创新能力提升是产业转型升级的主要途径，也是增强各工业行业竞争力与提高劳动生产率的必然选择。中国工业各行业之间的性质、技术含量、资本密集度及行业规模等都不尽相同，劳动生产率的增长存在显著的行业差异。一些行业比其他行业创造了更多的人均增加值，这是由于这些行业使用更多的资本或是技术劳动力或是先进技术导致的。与此同时，能够解释一个行业吸收新信息、新技术水平的指标就是劳动力的技能素质。落后行业相对较弱的增长表现的主要原因之一就是它们在跟上、吸收和利用新技术和产品信息上表现不佳。中低技术行业中的劳动力知识搜寻模式较倾向于市场知识，这与高技术行业的技术导入行为存在明显不同。在现实生活中，各个行业的技术水平或劳动投入的技能结构存在明显差异，各行业对于技术溢出效应的吸收程度是不一样的，因此劳动生产率的增长也会不同。企业中吸收和利用先进技术的社会能力如工人受教育的长短、可利用的合格科技人员等对技术效应的吸收程度起着关键作用。因此，在分行业劳动生产率收敛性影响因素的研究中，除了一般影响因素外，我们重点分析 R&D 和劳动力的技能素质对行业劳动生产率收敛的影响。

6.2.1 R&D 对行业劳动生产率收敛性影响的检验

6.2.1.1 计量模型的设定与变量的界定

为了反映不同强度的 R&D 投入对行业劳动生产率收敛速度的影响，我们对回归方程进一步扩展，将行业按照 R&D 投入高低分为高投入组、中投入组和低投入组，将 R&D 低投入组设置为基准组，分别引入不同 R&D 投入强度虚拟变量和初始劳动生产率交互项，通过比较两组收敛系数的大小，来考察不同强度的 R&D 投入对劳动生产率收敛的影响，模型见方程（6 – 10）。

$$\ln \dot{y}_{jit} = \alpha + \beta \ln y_{jit} + \alpha_1 \ln y_{jit} \times D_{h-R\&D} + \alpha_2 \ln y_{jit} \times D_{m-R\&D} + \xi X + \lambda R\&D +$$

$$\rho qualification + D_j + D_i + \varepsilon_{jit} \qquad (6-10)$$

其中，j 为省份，i 为行业，t 为时间。$\ln \dot{y}_{jit}$ 为第 t 至第 $t+k$ 年 j 省份 i 行业的劳动生产率年平均增长率对数，$\ln \dot{y}_{jit} = \ln \left(y_{j,i,t+k} / y_{j,i,t} \right) / k$。$\ln y_{jit}$ 为 j 省份 i 行业的初始劳动生产率的对数，代表初始的发展水平，β 为收敛系数。$D_{h-R\&D}$ 和 $D_{m-R\&D}$ 表示的是高 R&D 投入强度组虚拟变量和中 R&D 投入强度组虚拟变量。D_j 为所有不随时间和行业变化的省份固定效应，以控制影响省份中行业增长的省份特征或冲击，D_i 为所有不随时间和省份变化的行业固定效应，控制具有不同生产技术的行业之间的差异。ε_{jit} 为随机误差项，它与其他解释变量不相关，并能捕捉对劳动生产率增长率影响的所有其他异质性因素。由于影响行业劳动生产率收敛性的最主要因素是 R&D 和劳动力的技能素质，所以还需将劳动力的技能素质变量（qualification）包括在其他控制变量中。因此，控制变量包括一般影响因素 X 即资本密度（capital）、企业规模（size）、出口份额（export）、国资份额（public）和外资份额（foreign），一般影响因素与第 5 章中的影响因素保持一致，还包括 R&D 投入变量和劳动力技能素质变量（qualification）。本节主要考察不同 R&D 投入对行业劳动生产率收敛速度的影响，根据中国工业行业 R&D 活动的特征及统计指标的特点，本书选取各行业 R&D 经费内部支出（万元）占主营业务收入的比重作为衡量工业行业 R&D 活动的投入指标。根据 2009 年全国进行的第二次 R&D 资源清查和 2004 年、2008 年和 2013 年分别进行的第一次、第二次和第三次全国经济普查数据，我们可以得到分行业分省份的 R&D 投入强度，通过计算这四年的分行业分省份 R&D 投入强度的均值，并将全部样本按照行业 R&D 投入强度的大小分为高、中和低三组来考察不同强度的 R&D 投入对劳动生产率收敛的影响。第三次工业普查（1995 年）提供了工业二位码行业和四位码行业的大专程度及以上占全部就业人数的比重，第六次全国人口普查资料（2010 年）中提供了二位码和四位码各细分行业劳动力的受教育程度，可分为研究生、大学本科、大学专科、高中、初中和小学及以下六类，我们选取两位码行业中大专以上的比重并取这两次的平均值为劳动力技能素质指标。主要变量的统计描述如表 6-13 所示。

表 6-13　变量的统计描述

变量	观测值	均值	标准差	中位数	最小值	最大值	变异系数
劳动生产率增长率	750	0.168	0.053	0.167	-0.124	0.428	0.316
初始劳动生产率	750	1.084	0.920	1.070	-1.860	4.690	0.848
资本密度	750	10.877	13.417	6.482	0.250	148.517	1.234
企业规模	750	6.626	9.199	3.610	0.010	90.240	1.388
出口份额	750	0.082	0.122	0.041	0.000	0.841	1.488
国资份额	750	0.616	0.442	0.578	0.000	3.667	0.718
外资份额	750	0.083	0.131	0.020	0.000	0.759	1.577
R&D	750	0.729	1.141	0.440	0.001	3.86	1.563
劳动力技能素质	750	0.134	0.044	0.133	0.067	0.258	0.328

资料来源：根据 2000~2015 年《中国统计年鉴》和各省统计年鉴及国务院发展研究信息网计算所得。

不同的行业由于外部性和竞争性环境等因素的不同，技术创新具有不同的发展特点，表6-14显示了25个二位码行业的平均R&D投入强度和劳动生产率的收敛系数。从表6-14可以看出，R&D投入强度较高的行业分别是铁路、船舶、航空航天和其他运输设备制造业（1.935），仪器仪表制造业（1.885），计算机、通信和其他电子设备制造业（1.533），专用设备制造业（1.413），化学纤维制造业（1.380），医药制造业（1.333），通用设备制造业（1.178）及电气机械和器材制造业（1.096）8个行业，R&D投入强度均值在1.00以上，而这8个行业均属于高技术投入行业。通过比较各行业R&D投入强度与收敛系数大致可以看出，R&D投入强度越高的行业收敛速度比R&D投入越低的行业要快，那么这种关系是否显著？我们通过计量分析给出了答案。

表6-14　中国工业二位码行业R&D投入与劳动生产率收敛系数

行业名称	收敛系数	t值	R&D投入强度
煤炭开采和洗选业	-0.075***	-6.52	0.310
石油和天然气开采业	-0.087***	-7.42	0.510
黑色金属矿采选业	-0.072***	-5.39	0.128
有色金属矿采选业	-0.080***	-4.55	0.130
农副产品加工业	-0.065***	-6.86	0.175
食品制造业	-0.046***	-5.23	0.328
饮料制造业	-0.040***	-4.08	0.455
烟草制品业	-0.089	-1.63	0.208
纺织业	-0.158***	-12.95	0.523
造纸和纸制品业	-0.040***	-4.17	0.450
石油加工、炼焦和核燃料加工业	-0.158***	-7.41	0.290
化学原料和化学制品制造业	-0.065***	-6.87	0.613
医药制造业	-0.138***	-4.49	1.333
化学纤维制造业	-0.184***	-6.61	1.380
非金属矿物制品业	-0.024***	-3.78	0.278
黑色金属冶炼和压延加工业	-0.115***	-5.39	0.613
有色金属冶炼和压延加工业	-0.086***	-4.55	0.602
金属制品业	-0.065***	-5.48	0.645
通用设备制造业	-0.063***	-6.96	1.178

续表

行业名称	收敛系数	t 值	R&D 投入强度
专用设备制造业	− 0.059 ***	− 5.37	1.413
铁路、船舶、航空航天和其他运输设备制造业	− 0.388 ***	− 11.91	1.935
电气机械和器材制造业	− 0.082 ***	− 8.36	1.096
计算机、通信和其他电子设备制造业	− 0.225 ***	− 9.57	1.533
仪器仪表制造业	− 0.227 ***	− 8.12	1.885
电力、热力生产和供应业	− 0.049 ***	− 4.41	0.098

注：*** 、** 和 * 分别表示在 1%、5% 和 10% 的水平上显著。

6.2.1.2 计量结果

（1）基准结果。为了避免变量多重共线性对计量结果的影响，我们利用 30 个省份的 25 个二位码工业行业规模以上数据，计算了变量间的相关系数（见表 6 - 15），发现 R&D 与劳动力技能素质存在多重共线性并在 10% 水平上显著，因此，在计量检验中，我们将相关性显著的变量分别进行检验。在考虑方法选择时，固定效应模型要优于混合估计和随机效应模型，故仍将 1999 年作为初始年，样本末期设为 2014 年，利用固定效应模型对方程（6 - 10）进行估计，估计结果如表 6 - 16 所示。

表 6 – 15 变量的相关性检验

变量	资本密度	企业规模	出口份额	国资份额	外资份额	R&D	劳动力技能素质
资本密度	1.000	—	—	—	—	—	—
企业规模	− 0.049	1.000	—	—	—	—	—
出口份额	− 0.059	0.039	1.000	—	—	—	—
国资份额	− 0.051	− 0.156	− 0.046	1.000	—	—	—
外资份额	− 0.030	0.064	0.045	− 0.018	1.000	—	—
R&D	− 0.058	0.038	0.087	0.159	0.225	1.000	—
劳动力技能素质	0.019	− 0.088	− 0.029	0.147	− 0.050	0.357 *	1.000

资料来源：根据 2000 ~ 2015 年《中国统计年鉴》和各省统计年鉴及国务院发展研究信息网计算所得。

表6-16　不同 R&D 投入强度对行业劳动生产率收敛速度影响的横截面估计结果

	(1)	(2)
期初劳动生产率	−0.055 *** (0.004)	−0.053 *** (0.003)
期初劳动生产率×高 R&D	—	−0.020 ** (0.003)
期初劳动生产率×中 R&D	—	−0.010 ** (0.003)
R&D	—	0.002 (0.003)
资本密度	0.011 ** (0.004)	0.016 ** (0.003)
企业规模	−0.005 ** (0.003)	−0.004 ** (0.001)
出口份额	−0.001 (0.001)	−0.001 (0.001)
国资份额	−0.001 (0.003)	0.005 ** (0.002)
外资份额	0.002 ** (0.001)	0.002 (0.001)
省份固定效应	是	是
行业固定效应	是	是
R^2	0.674	0.745
样本数	750	750

注：参数估计值下面括号中的数字表示稳健标准误，***、**和*分别表示在1%、5%和10%的水平上显著。

表6-16是在条件收敛框架的基础上，加入不同 R&D 经费投入强度虚拟变量与期初劳动生产率的交互项，考察不同 R&D 经费投入强度的行业收敛速度的差异和 R&D 对分行业劳动生产率收敛速度的影响。具体地，将低 R&D 投入组作为基准组，其他两组的收敛系数是将各自的系数加上基准组的收敛系数计算得出。（1）栏是整体考察样本的条件收敛估计结果，收敛系数为 −0.055 且在1%水平上显著。（2）栏是加入 R&D 变量及高和中 R&D 投入强度组虚拟

变量与期初劳动生产率交互项的条件收敛结果。可以看出，R&D 变量的系数为 0.003，但是没有通过显著性检验，说明 R&D 投入对低 R&D 投入行业劳动生产率收敛的促进作用并没有显示出来。低 R&D 投入组的收敛系数（-0.053）的绝对值要小于全部样本的收敛系数（-0.055）的绝对值，而高 R&D 投入组的收敛系数（-0.073）绝对值和中 R&D 投入组的收敛系数（-0.063）的绝对值要高于全部样本的收敛系数（-0.055）的绝对值，即较高 R&D 投入行业的收敛速度要大于较低 R&D 投入行业的收敛速度，这意味着投入更多的 R&D 的行业收敛速度会更快，这与我们预期的相符。对于 R&D 投入强度大的行业而言，由于技术密集和知识密集等重要特性，技术外溢效应更为明显，技术创新对劳动生产率促进作用较大，所以高 R&D 投入的行业对劳动生产率的增长起的作用比非高 R&D 投入的行业更大。因此，政府需要重视工业各行业 R&D 水平的投入结构、投入效率和分配机制等因素，使 R&D 投入对行业技术进步和劳动生产率的增长作用加大。

（2）稳健性检验。为了确保 R&D 投入可以加速中国工业分行业劳动生产率收敛速度这一结论的可靠性，我们对其稳健性进行检验。由于 R&D 投入较高的行业均属于高技术投入行业，为了明确 R&D 投入与不同类型行业劳动生产率增长率之间的关系，我们分别对高技术行业和中低技术行业进行分组回归分析，考察这两类行业的 R&D 投入对劳动生产率收敛的影响，回归方程如下：

$$\ln \dot{y}_{jit} = \alpha + \beta \ln y_{jit} + \gamma R\&D + \xi X + D_j + D_i + \varepsilon_{jit} \qquad (6-11)$$

其中，j 为省份，i 为行业，t 为时间。$\ln \dot{y}_{jit}$ 为第 t 至第 $t+k$ 年 j 省份 i 行业的劳动生产率年平均增长率，$\ln \dot{y}_{jit} = \ln\left(y_{j,i,t+k}/y_{j,i,t}\right)/k$。$\ln y_{jit}$ 为 j 省份 i 行业的期初劳动生产率的自然对数，代表初始的发展水平。D_j 为所有不随时间和行业变化的省份固定效应，以控制影响区域中行业增长的省份特征或冲击，D_i 为不随时间和省份变化的行业固定效应，控制具有不同生产技术的行业之间的差异。ε_{jit} 为随机误差项，它与其他解释变量不相关，并能捕捉对劳动生产率增长率影响的所有其他异质性因素。X 表示的是其他控制变量，包括资本密度（capital）、企业规模（size）、出口份额（export）、国资份额（public）和外资份额（foreign）。R&D 是各行业 R&D 经费内部支出（万元）占主营业务收入的比重，选取每个行业 1999～2014 年 R&D 投入强度历年均值。我们仍使用固定效应对方程（6-11）进行期初年份为 1999 年、期末年份为 2014 年的横截面回归（$k=16$），估计结果如表 6-17 所示。

表 6-17　R&D 对不同类型行业劳动生产率收敛影响的横截面估计结果

	高技术行业			中低技术行业		
	(1)	(2)	(3)	(1)	(2)	(3)
期初劳动生产率	-0.036***	-0.063***	-0.063***	-0.004***	-0.044***	-0.046***
	(0.007)	(0.008)	(0.008)	(0.002)	(0.005)	(0.006)
R&D	—	—	0.004	—	—	-0.006**
			(0.005)			(0.002)
资本密度	—	0.004	0.004	—	0.013**	0.013**
		(0.009)	(0.009)		(0.005)	(0.006)
企业规模	—	-0.008*	-0.008*	—	-0.003**	-0.003*
		(0.005)	(0.005)		(0.002)	(0.003)
出口份额	—	0.004	0.004	—	-0.002*	-0.001
		(0.003)	(0.003)		(0.001)	(0.001)
国资份额	—	-0.001	-0.001	—	0.002	0.004*
		(0.006)	(0.006)		(0.003)	(0.003)
外资份额	—	0.001	0.001	—	-0.001	0.002*
		(0.002)	(0.002)		(0.002)	(0.002)
省份固定效应	否	是	是	否	是	是
行业固定效应	是	是	是	是	是	是
R^2	0.475	0.571	0.572	0.427	0.565	0.576
样本数	270	270	270	480	480	480

注：参数估计值下面括号中的数字表示稳健标准误，***、**和*分别表示在1%、5%和10%的水平上显著。

　　我们先来观察 R&D 与劳动生产率增长率之间的关系。图 6-1 和图 6-2 描绘了高技术行业和中低技术行业中 R&D 与劳动生产率增长率的关系。可以看出，在高技术行业中，随着 R&D 投入的增加，劳动生产率的增长速度有缓慢上升的趋势。在中低技术投入行业，随着 R&D 投入的增加，劳动生产率增长速度不明显甚至呈缓慢下降趋势。这可以直观地说明，R&D 对劳动生产率增长的促进作用主要发生在高技术行业中，而对中低技术行业的劳动生产率增长起着抑制作用。

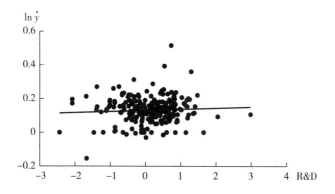

图6-1 高技术行业中 R&D 与劳动生产率增长率的关系

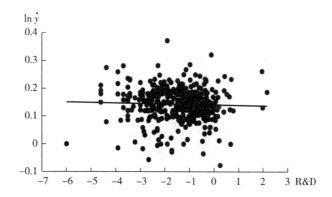

图6-2 中低技术行业中 R&D 与劳动生产率增长率的关系

表6-17是高技术投入行业和中低技术投入行业中 R&D 投入对行业劳动生产率收敛影响的横截面估计结果，其中（1）栏是绝对收敛估计结果，收敛系数为 -0.036 且在1%水平上显著，（2）栏是加入一般控制因素的条件收敛估计结果，收敛系数为 -0.063 且在1%水平上显著，（3）栏是在（2）栏的基础上加入 R&D 变量的条件收敛估计结果，估计系数是 -0.063 且在1%水平上显著。通过比较高技术行业的（1）栏、（2）栏和（3）栏的收敛系数，我们发现高技术行业在加入 R&D 变量后仍呈现显著的收敛趋势。其中，R&D 投入的回归系数为 0.004，但是没有通过显著性检验，说明在高技术行业中，R&D 投入越多越有利于劳动生产率的增长，虽然这种促进效应并不显著，但是仍可以发现 R&D 促进了高技术行业劳动生产率收敛的结果。在中低技术行

业中，通过（1）栏、（2）栏和（3）栏的收敛系数，我们发现中低技术行业在加入 R&D 变量后仍呈现显著的收敛趋势，收敛系数为 - 0.046 且在 1% 水平上显著，通过与高技术行业的收敛系数相比，发现中低技术行业的收敛速度低于高技术行业的收敛速度。其中 R&D 投入的回归系数为 - 0.006，并且在 5% 水平上显著，说明在中低技术行业中，随着 R&D 投入的增大反而不利于劳动生产率的增长，这与高技术行业得出的结论相反。究其原因，可能是由于中低技术行业的创新基础比高技术行业弱，自主研发能力不及高技术行业强，并且 R&D 支出使用效率要低于高技术行业，因此即使增加 R&D 投入密度，R&D 投资没有产生规模递增效应，因而 R&D 投入对劳动生产率增长的促进作用没有发挥出来。同时，R&D 伴随着高风险性，从研发创意的产生、筛选到研发成功都具有不确定性，因此在技术和市场不确定的情况下，中低技术行业承受 R&D 投资无法收回风险的能力不及高技术行业，并且在中低技术行业中由于存在较多的性质类似的行业，设置的技术模仿壁垒较低，由于市场配置研发经费资源的机制还不成熟，随着模仿行为的增多，R&D 活动出现较多的同质竞争，挤出效应明显，因此 R&D 活动不一定会带来预期的劳动生产率增长。其他控制变量对劳动生产率增长也有显著的影响。出口的回归系数在中低技术行业样本中为负且显著，但是在高技术行业中为正，说明出口不利于中低技术行业劳动生产率的增长，但是对高技术行业劳动生产率的增长有促进作用。企业规模的系数在高技术行业和中低技术行业样本中都为负，说明这两类行业均不存在规模效应，即规模越大的企业，越不利于劳动生产率的增长。资本密度在两类行业样本中都为正，且在中低技术行业中显著，说明资本深化均有利于这两类行业劳动生产率的增长，更多的资本包含更多的技术水平，更有利于劳动生产率的增长。

6.2.2 劳动力技能素质对行业劳动生产率收敛性影响的检验

除了依靠本土的研究与开发实现技术进步外，另一个重要途径就是通过模仿、吸收和消化其先进技术，能够解释一个行业吸收新信息、新技术水平的指标就是劳动力的技能素质。劳动力技能素质的提高是行业增长的重要动力之一，也是造成增长差异的关键原因所在。劳动力技能素质被认为对劳动生产率的增长具有积极的效应。在现实生活中，各个行业的技术水平或劳动投入的技能结构存在明显差异，各行业对于技术溢出效应的吸收程度是不一样的，因此劳动生产率的增长也会不同。工人受教育的长短、可利用的合格科技人员等对技术效应的吸收程度起着关键作用。劳动力技能素质被认为对劳动生产率增长具有积极的效应，具有更良好的教育和更高资格的员工被预计劳动生产率会更高。因此，劳动力技能素质对于技术扩散以及劳动生产率的收敛是至关重要的。

6.2.2.1　计量模型的设定与变量的界定

为了反映不同劳动力技能素质投入对分行业劳动生产率收敛速度的影响，我们对回归方程进一步扩展，具体地，我们按照劳动力技能素质的高低将全部行业分为高投入组、中投入组和低投入组，在条件收敛的基础上分别引入不同劳动力技能素质投入强度和初始劳动生产率的交互项虚拟变量，将低劳动力技能素质组设置为基准组，比较其他两组系数的大小，如方程（6－12）所示：

$$\ln \dot{y}_{jit} = \alpha + \beta \ln y_{jit} + \alpha_1 \ln y_{jit} \times D_{h-qualification} + \alpha_2 \ln y_{jit} \times D_{m-qualification} + D_j + D_i +$$
$$\xi X + \lambda \,\text{qualification} + \varepsilon_{jit} \tag{6-12}$$

其中，j 为省份，i 为行业，t 为时间。$\ln \dot{y}_{jit}$ 为第 t 至第 $t+k$ 年 j 省份 i 行业的劳动生产率年平均增长率对数，$\ln \dot{y}_{jit} = \ln (y_{j,i,t+k}/y_{j,i,t})/k$。$\ln y_{jit}$ 为 j 省份 i 行业的初始劳动生产率对数，代表初始的发展水平，β 为收敛系数。$D_{h-qualification}$ 和 $D_{m-qualification}$ 分别为高劳动力技能素质组和中劳动力技能素质组的虚拟变量。D_j 为所有不随时间和行业变化的省份固定效应，以控制影响省份——行业增长的省份特征或冲击，D_i 为不随时间和省份变化的行业固定效应，控制具有不同生产技术的行业之间的差异。ε_{jit} 为随机误差项，它与其他解释变量不相关，并能捕捉对劳动生产率增长率影响的所有其他异质性因素。控制变量包括一般影响因素 X 即资本密度（capital）、企业规模（size）、出口份额（export）、国资份额（public）和外资份额（foreign），一般影响因素与第 5 章中的影响因素保持一致，还包括劳动力技能素质（qualification）。第三次工业普查（1995 年）提供了工业二位码行业和四位码行业的大专及以上占全部就业人数的比重，第六次全国人口普查资料（2010 年）中提供了二位码和四位码各细分行业劳动力的受教育程度，可分为研究生、大学本科、大学专科、高中、初中和小学及以下六类，我们分别选取大专以上的比重并取这两次的平均值作为劳动力技能素质指标。

表 6－18 显示了 25 个二位码行业的劳动力技能素质投入和收敛系数及 t 统计值。在所考察的 25 个工业行业中，劳动力技能素质在大学以上所占比例

较高的行业是石油和天然气开采业（0.286），化学原料和化学制品制造业（0.263），黑色金属冶炼和压延加工业（0.251），专用设备制造业（0.292），铁路、船舶、航空航天和其他运输设备制造业（0.292），电力、热力生产和供应业（0.235），医药制造业（0.230）及计算机、通信和其他电子设备制造业（0.206），这些行业的员工受教育程度大专以上比重都在20%以上。劳动力的技能素质大专以上所占比例较低黑色金属矿采选业（0.054），有色金属矿采选业（0.079），农副食品加工业（0.081），食品制造业（0.080），造纸和纸制品业（0.068）及化学纤维制造业（0.085），这些行业的劳动力技能素质大学以上所占比例均在10%以下。通过比较表6－18中劳动力技能素质投入强度和收敛系数可以看出，劳动力技能素质投入较低的行业收敛速度却是较快的，那么这种关系是否显著？我们通过计量分析给出答案。

表6－18　中国工业二位码行业的劳动力技能素质投入和收敛系数

行业	收敛系数	t 值	劳动力技能素质投入
煤炭开采和洗选业	− 0.075 ***	− 6.52	0.178
石油和天然气开采业	− 0.087 ***	− 7.42	0.286
黑色金属矿采选业	− 0.072 ***	− 5.39	0.054
有色金属矿采选业	− 0.080 ***	− 4.55	0.079
农副食品加工业	− 0.065 ***	− 6.86	0.081
食品制造业	− 0.046 ***	− 5.23	0.080
饮料制造业	− 0.040 ***	− 4.08	0.110
烟草制品业	− 0.089	− 1.63	0.162
纺织业	− 0.158 ***	− 12.95	0.134
造纸和纸制品业	− 0.040 ***	− 4.17	0.068
石油加工、炼焦和核燃料加工业	− 0.158 ***	− 7.41	0.208
化学原料和化学制品制造业	− 0.065 ***	− 6.87	0.263
医药制造业	− 0.138 ***	− 4.49	0.230
化学纤维制造业	− 0.184 ***	− 6.61	0.085
非金属矿物制品业	− 0.024 ***	− 3.78	0.132
黑色金属冶炼和压延加工业	− 0.115 ***	− 5.39	0.251
有色金属冶炼和压延加工业	− 0.086 ***	− 4.55	0.133

续表

行业	收敛系数	t 值	劳动力技能素质投入
金属制品业	− 0.065 ***	− 5.48	0.088
通用设备制造业	− 0.063 ***	− 6.96	0.106
专用设备制造业	− 0.059 ***	− 5.37	0.235
铁路、船舶、航空航天和其他运输设备制造业	− 0.388 ***	− 11.91	0.292
电气机械和器材制造业	− 0.082 ***	− 8.36	0.188
计算机、通信和其他电子设备制造业	− 0.225 ***	− 9.57	0.206
仪器仪表制造业	− 0.227 ***	− 8.12	0.138
电力、热力生产和供应业	− 0.049 ***	− 4.41	0.235

注：*** 、**和*表示在1%、5%和10%的水平上显著。

6.2.2.2　计量结果

（1）基准结果。为了避免变量多重共线性对计量结果的影响，在进行计量回归之前，先对各解释变量进行相关性检验。利用30个省份的25个二位码工业行业规模以上数据计算了变量间的相关系数（结果见表6-19），并进行"方差膨胀因子"（简记 VIF）检验，发现各种自变量的膨胀因子 VIF 值均小于10。从表6-19中我们可以看出，各影响因素之间的相关系数都很小，回归方程中解释变量之间不存在多重共线性问题。我们仍采用固定效应模型对方程（6-12）进行估计，估计如表6-20所示。

表6-19　变量的相关性检验

变量	资本密度	企业规模	出口份额	国资份额	外资份额	劳动力技能素质
资本密度	1.000	—	—	—	—	—
企业规模	− 0.049	1.000	—	—	—	—
出口份额	− 0.059	0.039	1.000	—	—	—
国资份额	− 0.051	− 0.156	− 0.046	1.000	—	—
外资份额	− 0.030	0.064	0.045	− 0.018	1.000	—
劳动力技能素质	0.192	0.081	− 0.029	0.148	− 0.050	1.000

资料来源：根据2000~2015年《中国工业统计年鉴》和第三次工业普查及第六次全国人口普查计算所得。

表6-20 劳动力技能素质对分行业劳动生产率收敛影响的横截面估计结果

	（1）	（2）
期初劳动生产率	-0.055*** (0.004)	-0.059** (0.004)
期初劳动生产率×高劳动力技能素质	—	0.012 (0.003)
期初劳动生产率×中劳动力技能素质	—	0.002 (0.004)
劳动力技能素质	—	0.007 (0.015)
资本密度	0.011** (0.004)	0.013 (0.003)
企业规模	-0.005** (0.003)	-0.005** (0.000)
出口份额	-0.001 (0.001)	-0.001** (0.015)
国资份额	-0.001 (0.003)	0.004* (0.000)
外资份额	0.002** (0.001)	0.002** (0.017)
省份固定效应	是	是
行业固定效应	是	是
R^2	0.674	0.706
样本数	750	750

注：参数估计值下面括号中的数字表示稳健标准误，***、**和*分别表示在1%、5%和10%的水平上显著。

表6-20是在条件收敛框架的基础上，加入不同劳动力技能素质虚拟变量与期初劳动生产率的交互项，来考察不同劳动力技能素质行业收敛速度的差异和劳动力技能素质对分行业收敛的影响。将低劳动力技能素质投入组作为基准组，其他两组的收敛系数是将各自的系数加上基准组的收敛系数计算得出。（1）栏是整体考察样本的条件收敛估计结果，收敛系数为-0.055且在1%水

平上显著。（2）栏是加入劳动力技能素质变量和高、中劳动力技能素质虚拟变量与期初劳动生产率交互项的估计结果，可以看出劳动力技能素质变量为0.007，虽然没有通过显著性检验，仍说明了在低劳动力技能素质行业中，劳动力技能素质对劳动生产率收敛起着促进作用。低劳动力技能素质组的收敛系数为 - 0.059 且在 5% 水平上显著，中劳动力技能素质组的收敛系数为 - 0.057，而高劳动力技能素质组的收敛系数（ - 0.047）绝对值要小于中低劳动力技能素质组的收敛系数和全部样本组的收敛系数（ - 0.055）的绝对值，这说明在控制了影响工业劳动生产率增长的省份和行业固定效应之后，在具有更低的劳动力技能素质的行业收敛速度会更快。这与我们的预期相反，但是反映了一个事实，即越接近当地比较竞争优势的行业收敛速度会越快。的确，在中国拥有较低劳动力技能素质投入的行业更容易利用其落后优势和从技术溢出效应中获益。相比之下，拥有更高劳动力技能素质投入领域的高端行业由于与当地的生产结构的联系相对有限，而当地生产结构又可以产生积极的溢出效应如知识外部性和规模经济（Gong，2020）[192]，因此这些行业在充分利用现有生产性知识时处于一个不太有利的位置，收敛速度会减慢。这个结果与Cai 等（2011）[193]的发现一致，即对劳动力技能素质投入相对较低的行业进行政策干预会使这些行业获得更高的生产率水平和增长率。

（2）稳健性检验。为了检验具有更低劳动力技能素质投入的行业收敛速度越快的结论，我们进行表 6 - 21 的稳健性检验（1），即通过对行业进行更细程度的划分，利用 30 个省份的 100 个四位码行业数据来考察劳动力技能素质对行业劳动生产率收敛速度的影响。表 6 - 21 中的（1）栏是一般条件收敛结果，收敛系数为 - 0.001，并且在 1% 水平上显著。（2）栏是在（1）栏的基础上加入劳动力技能素质变量和高、中劳动力技能素质虚拟变量与初始劳动生产率的交互项，来考察不同劳动力技能素质组的收敛速度。低劳动力技能素质组的收敛系数为 - 0.002 并在 1% 水平上显著，高、中劳动力技能素质虚拟变量与期初劳动生产率的交互项系数均为 0.001，并且在 5% 水平上显著，这证实了在控制了影响工业增长的省份和行业固定效应后，在具有更低的劳动力技能素质投入密度或者任职资格的行业收敛速度会更快。而劳动力技能素质变量的系数为 - 0.003 且在 5% 水平上显著，这同样说明大专及以上的劳动力技能素质对劳动生产率的收敛起着显著抑制作用。

表 6-21   稳健性检验（1）：四位码行业中不同劳动力技能
素质投入对收敛影响的估计结果

	(1)	(2)
期初劳动生产率	-0.001*** (0.000)	-0.002*** (0.000)
初始劳动生产率×高劳动力技能素质	—	0.001** (0.000)
初始劳动生产率×中劳动力技能素质	—	0.001** (0.000)
劳动力技能素质	—	-0.003** (0.001)
控制变量	是	是
常数项	0.475*** (0.237)	0.409*** (0.020)
行业虚拟变量	是	是
省份虚拟变量	是	是
观测值	1261	1261
R^2	0.520	0.651

注：参数估计值括号中数字表示稳健标准误，***、**和*分别表示在1%、5%和10%的水平上显著。

在表6-22的稳健性检验（2）中，我们对高技术行业和中低技术行业进行分组回归，考察劳动力技能素质对不同行业类型的劳动生产率收敛的影响，回归方程如下：

$$\ln \dot{y}_{jit} = \alpha + \beta \ln y_{jit} + \gamma \text{qualification} + \xi X + D_j + D_i + \varepsilon_{jit} \qquad (6-13)$$

其中，j为省份，i为行业，t为时间。$\ln \dot{y}_{jit}$为第t至第$t+k$年j省份i行业的劳动生产率年平均增长率对数，$\ln \dot{y}_{jit} = \ln (y_{j,i,t+k}/y_{j,i,t})/k$。$\ln y_{jit}$为$j$省份$i$行业的初始劳动生产率对数。$D_j$为所有不随时间和行业变化的省份固定效应，以控制影响区域中行业增长的区域特征或冲击，D_i为不随时间和区域变化的行业固定效应，控制具有不同生产技术的行业之间的差异，ε_{jit}为随机误差项。X为其他控制变量，包括资本密度（capital）、企业规模（size）、出口份额（export）、国资份额（public）和外资份额（foreign）。qualification为各行业劳动力大学程度及以上占全部就业人数的比重，第三次工业普查（1995 年）和第六次全国人口普查资料（2010 年）分别提供了二位码和四位码各细分行业受教育程度，我们选取大专以上的比重并取这两次的平均值作为劳动力技能素质指标。我们仍使用固定效应对方程（6－13）进行初始年份为1999 年、期末年份为2014 年的横截面回归（$k=16$），估计结果如表 6－22 所示。我们发现，无论使用二位码行业的数据还是使用四位码行业的数据，在高技术行业组中，劳动力技能素质变量的回归系数为负且在 5% 水平上显著，说明在高技术行业中，劳动力技能素质与劳动生产率增长负相关；在中低技术行业中，劳动力技能素质的回归系数为正且在 5% 水平上显著，说明在中低技术行业中，随着劳动力技能素质投入的增加，劳动生产率增长越快。这意味着，劳动力技能素质的投入可以加快中低技术行业劳动生产率的收敛速度，但是对高技术行业的收敛速度起着抑制作用。这是因为劳动力的技能素质不同，工作岗位的技术含量也不同，劳动技能与工作任务的互补性导致了劳动力技能素质与工作任务复杂性之间最优的正向排序匹配，即技能素质越高的劳动力匹配的工作岗位技术含量越大[194][195]。但是在实际中，沿海省份能够直接吸收引进国外先进技术、高技术资本设备和现代管理知识，这些都极大地提高了沿海省份各企业的岗位复杂性水平，而内陆省份无法提供发挥高素质劳动力技能水平的高技术含量的工作任务，工作岗位不能跨地区流动，高素质劳动力只有迁移到沿海省份才能发挥更高的产出效率[196]。但是，由于地方保护主义和地区壁垒的存在，劳动力迁移动机虽然随着劳动力技能水平的提高而加强，但是实际中却得不到很好的保障，使得中西部落后省份的高技术行业中劳动力的技能素质与工作任务的复杂性不能得到很好的匹配，导致高素质的劳动力技术投入对劳动生产率增长的推动作用没有显示出来。而在中低技术行业中，劳动力的任职资格较低，中低技术行业的就业岗位较多，随着劳动力流动的放松，高工资吸引技术型劳动力向中低技术型行业转移，这些高技术素质劳动力既可以与高技术行业技术复杂岗位相匹配，也可以与中低技术行业中高技术含量的岗位相匹配，因此在中低技术行业技术型劳动力可以发挥更高产出效率和得到更高的工资，促进了劳动生产率的增长。从这个意义上说，增加中低技术行业上的劳动力技能素质投入有利于提升整个工业行业劳动生产率的增长速度。

表6－22　稳健性检验（2）：劳动力技能素质对不同类型行业
劳动生产率收敛影响的估计结果

行业类型	解释变量	高技术行业		中低技术行业	
		（1）	（2）	（1）	（2）
二位码行业	期初劳动生产率	－0.064 *** (0.007)	－0.059 *** (0.008)	－0.041 *** (0.005)	－0.042 *** (0.005)
	劳动力技能素质	—	－0.060 ** (0.005)	—	0.017 * (0.009)
	一般控制变量	是	是	是	是
	省份固定效应	是	是	是	是
	行业固定效应	是	是	是	是
	R^2	0.565	0.565	0.565	0.576
	样本数	270	270	480	480
四位码行业	期初劳动生产率	－0.002 *** (0.008)	－0.002 *** (0.008)	－0.001 *** (0.000)	－0.001 *** (0.000)
	劳动力技能素质	—	－0.046 ** (0.025)	—	0.014 ** (0.002)
	一般控制变量	是	是	是	是
	省份固定效应	是	是	是	是
	行业固定效应	是	是	是	是
	R^2	0.556	0.567	0.528	0.545
	样本数	671	671	1754	1754

注：参数估计值下面括号中的数字表示稳健标准误，***、**和*分别表示在1%、5%和10%的水平上显著。

6.3　本章小结

从世界范围来看，许多国家内部都不同程度地存在区域发展差距，运用区域政策手段缩小区域发展差距是经济学家和各国政府关注的一个重要问题。改革开放以来，伴随着教育水平的大幅度提高，中国经济实现了多年的持续快速增长，学者们一致认为人力资本的差异是导致中国区域不均衡发展的重要因素。因此，本书对于分区域劳动生产率收敛性影响因素的研究，除了考察一般影响因素外，重点考察了政策因素和人力资本因素对区域工业劳动生产率收敛的影响，发现当地政府在基础设施提供和平均工资上涨的经济政策加速了区域工业劳动生产率的收敛。道路密度增长与平均工资增长高的区域劳动生产率的收敛速度比道路密度增长和平均工资增长低的区域收敛速度快。分区域来看，交通基础设施的改善和工资增长对内陆区域（东北、中部和西部）劳动生产率增长的促进效果显著，同时内陆区域道路密度增长和平均工资增长比沿海区域快，因此内陆区域（东北、中部和西部）劳动生产率的收敛速度也快于沿海区域，所以政府要加大对欠发达区域的交通基础设施的改善和平均工资的提高。人力资本水平加速了区域劳动生产率的收敛，不同人力资本分布差异对不同区域劳动生产率增长的作用不同，这种推动作用是由行业的技能特征实现的。无论是使用具有技术职务职工比重作为行业技能密度度量指标还是使用中等职业教育（中专、技校）以上职工的比重作为行业技能密度度量指标，加入省份和行业人力资本水平交互项后，与基准组的条件收敛相比收敛系数增大，可以看出人力资本水平可以促进劳动生产率的收敛。在受教育程度较高的沿海区域，高中和大专及以上层次的人口对沿海工业劳动生产率增长的作用显著为正，其中，高中层次的人口的作用要大于大专及以上人口的作用。由于高中层次人口比重增长缓慢，因此使得沿海区域劳动生产率增长速度放慢，进而收敛速度放缓。东北区域和中部区域的人力资本水平与沿海区域相比相对落后，但是初中层次的人力资本水平对行业劳动生产率增长作用要明显大于高层次人口的作用，由于初中人力资本份额的绝对优势，使得这一层次的人力资本加速了东北区域和中部区域劳动生产率的收敛速度。对于人力资本最为落后的西部区域，三种层次的人力资本在西部工业劳动生产率增长中均起到了显著的促进作用，其中大专及以上层次的作用是高中层次的两倍，然而由于高层次人力资本的缺乏使得西部省份在向发达沿海省份追赶时遇到的困难更多，劳动生产率收敛速度在内陆区域中相对较慢。

行业劳动生产率增长的主要影响因素是技术创新，为了验证较强的创新能力是否能够诱导技术与生产力进行衔接，研究与发展（R&D）投资可作为一个指标。同时，能够解释一个行业吸收新信息、新技术水平的指标就是劳动力技能素质。因此，本书对于分行业劳动生产率收敛性影响因素的研究中，除了考察一般影响因素外，重点考察了 R&D 和劳动力技能素质对行业劳动生产率收敛的影响。结果发现，R&D 投入强度越高的高技术行业收敛速度比 R&D 投入强度相对较低的中低技术行业要快。分行业类型来看，R&D 投入对高技术行业劳动生产率的收敛存在促进作用，R&D 投入对中低技术行业劳动生产率的收敛存在抑制作用。这意味着 R&D 投入强度对劳动生产率增长的推动作用主要集中在高技术行业，而对中低技术行业的促进效应没有真正显示出来甚至为负效应。这可能是由于中低技术行业的创新基础比高技术行业弱，自主研发能力不及高技术行业强，并且 R&D 支出使用效率要低于高技术行业，因此即使增加 R&D 投入密度，R&D 投资没有产生规模递增效应导致的。劳动力的技能素质抑制了分行业劳动生产率的收敛速度，具有更低劳动力技能素质行业的收敛速度要快于具有较高劳动力技能素质行业的收敛速度。无论使用二位码行业数据还是四位码行业数据，实证结果均表明劳动力技能素质对行业劳动生产率的收敛并没有起到促进作用，反而起着抑制作用，这与拥有较低技术水平投入的行业更容易利用其落后优势和从技术溢出效应中获益结果相一致。这是因为拥有更高劳动力技能素质投入领域的高端行业由于与当地的生产结构的联系相对有限，而当地生产结构又可以产生积极的溢出效应如知识外部性和规模经济，因此这些行业在充分利用现有生产性知识时处于一个不太有利的位置，收敛速度会减慢。

7 研究结论与研究展望

7.1 研究结论

本书在对现有研究文献进行梳理的基础上，通过对新古典增长模型的拓展，加入劳动力流动因素构建劳动生产率收敛的数理模型，分析劳动生产率的收敛机制和影响收敛的因素；利用 1999～2019 年中国分省份—行业数据，采用变异系数、（最大值－最小值）/均值、初始劳动生产率水平与其增长率之间的关系及相对劳动生产率等多种收敛指标对中国工业整体、分区域和分行业劳动生产率差异和收敛特征进行描述性统计分析；并采用中国 30 个省份的 25 个二位码工业行业数据和 100 个四位码工业行业数据，运用双向固定效应模型从整体、分区域和分行业三个层面对中国工业劳动生产率的收敛性及其影响因素进行计量检验，得出如下结论：

（1）中国工业整体劳动生产率存在显著的绝对收敛和条件收敛特征。在基准结果中，绝对收敛系数为 －0.019 且在 1% 水平上显著，说明中国工业劳动生产率存在绝对收敛特征。加入省份固定效应和控制变量后条件收敛表现得比绝对收敛更加强烈，其收敛系数为负且绝对值增大为 0.055。在一般影响因素中，资本密度变量系数为 0.011 且在 5% 水平上显著，规模变量系数为 －0.005 且在 5% 水平上显著，出口份额系数为 －0.001，但是并没有通过显著性检验，国有份额变量系数为 －0.001，没有通过显著性检验，外资份额变量系数为 0.002 且在 5% 水平上显著。这说明资本密度和外资份额比重越高，劳动生产率增长就越快，对收敛起着推动作用；出口份额水平、国资份额和企业规模越高，劳动生产率增长就会越慢，会阻碍劳动生产率的收敛。在对样本期限进行改变、使用面板数据和使用四位码行业数据进一步进行稳健性检验后发现，中国工业劳动生产率的收敛特征保持了高度的稳健性。

（2）中国工业劳动生产率在四大区域内均呈现俱乐部收敛。在基准结果中，四个区域劳动生产率收敛系数均为负且通过了 1% 或 5% 水平的显著性检验，其中，东北的收敛系数为 -0.031，绝对值是最大的，说明东北区域收敛速度最快，然后是中部和西部，收敛系数分别为 -0.025 和 -0.024，而沿海区域收敛速度最慢，收敛系数为 -0.013。当资本密度、企业规模、出口份额、国资份额和外资份额等指标被控制后，东北区域、中部区域、西部区域和沿海区域的收敛系数分别为 -0.029、-0.025、-0.022 和 -0.014，并且均通过了 1% 或 10% 水平的显著性检验，仍然可以发现与绝对收敛相同的特征。在对样本期限进行改变、使用面板数据和使用四位码行业数据进一步进行稳健性检验后发现，中国工业不同区域劳动生产率的收敛特征保持了高度的稳健性。

（3）中国工业劳动生产率在绝大部分二位码和四位码行业中均存在显著的收敛特征。在基准结果中，高技术行业和中低技术行业的劳动生产率均呈现出了显著的绝对收敛特征。高技术行业的绝对收敛系数（-0.050）绝对值要比中低技术行业的绝对收敛系数（-0.015）绝对值大，这意味着高技术行业的收敛速度要明显大于中低技术行业的。加入省份固定效应和一般影响因素后，高技术行业的收敛系数为 -0.067 且在 10% 水平上显著，中低技术行业的收敛系数为 -0.052 且在 1% 水平上显著，仍然可以发现与绝对收敛相同的特征，但是高技术行业和中低技术行业的收敛速度差异缩小了。通过对 25 个工业行业分别进行收敛性检验发现，其中有 24 个工业行业的收敛系数为负且通过了统计量显著性检验。收敛速度最快的是铁路、船舶、航空航天和其他运输设备制造业，收敛系数为 -0.388，之后是仪器仪表和文化办公用机械制造业（-0.227）及计算机、通信和其他电子设备制造业（-0.225），收敛系数绝对值都在 0.2 以上，这些行业都属于高技术行业，而收敛速度最小的是非金属矿物制品业，收敛系数仅有 -0.024，其次是饮料制造业（-0.040）、食品制造业（-0.046）及电力、热力生产和供应业（-0.049），收敛系数绝对值都仅在 0.05 以下，这些行业都属于中低技术行业。以上结果是由于高技术行业比中低技术行业的知识溢出效应和技术扩散明显，从而加快了收敛速度。在所考察的 100 个四位码工业行业中，收敛系数均为负数且停留于 （－0.30，－0.05）区间，其中－0.10 周围最为集中。烟草制品业是唯一没有通过显著性水平的行业，但是收敛系数仍为负。这是由于烟草制品业受到政府高度管制，97% 由政府垄断（中国烟草总公司），因此烟草行业受到市场力量的影响有限。同时，烟草制品业缺乏技术外溢效应和追赶的激励也使得该行业没有呈现收敛的特征。

（4）政策因素和人力资本加速了区域工业劳动生产率的收敛。①当地政府在基础设施提供和平均工资上涨的经济政策可以促进区域工业劳动生产率的收敛。道路密度增长高的区域的条件收敛系数（－0.222）绝对值要大于道路密度增长低的区域的条件收敛系数（－0.136）绝对值；平均工资增长高的区域的条件收敛系数（－0.223）要大于平均工资增长低的区域的条件收敛系数（－0.138）绝对值。同时，道路密度增长高的区域中，道路密度变量对劳动生产率增长的影响（系数为 0.101）要大于道路密度增长低的区域（系数为 0.096），工资增长高的区域中平均工资增长变量对劳动生产率增长的影响（系数为 0.213）要大于工资增长低的区域（系数为 0.137）。分区域来看，通过比较政策因素对不同区域的影响发现，各个区域加入政策因素后的条件收敛系数同样显著为负，但是绝对值增大了，其中沿海区域的条件收敛系数绝对值由 0.079 增大为 0.084，中部区域由 0.132 增大为 0.174，东北区域由 0.329 增大为 0.331，西部区域由 0.161 增大为 0.176，以上结果均表明政府投入的交通基础设施增长和平均劳动报酬增长得越多，工业劳动生产率收敛趋势越强。②人力资本加速了区域劳动生产率的收敛，不同人力资本分布差异对不同区域劳动生产率增长的作用不同，这种推动作用是由行业的技能特征实现的。从初中、高中和大专及以上三种层次的区域人力资本与具有技术职务职工比重的行业人力资本的交互项来看，对于受教育程度较高的沿海区域来说，三种层次的人力资本对沿海工业劳动生产率增长均起到积极的推动作用，其中初中层次人口交互项系数为 0.019 但不显著，高中和大专及以上层次人口的交互项系数均通过了 5% 水平上的显著性检验，高中层次人口的作用（系数为 0.026）要大于大专及以上人口的作用（系数为 0.022）。对于东北区域来说，初中层次的人力资本对东北区域工业劳动生产率增长的作用为正但不显著（系数为 0.013），高中和大专及以上层次的人力资本对东北区域工业劳动生产率增长的作用为负但不显著（系数分别为 －0.017 和 －0.020），这说明东北区域工业劳动生产率增长主要是由于初中人口的积极作用所导致的。对于中部区域来说，三种层次的人力资本对中部区域工业劳动生产率增长的作用均为正，说明三种层次的人力资本对中部区域工业劳动生产率增长均起到了推动作用，其中初中层次的人力资本交互项系数通过了显著性水平检验，而初中层次的人力资本交互项系数（0.017）是高中层次人力资本交互项系数（0.007）的两倍。对于西部区域来说，三种层次的人力资本交互项均为正，系数分别为 0.196、0.051 和 0.081，其中高中层次和大专及以上层次的交互项系数通过了显著性检验，这说明三种层次的人力资本对西部区域工业劳动生产率增长均起到了促进作用，其中高中和大专及以上层次人口作用显著，大专及以上层次人力资本对劳动生产率增长的作用几乎是高中层次的两倍，说明在西部区域人力资本水平越高的省份，劳动生产率增长率就越快，较高的人力资本对劳动生产率增长起着明显促进作用。在使用中等职业教育（中专技校）以上职工的比重作为行业技能密度度量指标进一步进行稳健性检验后发现，人力资本对不同区域工业劳动生产率收敛的促进作用保持了高度的稳健性。

（5）R&D 加速行业劳动生产率的收敛速度，劳动力技能素质抑制行业劳动生产率的收敛速度。①R&D 投入较高行业的收敛速度要快于 R&D 投入较低行业的，其中，R&D 投入高、中和低的行业的收敛系数分别为 −0.073、−0.063 和 −0.053，均通过了显著性检验，意味着 R&D 投入高、中和低的行业的收敛速度逐渐减慢。分行业类型来看，在高技术行业中，R&D 变量的系数（0.004）虽然没有通过显著性检验，但是对劳动生产率增长的作用为正，而在中低技术行业中，R&D 变量的系数为 −0.006 且在 5% 水平上显著，这说明 R&D 投入强度对高技术行业劳动生产率增长起到了促进作用，而对中低技术行业的促进效应没有真正显示出来甚至起到负的效应。②劳动力技能素质较低行业的收敛速度要快于劳动力技能素质较高的行业，其中劳动力技能素质高、中和低的行业的收敛系数分别为 −0.047、−0.057 和 −0.059，均通过了显著性检验，这意味着随着行业中劳动力技能素质的提高，行业劳动生产率收敛的速度却在下降。利用四位码行业数据重新估计劳动力技能素质对行业劳动生产率收敛速度的影响后发现，劳动力技能素质变量的系数为 −0.003 且在 5% 水平上显著，这说明大专及以上的高劳动力技能素质对劳动生产率收敛起着显著的抑制作用，其中劳动力技能素质水平较低行业的收敛系数为 −0.002 并在 1% 上显著，劳动力技能素质水平处于中间和较高行业的收敛系数均为

–0.001并在5%水平上显著，这同样证实了在具有更低的劳动力技能素质投入或者任职资格的行业收敛速度会更快。

7.2 政策建议

本书的研究发现为跨国家（或地区）的经济增长和收敛性提供了新的研究视角和见解，并对研究中国不断发展的区域经济增长发展模式提供了耐人寻味的意义。本书认为，中国工业劳动生产率呈现出绝对收敛，然而，很多文献运用区域经济数据却得出中国整个经济缺乏收敛性。这与其说是由于经济范围内治理不善或是内生技术变化导致的整体经济发散，不如说是由于特定的环境影响了从不收敛经济活动到收敛经济活动的结构性重新分配的速度，从而导致经济整体无法呈现收敛的特征。中国经过了多年的高速增长，经济内部所积累的结构性问题逐渐显示出来。因此，政府在推动工业结构转型升级的同时政策应该涉及资源的重新分配问题，要认识到就业结构变动对生产率和经济增长率的提高具有显著的作用。面对中国工业在不同区域和不同细分行业之间的不均衡发展现象以及工业劳动生产率在跨区域和跨行业收敛速度异质性的事实，基于本书的研究结论，要促进中国工业经济的持续健康发展，缩小经济发展差距，优化产业结构，政府应该在以下几个方面做出努力：

（1）积极调整产业结构，提高工业就业份额，减小地区间工业劳动力的分布差异，保障工业劳动生产率的收敛，从而推动中国经济增长的收敛。根据本书的研究，中国工业劳动生产率呈现收敛的特征，这表明落后地区的工业正在向发达地区追赶，中国工业已经进入了一个新的增长轨迹阶段。工业是中国经济的主要推动力，工业劳动生产率的收敛在实现中国经济发展方式的转变和协调区域经济增长具有重要的作用，然而中国仍处在结构转型的前半期，工业就业份额不仅与经济发展阶段正相关，而且在地区间也还存在显著差异，落后省份的工业就业份额十分低下，这导致即使落后省份工业生产率增长很快，对经济增长也不能起到足够的拉动作用。因此，政府可以鼓励落后地区提高工业就业份额，充分发挥工业在吸纳劳动力方面的潜力，加快转移农村的剩余劳动力，进一步推进建立城乡一体化的就业制度和户籍制度，努力提高剩余劳动力的转移效率，实现劳动力在城乡之间的配置，对工业的内部结构进行优化和升级，缩小不同区域间的工业化程度差距，从而强化工业劳动生产率的收敛，最终促进中国经济增长的收敛。

（2）提高对外开放程度，深化资本密度，加速工业劳动生产率的收敛。根据本书的研究，出口份额和资本密度对工业劳动生产率的收敛起着显著的推动作用。为了提高中国工业劳动生产率的收敛速度，各省份应该鼓励工业行业的进出口贸易发展，提高对外开放程度，通过市场配置资源方式，促进资源再配置，加速资本深化，从而加速劳动生产率的增长。对于经济发展水平较低的内陆省份来说，应实施更多的进出口优惠政策，加强国际合作，积极引进国外的先进技术，在带动本地区经济发展的同时也不断提高劳动生产率水平。对于经济较发达的沿海省份来说，在进一步加大进出口贸易和资本深化的同时，应注重改善对外贸易结构，在进行产业升级和转移的同时，要在高附加值行业建立新的专业化发展，合理调整产业结构，寻找新的发展空间。

（3）加大对落后区域的基础设施建设，改善投资硬环境，加速区域收敛。硬环境通常是指通信、交通、水电设施等基本物质环境，改善投资硬环境通常表现为加大对基础设施的建设。对于中国来说，由于地理等因素的差异，沿海省份的基础设施明显优于内陆省份，且其对于基础设施的建设投入力度和建设速度也较快，基础设施相对完备，而中部、西部和东北地处内陆，地理优势较弱，交通等基础设施建设也起步较晚，投资硬环境远不及沿海省份。根据本书的研究，政府在基础设施提供和平均工资上涨的经济政策可以促进区域工业劳动生产率的收敛。想要缩小区域间发展差距，必须加强区域间交通、通信等基础设施的建设和提高最低工资水平，特别是对交通受制约、经济欠发达的落后地区而言，开展多层次、全方位、宽领域的交流合作具有更加紧迫的现实意义。因为只有拥有发达的交通和通信的前提下，区域间的空间距离才能不断缩小，产业、人才等辐射带动力才能迅速扩大，科技、人才、资金等要素流动才能更为便捷，资源配置才更加高效，市场融合才更为深入。由于现有区域间的交通基础设施存在瓶颈和制约，政府要制定新的区域间交通发展战略，需聚焦基础设施建设、打破区域交通壁垒和多种运输方式共同发展的新发展战略。政府可以进一步增强交通、通信联系，大力度建设城际铁路和轨道交通，加快构建综合交通运输体系，建设高速公路网络，强化路网建设，完善通信网络等相关技术性配套设施。同时，要加大对地方最低工资制度执行的监管力度，使其能完全覆盖所有地区和行业。在保证正常合理的工资增长机制的同时，地方政府应鉴于当地工业发展的差异对工资进行调整，确保工资提升来加速劳动生产率的增长。

（4）实施差别化的人力资本提升策略，缩小区域间经济发展差距。根据本书的研究，人力资本分布差异对不同区域劳动生产率增长的作用不同，因此要促进区域间不同层次的人力资本均衡发展。对于发达的沿海区域，要继续拓展人力资本的发展空间，为人力资本的积累创造良好环境，提升高层次人才的创新效率和竞争力，充分发挥高层次人才的人力资源开发效果。对于教育落后和人才匮乏的内陆区域，各级政府应该更新观念、增强服务意识，对各种职业教育和培训机构采取积极鼓励的措施。职业教育是一种重要的教育类型，而不是教育层次中的低端，是适应产业发展、社会需要的"实用"教育类型。积极发挥其在提高人力资本方面的作用，培养劳动者专业化技能，采取措施加速人力资本积累，将人口优势转化为人才优势，积极提高落后区域人才的待遇，吸引海内外高层次人才在该区域聚集，加速内陆省份的人力资本积累，从而促进劳动生产率的提高。同时，促进区域间加强人才流动的开放与合作。政府要完善不同地区间的开放政策，促使要素在市场的竞争机制下可以自由流动。沿海省份加强与内陆省份的协调与沟通，打破区域间人才流动壁垒，促进区域间科技、人才、资本等要素的流动与对接，实现区域优势互补与合作共赢。最后，促进区域间人力资本均衡发展，改善人力资本分布不平等现象。人力资本对于中国各区域劳动生产率的提高和经济的增长具有深远的影响，也是促进区域收敛路径中最为关键的一环。政府不仅要加大人力资本投资力度，更要保证各区域不同阶层人群拥有相同的受教育机会，满足落后区域低收入群体享受教育资源的需要，实现教育资源分配公平，从而扶持落后省份摆脱低发展陷阱，提高经济增长质量，缩小与发达省份的经济差距。

（5）强化技术创新政策，鼓励行业提升工业技术创新水平，加速工业行业劳动生产率的收敛。本书认为 R&D 投入对劳动生产率的收敛起着促进作用，在新型工业化模式下，行业中以技术引进和模仿为主的技术供给模式的发展空间日趋狭小，各行业要保持经济持续、快速发展并提升行业的国际竞争力，必须提高自身的技术创新能力。因此，政府要鼓励各行业中的企业用新技术去提高效率和进行创新式研发，推动企业技术的升级换代，可以采取一些激励措施或优惠政策以及完善创新的制度环境，包括完善知识产权制度、强化知识产权保护、加大政府对研究与开发的支持力度等。由于 R&D 投入对提高高技术行业劳动生产率的作用明显，因此要激励企业特别是高科技领域的企业从事更多的研发活动，进一步加大科技创新的经费，建立有效的激励机制，鼓励和激发各行业用新技术去提高效率和进行创新式研发，推动产业升级和国家优先领域突破。企业要加大先行先试力度，创造高质量的就业岗位，加强产学研的深度合作，提高科技创新对产业发展的贡献力。政府要加大对研发工作的财政支持力度，并要严格把握资金的投入，确保投入的资金能够花到刀刃上，这对于提高中国工业劳动生产率水平和促进中国工业经济可持续增长具有重要意义。对于中低技术行业，政府应充分利用资源，选择性地发展集技术和创新于一体的中低技术型行业，对于生产能力过剩的产业进行不断压缩，利用大数据、物联网和云计算等新一代信息技术不断改造和提高传统产业，多层次多渠道地对中低技术行业进行扶持和鼓励，使中低技术行业积累更多潜在的生产新产品的能力，通过提供支持技术转移与应用的财政政策、对风险投资和研发机构的税收优惠等支持，来全面提升本行业的创新效率，缩小高技术行业和中低技术行业的发展差距。

7.3 研究展望

本书基于劳动生产率的视角，采用双向固定效应模型分析方法对中国工业劳动生产率的收敛性进行了研究，有益于从区域和行业层面上更细致地探讨中国工业劳动生产率的收敛性问题。但是，由于数据的可获得性和本人理论水平的有限性等，在研究中还存在着很多不足，有待在未来研究过程中在下面两个方面做进一步深入探讨：

（1）利用微观数据对中国工业劳动生产率的收敛性进行考察。由于企业数据难以获得，本书使用的是行业数据对分区域和分行业劳动生产率的收敛性进行了研究，但是企业的异质性并没有体现出来。随着数据资料的不断丰富、理论方法的不断完善，相关研究也必将更加深入且细致，从企业层次水平对中国工业劳动生产率收敛性进行全面而系统的考察，这是本书后续研究的努力方向。

（2）从分所有制层面考察中国工业劳动生产率的收敛性。对于中国工业劳动生产率收敛性的分层次考察中，本书对分区域和分行业进行了细致的考察，但是随着经济体制改革的深化，中国进入了经济转轨时期，中国工业企业的所有制形式发生了巨大的变化，非国有经济在工业总产值中所占的比重越来越大，已成为中国经济增长和市场化进程的支撑力量，因此在后续的研究中可以对不同所有制形式的工业劳动生产率收敛性进行考察。在缩小区域发展差距的过程中，如何保证区域中不同所有制工业企业劳动生产率的平衡与发展，这将是实际经济工作中的重要课题，也必将吸引越来越多的理论与实际研究的深入进行。

参考文献

[1] OECD. OECD Economic Surveys: Euro Area 2010 [M] . Paris, OECD Pub, 2010.

[2] Andersson F, Edgerton D, Opper S. A Matter of Time: Revisiting Growth Convergence in China [J] . World Development, 2013, 45 (3): 239 –251.

[3] Liu F. New Trends in China's Regional Economic Development [M] . Singapore: ISEAS Publishing, 2009.

[4] Wei H. Regional Economic Development in China: Agglomeration and Relocation [M] . Singapore: Institute of Southeast Asian Studies Publishing, 2014.

[5] Barro R, Sala – i – Martin X. Convergence [J] . Journal of Political Economy, 1992 (2): 223 –251.

[6] Rodrik D. Unconditional Convergence in Manufacturing [J] . The Quarterly Journal of Economics, 2013, 128 (1): 165 –204.

[7] Stengos T, Yazgan M E. Persistence in Convergence [J] . Macroeconomic Dynamics, 2014, 18 (4): 753 –782.

[8] Sun H, Kporsu A K, F Taghizadeh – Hesary, et al. Estimating Environmental Efficiency and Convergence: 1980 to 2016 [J] . Energy, 2020 (208): 118 – 224.

[9] Sanso – Navarro M, Vera – Cabello M, M Puente – Ajovín. Regional Convergence and Spatial Dependence: A Worldwide Perspective [J] . The Annals of Regional Science, 2020, 65 (1): 147 –177.

[10] Rodrik D. Unconditional Convergence [R] . National Bureau of Economic Research, 2011.

［11］Hsieh C T, Klenow P J. Misallocation and Manufacturing TFP in China and India ［J］. The Quarterly Journal of Economics, 2009, 124 （4）：1403 - 1448.

［12］Atkinson A B, Brandolini A. Promise and Pitfalls in the Use of Secondary Data - sets：Income Inequality in OECD Countries as a Case Study ［J］. Journal of Economic Literature, 2005, 39 （3）：771 - 799.

［13］Bliss K E. The Century of US Capitalism in Latin America ［J］. Business History Review, 1999, 73 （4）：779 - 782.

［14］李小胜, 朱建平. 中国省际工业企业创新效率及其收敛性研究 ［J］. 数理统计与管理, 2013, 32 （6）：1090 - 1099.

［15］李玲, 陶锋, 杨亚平. 中国工业增长质量的区域差异研究——基于绿色全要素生产率的收敛分析 ［J］. 经济纬纬, 2013 （4）：10 - 15.

［16］庞瑞芝, 李鹏. 中国新型工业化增长绩效的区域差异及动态演进 ［J］. 经济研究, 2011 （11）：36 - 47.

［17］郭东杰, 邵琼燕. 中国制造业细分行业就业创造能力与比较优势研究 ［J］. 经济学家, 2012, 1 （1）：41 - 48.

［18］董敏杰, 梁泳梅, 张其仔. 中国工业产能利用率：行业比较. 地区差距及影响因素 ［J］. 经济研究, 2015, 50 （1）：84 - 98.

［19］Carree M, Van - Stel A, Thurik R, et al. Economic Development and Business Ownership：An Analysis Using Data of 23 OECD Countries in the Period 1976 - 1996 ［J］. Small Business Economics, 2002, 19 （3）：271 - 290.

［20］Julie L G, Sandy D. Spatial and Sectoral Productivity Convergence between European Regions, 1975 - 2000 ［J］. Papers in Regional Science, 2008, 87 （4）：505 - 525.

［21］Bernard A B, Jones C I. Productivity Across Industries and Countries：Time Series Theory and Evidence ［J］. The Review of Economics and Statistics, 1996 （3）：135 - 146.

［22］Mankiw N G, Romer D, Wei D N. A Contribution to the Empirics of Economic Growth ［J］. The Quarterly Journal of Economics, 1992, 107 （2）：407 - 436.

［23］Veblen T. Imperial Germany and the Industrial Revolution ［M］. Newark：Transaction Publishers, 1915.

[24] Gerschenkron A. Economic Backwardness in Historical Perspective: A Book of Essays [M] . Cambridge: Harvard University Press, 1962.

[25] Levy M J. Modernization and the Structure of Societies: A Setting for International Relations [M] . Princeton University Press, 1966.

[26] Abramovitz M. Catching up, Forging Ahead, and Falling Behind [J] . The Journal of Economic History, 1986, 46 (2): 385 – 406.

[27] Solow R. A Contribution to the Theory of Economic Growth [J] . Quarterly Journal of Economics, 1956, 70 (1): 65 – 94.

[28] Swan T W. Economic Growth and Capital Accumulation [J] . Economic Record, 1956, 32 (2): 334 – 361.

[29] Verdoorn P J. Fattori Che Regolano Lo Sviluppo Della Produttivita Del Lavoro [J] . L'industria, 1949, 70 (12): 3 – 11.

[30] Kaldor N. Alternative Theories of Distribution [J] . The Review of Economic Studies, 1955, 23 (2): 83 – 100.

[31] Romer P M. Increasing Returns and Long – run Growth [J] . Journal of Political Economy, 1986, 94 (5): 1002 – 1037.

[32] Romer P M. Endogenous Technological Change [J] . Journal of Political Economy, 1990, 98 (5): 71 – 102.

[33] Lucas R. Why does not Capital Flow from Rich to Poor Countries [J] . American Economic Review, 1988 (3): 1323 – 1349.

[34] Klenow P J, Rodriguez – Clare A. The Neoclassical Revival in Growth Economics: Has It Gone too Far? [J] . NBER Macroeconomics Annual, 1997 (12): 73 – 103.

[35] Peretto P F. Sunk Costs, Market Structure, and Growth [J] . International Economic Review, 1996, 37 (4): 895 – 923.

[36] Peretto P F. Technological Change and Population Growth [J] . Journal of Economic Growth, 1998, 3 (4): 283 – 311.

[37] Peretto P F. Cost Reduction, Entry, and the Interdependence of Market Structure and Economic Growth [J] . Journal of Monetary Economics. 1999, 43 (1): 173 – 195.

[38] Aghion P, Howitt P, Brant – Collett M, et al. Endogenous Growth Theory

[M]. Cambridge: The MIT Press, 1998.

[39] Dunne T, Roberts M J, Samuelson L. Patterns of Entry and Exit in US Manufacturing Industries [J]. Journal of Economics, 1998, 19 (4): 495 – 540.

[40] Howitt P. Steady Endogenous Growth with Population and R&D Inputs Growing [J]. Journal of Political Economy, 1999, 107 (4): 715 – 730.

[41] Howitt P. Endogenous Growth and Cross – country Income Differences [J]. American Economic Review, 2000 (4): 829 – 846.

[42] Peretto P, Smulders S. Technological Distance, Growth, and Scale Effects [J]. Journal of Economic, 2002, 112 (7): 603 – 624.

[43] Jones C I. Time Series Tests of Endogenous Growth Models [J]. The Quarterly Journal of Economics, 1999, 110 (2): 495 – 525.

[44] Jones C I. Source of U. S. Economic Growth in a World of Ideas [J]. AmericanEconomic Review, 2002, 92 (1): 220 – 239.

[45] Kortum S. Research, Patenting and Technological Change [J]. Econometrica, 1997, 65 (6): 1389 – 1419.

[46] Segerstrom P. Endogenous Growth without Scale Effect [J]. American Economic Review, 1998, 88 (5): 1290 – 1310.

[47] Aghion P, Howitt P, Mayer – Foulkes D. The Effect of Financial Development on Convergence: Theory and Evidence [R]. National Bureau of Economic Research, 2004.

[48] Aghion P, Howitt P. Growth with Quality – improving Innovations: An Integrated Framework [J]. Handbook of Economic Growth, 2005 (1): 67 – 110.

[49] Howitt P, Mayer – Foulkes D. R&D, Implementation and Stagnation: A Schumpeterian Theory of Convergence Clubs [R]. National Bureau of Economic Research, 2002.

[50] Barro R, Sala – i – Martin X. Technological Diffusion, Convergence, and Growth [J]. Journal of Economic Growth, 1997, 2 (1): 1 – 26.

[51] Baumol W J. Productivity Growth, Convergence and Welfare: What the Long – run Data Show [J]. American Economic Review, 1986, 76 (5): 1072 – 1085.

[52] Barro R. Economic Growth in A Cross – section of Countries [J]. The

Quarterly Journal of Economics, 1991, 106 (2): 407 – 443.

[53] Barro R, Sala – i – Martin X. Economic Growth 1st ED: USA [M] . McGram Hill, Inc, 1995.

[54] Islam N. Growth Empirics: A Panel Data [J] . Journal of Economics, 1995, 110 (4): 1127 – 1170.

[55] Maddison A. Growth and Slowdown in Advanced Capitalist Economies: Techniques of Quantitative Assessment [J] . Journal of Economic Literature, 1987, 25 (2): 649 – 706.

[56] Barro R, Sala – i – Martin X. Convergence [J] . Journal of Political Economy, 1992, 199 (2): 97 – 108.

[57] Higgins M, Levy D, Young A. Growth and Convergence Across the US: Evidence from Country – level Data [J] . Review of Economics and Statistics, 2006, 88 (4): 671 – 681.

[58] Higgins M, Young A, Levy D. Robust Correlates of County – level Growth in the United States [J] . Applied Economic Letters, 2010, 17 (3): 293 – 296.

[59] Hosono K, Toya H. Regional Income Convergence in the Philippines [N] . Discussion Paper, Institule of Economic Reascarch. Hitotsubashi University, 2000.

[60] Margaritis D, Färe R, Grosskopf S. Productivity, Convergence and Policy: A Study of OECD Countries and Industries [J] . Journal of Productivity Analysis, 2007, 28 (1): 87 – 105.

[61] Inklaar R, Diewert W E. Measuring Industry Productivity and Cross – country Convergence [J] . Journal of Econometrics, 2016, 191 (2): 426 – 433.

[62] Dowrick S, Nguyen D T. OECD Comparative Economic Growth 1950 – 1985: Catch – up and Convergence [J] . American Economic Review, 1989, 79 (5): 1010 – 1031.

[63] Long JBD. Productivity Growth, Convergence, and Welfare: Comment [J] . The American Economic Review, 1988, 78 (5): 1138 – 1154.

[64] Hong J, Chen M, Zhu Y, et al. Technology Business Incubators and Regional Economic Convergence in China [J] . Technology Analysis & Strategic Management, 2017, 29 (6): 569 – 582.

［65］何雄浪．空间相关性与我国区域经济增长动态收敛的理论与实证分析——基于1953—2010年面板数据的经验证据［J］．财经研究，2013（7）：82－95．

［66］林毅夫，刘明兴．中国的经济增长收敛与收入分配［J］．世界经济，2003（8）：3－14．

［67］赖永剑．地区劳动生产率差异分解与条件收敛——基于产业经济的结构分析［J］．产经评论，2011，1（1）：129－137．

［68］赵文军．我国省区劳动生产率的变化特征及其成因：1990－2012［J］．经济学家，2015（6）：58－67．

［69］Jefferson G H, Rawski T G, Zhang Y. Productivity Growth and Convergence Across China's Industrial Economy［J］. Journal of Chinese Economic and Business Studies, 2008, 6（2）：121－140.

［70］Deng P, Jefferson G. Is Inequality Bad for China's Economic Growth?［J］. China Growth Center（CGC）Discussion Paper Series, 2010（8）：1－45.

［71］Deng P, Jefferson G. Explaining Spatial Convergence of China's Industrial Productivity［J］. Oxford Bulletin of Economics and Statistics, 2011, 73（6）：818－832.

［72］刘黄金．地区间生产率差异与收敛——基于中国各产业的分析［J］．数量经济技术经济研究，2006（11）：50－58．

［73］彭文斌，刘友金．我国东中西三大区域经济差距的时空演变特征［J］．经济地理，2010，30（4）：574－578．

［74］朱鹏飞．中国经济增长地区差异的收敛性分析［D］．南京工业大学硕士学位论文，2004．

［75］高帆，石磊．中国各省份劳动生产率增长的收敛性：1978－2006年［J］．管理世界，2009（1）：49－60．

［76］覃成林，刘迎霞，李超．空间外溢与区域经济增长趋同——基于长江三角洲的案例分析［J］．中国社会科学，2012（5）：76－94．

［77］袁志刚，范剑勇．1978年以来中国的工业化进程及其地区差异分析［J］．管理世界，2003（7）：59－66．

［78］王小鲁，樊纲．中国地区差距：20年变化趋势和影响因素［M］．北京：经济科学出版社，2004．

［79］郭爱君，贾善铭．经济增长 β 收敛研究——基于西部地区 1952 - 2007 年的省级面板数据［J］．兰州大学学报（社会科学版），2010，38（4）：123 - 130.

［80］贾俊雪，郭庆旺．中国区域经济趋同与差异分析［J］．中国人民大学学报，2007，21（5）：61 - 68.

［81］Dollar D, Wolff E. Competitiveness, Convergence and International Specialization［M］. Cambridge：The Mit Press, 1993.

［82］Boussemart J, Briec W, Cadoret I, Tavéra C. A Re - examination of the Technological Catching - up Hypothesis Across OECD Industries［J］. Economic Modelling, 2006, 23（6）：967 - 977.

［83］David S. Productivity in the Euro Area：Any Evidence of Convergence?［J］. Empirical Economics, 2014（47）：999 - 1027.

［84］Bernard A B, Jones C I. Productivity and Convergence Across US States and Industries［J］. Empirical Economics, 1996, 21（1）：113 - 135.

［85］Bernard A B, Jones C I. Comparing Apples to Oranges：Productivity Convergence and Measurement Across Industries and Countries［J］. American Economic Review, 2001, 86（5）：1216 - 1238.

［86］Gouyette C, Perelman S. Productivity Convergence in OECD Service Industries［J］. Structural Change and Economic Dynamics, 1997, 8（3）：279 - 295.

［87］Ruan J Q, Zhang X. Do Geese Migrate Domestically? Evidence from the Chinese Textile and Apparel Industry［R］. International Food Policy Research Institute（IFPRI）, 2010.

［88］Qu Y, Cai F, Zhang X. Has the "Flying Geese" Phenomenon in Industrial Transformation Occurred in China［J］. Rebalancing and Sustaining Growth in China, 2012（1）：93 - 110.

［89］刘华军，石印，乔列成，郭立祥．中国全要素劳动生产率的时空格局及收敛检验［J］．中国人口科学，2020，201（6）：43 - 55 + 129.

［90］Hwang J. Patterns of Specialization and Economic Growth［M］. Cambridge：Published by Harvard University, 2007.

［91］Levchenko A, Zhang J. The Evolution of Comparative Advantage：Meas-

urement and Welfare Implications ［J］. Journal of Monetary Economics, 2016, 78
(4): 96 - 111.

［92］Bénétrix A S, O'Rourke K, Williamson J G. The spread of Manufacturing to the Periphery 1870 - 2007: Eight Stylized Facts ［J］. Open Economies Review, 2015, 26 (1): 1 - 37.

［93］Ben - David D. Equalizing Exchange: Trade Liberalization and Income Convergence ［J］. The Quarterly Journal of Economics, 1993, 108 (3): 653 - 679.

［94］Santoso D B. The Impact of Industrial Development Zones Designation on the Convergence of Economic Growth in East Java ［J］. Applied Economics, 2021 (5): 1 - 7.

［95］贺灿飞, 梁进社. 中国区域经济差异的时空变化: 市场化、全球化与城市化 ［J］. 管理世界, 2004 (8): 8 - 17.

［96］武剑. 外国直接投资的区域分布及其经济增长效应 ［J］. 经济研究, 2002 (4): 27 - 35.

［97］陈浪南, 陈景煌. 外商直接投资对中国经济增长影响的经验研究 ［J］. 世界经济, 2002 (6): 20 - 26.

［98］赵奇伟, 张诚. 金融深化、FDI 溢出效应与区域经济增长——基于 1997 - 2004 年省际面板数据分析 ［J］. 数量经济技术经济研究, 2007, 24 (6): 74 - 82.

［99］陈继勇, 盛杨怿. 外商直接投资的知识溢出与中国区域经济增长 ［J］. 经济研究, 2008 (12): 39 - 49.

［100］覃成林, 张伟丽. 中国区域经济增长俱乐部趋同检验及因素分析——基于 CART 的区域分组和待检影响因素信息 ［J］. 管理世界, 2009 (3): 21 - 35.

［101］陆铭, 陈钊. 城市化、城市倾向的经济政策与城乡收入差距［J］. 经济研究, 2004 (6): 50 - 58.

［102］袁永科, 赵美姣. 中国区域经济差异及收敛的产业分析 ［J］. 华东经济管理, 2019, 33 (12): 91 - 98.

［103］梁双陆, 侯泽华, 崔庆波. 自贸区建立对于经济收敛的影响——基于产业结构升级的中介效应分析 ［J］. 经济问题, 2020 (9): 109 - 117.

［104］朱富强. 发展中国家如何推进产业升级：技术进步路径的审视［J］. 天津社会科学, 2020 (4)：106 – 110.

［105］Crafts N. Forging Ahead and Falling Behind：The Rise and Relative Decline of the First Industrial Nation ［J］. Journal of Economic Perspectives, 1998, 12 (2)：193 – 210.

［106］Benito M. Ezcurra R. Spatial Disparities in Productivity and Industry Mix：The Case of the European Regions ［J］. European Urban and Regional Studies, 2005, 12 (2)：177 – 194.

［107］Lafuente E, Acs Z J, Sanders M, et al. The Global Technology Frontier：Productivity Growth and the Relevance of Kirznerian and Schumpeterian Entrepreneurship ［J］. Small Business Economics, 2020, 55 (1)：153 – 178.

［108］Hulten R, Isaksson A. Why Development Levels Differ：The Sources of Differential Economic Growth in a Panel of High and Low Income Countries ［R］. NBER Working Paper, 2007.

［109］Mikhnenko P A. Economic and Statistical Analyses of Labor Productivity Growth at Russian Industrial Enterprises：Key Factors ［J］. Management Science, 2021, 11 (2)：6 – 23.

［110］Machlup F. Education and Economic Growth ［M］. Lincoln：University of Nebraska Press, 1970.

［111］Krueger B, Lindahl M. Education for Growth：Why and for Whom? ［J］. Journal of Economic Literature, 2001, 39 (4)：1101 – 1136.

［112］Ehrlich I. The Mystery of Human Capital as Engine of Growth, or Why the US Became the Economic Superpower in the 20th Century ［J］. Ensayos Economics, 2008 (1)：41 – 93.

［113］Benhabib J, Spiegel M. The Role of Human Capital in Economic Development Evidence from Aggregate Cross – country Data ［J］. Journal of Monetary Economics, 1994, 34 (2)：143 – 173.

［114］Pritchett L. Where has all the Education Gone? ［J］. World Bank Economic Review, 2016, 15 (1)：367 – 391.

［115］蔡昉, 王德文, 都阳. 劳动力市场扭曲对区域差距的影响［J］. 中国社会科学, 2001 (2)：4 – 14.

［116］陈浩，薛声家．教育投入对中国区域经济增长贡献的计量分析 ［J］．经济与管理，2004，18（10）：5－7．

［117］葛小寒，陈凌．人力资本、人口变动与经济增长 ［J］．人口与经济，2010（1）：15－20．

［118］傅晓霞，吴利学．中国地区差异的动态演进及其决定机制：基于随机前沿模型和反事实收入分布方法的分析 ［J］．世界经济，2009（5）：41－55．

［119］Fleisher M，Chen J．The Coast－Noncoast Income Gap，Productivity，and Regional Economic Policy in China ［J］．Journal of Comparative Economics，1997，25（2）：220－236．

［120］陈钊，陆铭，金煜．中国人力资本和教育发展的区域差异：对于面板数据的估算 ［J］．世界经济，2004（12）：25－31．

［121］汪锋，张宗益，康继军．企业市场化、对外开放与中国经济增长条件收敛 ［J］．世界经济，2006（6）：48－60．

［122］Zou W，Zhou H．Classification of Growth Clubs and Convergence：Evidence from Panel Data in China，1981－2004 ［J］．China and World Economy，2007，15（5）：91－106．

［123］Aschauer D A．Is Public Expenditure Productive？［J］．Journal of Monetary Economics．1989，23（2）：177－200．

［124］Albala－Bertrand M，Mamatzakis C．The Impact of Public Infrastructure on the Productivity of the Chilean Economy ［J］．Review of Development Economics，2004，8（2）：266－278．

［125］Fujita M，Dapeng H．Regional Disparity in China 1985－1994：The Effects of Globalization and Economic Liberalization ［J］．Annals of Regional Science，2001，35（1）：3－37．

［126］刘修岩．集聚经济、公共基础设施与劳动生产率——来自中国城市动态面板数据的证据 ［J］．财经研究，2010（5）：92－102．

［127］吴意云，朱希伟．中国为何过早进入再分散：产业政策与经济地理 ［J］．世界经济，2015（2）：140－166．

［128］Fecher E，Perelman S．Productivity Growth，Technological Progress and R&D in OECD Industry Activities ［M］．Hague：Public Finance and Steady Economic Growth，1990．

[129] Dosi G, Pavitt K, Soete L. The Economics of Technical Change and International Trade [M]. London: Harvester Wheatsheaf, 1990.

[130] Griffith R, Redding S, Reenen J V. Mapping the Two Faces of R&D: Productivity Growth in a Panel of OECD Industries [J]. Review of Economics & Statistics, 2000, 86 (4): 883 – 895.

[131] Bassi M, Tan Z, Mbi A. Estimating the Impact of Investing in a Resource Efficient, Resilient Global Energy – intensive Manufacturing Industry [J]. Technological Forecasting & Social Change, 2012, 79 (1): 69 – 84.

[132] Bloom N, Draca M, Van Reenen J. Trade Induce Technical Change? The Impact of Chinese Imports on Innovation, IT and Productivity [J]. CEPR Discussion Papers, 2016, 83 (1): 1 – 13.

[133] Arenas D, Albareda L, Goodman J. Contestation in Multi – Stakeholder Initiatives: Enhancing the Democratic Quality of Transnational Governance [J]. Business Ethics Quarterly, 2020, 50 (2): 169 – 199.

[134] Almon M J, Tang J, Andrew Sharpe ED. Industrial Structural Change and the Post – 2000 Output and Productivity Growth Slowdown: A Canada – U. S. Comparison [J]. International Productivity Monitor, 2011 (7): 44 – 69.

[135] Lin H L, Li H Y, Yang CH. Agglomeration and Productivity: Firm – level Evidence from China's Textile Industry [J]. China Economic Review, 2011, 22 (3): 313 – 329.

[136] Peng L, Hong Y. Productivity Spillovers Among Linked Sectors [J]. China Economic Review, 2013, 25 (1): 44 – 61.

[137] Rizov M, Zhang X. Regional Disparaties and Productivity in China: Evidence from Manufacturing Micro Data [J]. Papers in Regional Sciences, 2014, 93 (2): 321 – 339.

[138] Martí L, Puertas R, Fernández J I. Industrial Productivity and Convergence in Chinese Regions: The Effects of Entering the World Trade Organisation [J]. Journal of Asian Economics, 2011, 22 (2): 128 – 141.

[139] 颜鹏飞, 王兵. 技术效率、技术进步与生产率增长: 基于 DEA 的实证分析 [J]. 经济研究, 2004 (12): 55 – 65.

[140] 原鹏飞. 中国制造业生产率变迁实证研究 [J]. 软科学, 2005

（6）：31 – 33.

［141］朱钟棣，李小平．中国工业行业资本形成、全要素生产率及其趋异化——基于分行业面板数据的研究［J］．世界经济，2005（9）：51 – 62.

［142］吴延兵．R&D 与生产率——基于中国制造业的实证研究［J］．经济研究，2006（11）：60 – 71.

［143］李春顶．中国制造业行业生产率的变动及影响因素［J］．数量经济技术经济研究，2009（12）：58 – 69.

［144］苏治，徐淑丹．中国技术进步与经济增长收敛性测度——基于创新与效率的视角［J］．中国社会科学，2015（7）：4 – 25.

［145］李竞博，高瑗．中国劳动生产率的区域差距及收敛性检验［J］．上海经济研究，2020（2）：12 – 27.

［146］马汴京．我国地区经济差距影响因素实证研究［D］．华中科技大学博士学位论文，2011.

［147］张军．资本形成、工业化与经济增长：中国的转轨特征［J］．经济研究，2002（6）：3 – 13.

［148］张盼盼，张胜利，陈建国．融资约束、金融市场化与制造业企业出口国内增加值率［J］．金融研究，2020（4）：52 – 73.

［149］魏浩，张宇鹏．融资约束与中国企业出口产品结构调整［J］．世界经济，2020（6）：146 – 170.

［150］张礼卿，孙俊新．出口是否促进了异质性企业生产率的增长：来自中国制造企业的实证分析［J］．南开经济研究，2010（4）：110 – 122.

［151］王良举，陈甬军．集聚的生产率效应——来自中国制造业企业的经验证据［J］．财经研究，2013，39（1）：49 – 60.

［152］刘瑞明．金融压抑、所有制歧视与增长拖累——国有企业效率损失再考察［J］．经济学（季刊），2011，10（2）：603 – 618.

［153］Jones C I, Hall R E. Fundamental Determinants of Output per Worker Across Countries［R］. Working Papers, 1998.

［154］Kumar S, Russell R. Technological Change, Technological Catch – up, and Capital Deepening: Relative Contributions to Growth and Convergence［J］. American Economic Review, 2002, 92（3）：527 – 548.

［155］Henderson D J, Russell R. Human Capital and Convergence: A Produc-

tion – frontier Approach ［J］. International Economic Review, 2005, 46 （4）:
1167 – 1205.

［156］ Démurger S, Sachs J D, Woo W T, et al. Geography, Economic Policy,
and Regional Development in China ［J］. Asian Economic Papers, 2002, 1 （1）:
146 – 197.

［157］ Pewresearch Center. Growing Concerns in China about Inequality, Corrup-
tion, Report ［EB/OL］. http: //www. pewglobal. org/files/2012/10/Pew – Global –
Attitudes – ChinaReport – FINAL – October – 10 – 2012. pdf.

［158］ Cai H, Treisman D. Does Competition for Capital Discipline Govern-
ments? Decentralization, Globalization, and Public Policy ［J］. The American Eco-
nomic Review, 2005, 95 （3）: 817 – 830.

［159］ Draca M, Machin S, Van Reenen J. Minimum Wages and Firm Profit-
ability ［J］. American Economic Journal: Applied Economics, 2011, 3 （1）: 129 –
151.

［160］ Millea M, Fuess S M. Does Pay Affect Productivity or React to it? Exam-
ination of US Manufacturing ［J］. The Quarterly Review of Economics and Finance,
2005, 45 （4）: 796 – 807.

［161］ Mayneris F, Poncet S, Zhang T. The Cleansing Effect of Minimum Wage
Minimum Wage Rules, Firm Dynamics and Aggregate Productivity in China ［R］.
CEPII Working Paper, 2014.

［162］ Durlauf S N, Johnson P A, Temple JRW. Growth econometrics ［J］.
Handbook of Economic Growth, 2005 （1）: 555 – 677.

［163］ Fuente A D L, Doménech R. Schooling Data, Technological Diffusion,
and the Neoclassical Model ［J］. American Economic Review, 2001, 91 （2）: 323 –
327.

［164］ Caselli F, Coleman W J. The World Technology Frontier ［J］. The
American Economic Review, 2006, 96 （3）: 499 – 522.

［165］ Caselli F, Coleman W J. The US Technology Frontier ［J］. The Ameri-
can Economic Review, 2002, 92 （2）: 148 – 152.

［166］ Kahn J A, Lim J S. Skilled Labor – augmenting Technical Progress in US
Manufacturing ［J］. The Quarterly Journal of Economics, 1998, 113 （4）: 1281 –

1308.

[167] Nelson R, Phelps E S. Investment in Humans, Technological Diffusion, and Economic Growth [J]. The American Economic Review, 1966, 56 (1): 69 – 75.

[168] Nawaz T. Exploring the Nexus Between Human Capital, Corporate Governance and Performance: Evidence from Islamic Banks [J]. Journal of Business Ethics, 2019, 157 (2): 567 – 587.

[169] Uzawa H. Optimum Technical Change in an Aggregative Model of Economic Growth [J]. International Economic Review, 1965, 6 (1): 18 – 31.

[170] Schultz T W. Investment in Human Capital [J]. The American Economic Review, 1961 (5): 1 – 17.

[171] Becker G S. Human Capital: A Theoretical and Empirical Analysis, with Special Reference to Education, Second Edition [R]. NBER, 1975.

[172] Ark B V, Piatkowski M. Productivity, Innovation and ICT in old and New Europe [J]. International Economics and Economic Policy, 2004, 1 (2): 215 – 246.

[173] Grossman G, Helpman E. Innoation and Growth in the Global Economy [M]. Cambridge: MIT Press, 1991.

[174] Angus M. The World Economy: A Millennial Perspective [J]. Foreign Affairs, 2009, 17 (Special): 69 – 78.

[175] Fagerberg J, Verspagen B. Technology – gaps, Innovation – diffusion and Transformation: An Evolutionary Interpretation [J]. Research Policy, 2002, 31 (8): 1291 – 1304.

[176] Klenow P J, Rodriguez – Clare A. Economic Growth: A Review Essay [J]. Journal of Monetary Economics, 1997, 40 (3): 597 – 617.

[177] Young A. Growth without Scale Effects [J]. Journal of Political Economy, 1998, 106 (1): 41 – 63.

[178] Petroulas P. The Effect of the Euro on Foreign Direct Investment [J]. European Economic Review, 2007, 51 (6): 1468 – 1491.

[179] 任玲玉. R&D 活动对中国区域经济收敛的驱动效应研究 [D]. 中国科学院大学博士学位论文, 2013.

[180] Murphy K M, Topel R H. Human Capital Investment, Inequality, and Economic Growth [J] . Journal of Labor Economics, 2016, 34 (2): 99 - 127.

[181] Drechsler D. International Labour Mobility Opportunity or Risk for Developing Countries? [J] . OECD Development Centre Policy Insights, 2008, 39 (8): 1242 - 1260.

[182] 彭国华. 技术能力匹配、劳动力流动与中国地区差距 [J] . 经济研究, 2015 (1): 99 - 110.

[183] Berthélemy J C, Demurger S. Foreign Direct Investment and Economic Growth: Theory and Application to China [J] . Review of Development Economics, 2000, 4 (2): 140 - 155.

[184] Wooldridge J M. Cluster - sample Methods in Applied Econometrics [J] . The American Economic Review, 2003, 93 (2): 133 - 138.

[185] 孙亚男, 杨名彦. 中国绿色全要素生产率的俱乐部收敛及地区差距来源研究 [J] . 数量经济技术经济研究, 2020 (6): 47 - 69.

[186] Islam N. Growth Empirics: A Panel Data Approach [J] . The Quarterly Journal of Economics, 1995, 110 (4): 1127 - 1170.

[187] Rivera B, Currais L. Public Health Capital and Productivity in the Spanish Regions: A Dynamic Panel Data Model [J] . World Development, 2004, 32 (5): 871 - 885.

[188] Galor O. Convergence? Inferences from Theoretical Models [J] . Economic Journal, 1996, 106 (437): 1056 - 1069.

[189] 许明, 李逸飞. 最低工资政策, 成本不完全传递与多产品加成率调整 [J] . 经济研究, 2020 (4): 167 - 183.

[190] 许和连, 张彦哲, 王海成. 出口对企业遵守最低工资标准的影响研究 [J] . 世界经济, 2020 (2): 101 - 123.

[191] Rajan R G, Zingales L. Which Capitalism? Lessons from the East Asian Crisis [J] . Journal of Applied Corporate Finance, 1998, 11 (3): 40 - 48.

[192] Gong B. Agricultural Productivity Convergence in China [J] . China Economic Review, 2020 (60): 101 - 123.

[193] Cai J, Harrison A, Lin J. The Pattern of Protection and Economic Growth: Evidence from Chinese Cities [R] . Working Paper, 2011.

［194］Kinfemichael B，Morshed A. Convergence of Labor Productivity Across the US States［J］. Economic Modelling，2019，76（1）：270 - 280.

［195］肖挺. 全球制造业传统与环境生产率变化及收敛性的比较论证［J］. 南方经济，2020（1）：17 - 36.

［196］陈景华. 中国服务业绿色全要素生产率增长的收敛性分析——基于行业异质性视角的检验［J］. 软科学，2020（4）：24 - 30.